Agustín Barletti

EL HAMBRE DEL DRAGÓN

EL PLAN DE CHINA PARA COMERSE EL MUNDO

Buenos Aires 2023

Agustín María Barletti

Buenos Aires (1961) es abogado (UBA) y Doctor en Derecho Constitucional graduado en la Universidad de Derecho y Ciencias Sociales de París II (Sorbona).

Editor desde 1998 del suplemento Transport & Cargo del diario El Cronista, es considerado un periodista referente en el sector transporte, logística y comercio exterior de la Argentina.

En 1997, escribió la primera versión de la novela histórica Salteadores Nocturnos sobre la vida del presidente Arturo Umberto Illia.

Publicó el libro Hazaña en Gibraltar donde cuenta sus vivencias tras unir Europa y África a nado (2012), y Malvinas, entre brazadas y memorias, (2019) para relatar su experiencia tras nadar entre las dos islas por el Estrecho de San Carlos.

Su libro Periodismo especializado (2019), es consultado por los estudiantes de la carrera de Comunicación Social en diversas universidades sudamericanas.

En 2021 publicó la segunda edición corregida y aumentada de la novela histórica Salteadores Nocturnos sobre la vida del presidente Arturo Umberto Illia, y los libros La hora del canal Magdalena; Canal Buenos Aires, el eslabón perdido; y Canal Martín Irigoyen, hacia una nueva vía navegable.

INTRODUCCIÓN

La primera experiencia directa con China la tuve en 1989. En ese entonces residía en París, donde cursaba mis estudios doctorales en Derecho Constitucional. La universidad de la Sorbona hervía de pasión por los festejos que organizaba el país para el 14 de julio de ese año, en conmemoración del Bicentenario de la Revolución Francesa.

Con múltiples eventos propuestos, el principal de ellos, y el más esperado, era el imponente desfile que se preparaba en Champs Elysées, por muchos considerada como "la avenida más bella del mundo".

Yo era un joven estudiante, vivía en la Ciudad Luz, y tendría la posibilidad de asistir a este acontecimiento único, ¿qué más podía pedir?

Un par de meses antes de los festejos, el centro de atención cambió. Mi compañero de clase, Gao Chen, de nacionalidad china, comenzó a relatar las protestas que se estaban desarrollando en Pekín y en distintas ciudades del país.

Su información venía de fuentes directas que evadían la feroz censura a la prensa impuesta por el Partido Comunista Chino.

Todo comenzó a modo de conmemoración, por la muerte en abril del reformista Hu Yaobang, quien detentaba la secretaría general del Partido hasta la purga de 1986, llevada a cabo por el entonces máximo líder, Deng Xiaoping.

Para honrar la memoria de este dirigente considerado liberal por el pueblo chino, se produjo un efusivo y espontáneo duelo nacional.

Como sucede en estos casos, quienes primero salieron a la calle fueron los estudiantes, luego los trabajadores y finalmente la ciudadanía toda. Sin siquiera imaginarlo ni planificarlo, una multitud ganó la calle para reclamarle al gobierno que respetara y honrara el legado de Hu Yaobang. Se exigían reformas básicas para toda sociedad civilizada como la libertad de prensa y la libertad de reunión, entre otras.

En Pekín, más de un millón de manifestantes ocuparon la plaza de Tiananmen enarbolando banderas y pancartas en un ambiente festivo. Se gestaba de tal suerte la mayor movilización de protesta en la historia de la China comunista.

La respuesta fue brutal. La noche del 3 al 4 de junio, el Ejército chino recibió la orden de dispersar las protestas que llevaban casi siete semanas en la plaza.

Lo que sucedió después fue catalogado como la "masacre de Tiananmen", donde murieron al menos 10.000 personas, según varios documentos desclasificados.

Entre las pocas imágenes que lograron escapar a la censura, un video mostró el instante en que uno de los tanques arrolló a un grupo de estudiantes que pretendía huir de la plaza en bicicleta, matando a 11 de ellos. Otras secuencias mostraban asimismo cómo muchos heridos eran llevados en bicicletas y hasta en bancos de calle a los hospitales.

Mi amigo Gao Chen, que perdió a familiares y a varios compañeros de estudio durante esas luctuosas jornadas pudo, sin embargo, mitigar en algo su dolor cuando el Gobierno francés lo invitó junto a otros estudiantes chinos a formar parte del desfile el 14 de julio.

No fueron más de 40 los jóvenes que marcharon vestidos de negro, y cada uno de ellos lo hizo junto a una bicicleta, para conmemorar a los 11 estudiantes muertos bajo las orugas de aquel tanque chino.

La noche de ese 14 de julio de 1989 fue tal la cantidad de gente que acudió, que aún celebro la idea de haber llevado una escalerita de madera de un metro de altura que estaba en casa. Subido a ella, a la vera de Champs Elysées, conseguí una visión privilegiada del espectáculo.

El impresionante desfile, organizado por Jean-Paul Goude sobre la temática de las Tribus Planetarias, se transmitió al mundo entero y se vio en directo por canales de TV de más de 100 países.

Un instante mágico de esa noche fue cuando pasó frente a mí la columna de estudiantes chinos. Mi grito de ¡Gao Chen! perforó la música de fondo y consiguió que mi amigo girara su cabeza para regalarme una mueca de placer.

Escribo estas líneas y me vuelvo a emocionar al recordar ese momento.

Algunos años más tarde, en 2012, otra experiencia con el "mundo China" dejaría huella y sería una de las tantas razones por las que decidí escribir este libro.

Me encontraba en Venecia, Italia, para asistir a la 43º Asamblea de la Federación de Asociaciones Nacionales de Agentes Marítimos y Brokers (Fonasba, por sus siglas en inglés).

La prestigiosa entidad me había encomendado la edición de un libro con información de todos sus asociados en el mundo, cosa que hice, pero también aproveché para recorrer en detalle esa ciudad única y particular.

Luego de entrar al quinto negocio atendido por ciudadanos chinos, no pude evitar la pregunta del porqué estaban tan lejos de su patria.

"Formamos parte de un plan diseñado desde Pekín. El gobierno nos paga los pasajes, el primer año de alquiler del local y de vivienda, más una buena mensualidad. Los productos que vendemos aquí son exclusivamente de origen chino y nos llegan a precio promocional", afirmó un padre de familia que junto a su esposa y dos hijos atendía un negocio dedicado a óptica y fotografía.

Más cerca en el tiempo, y como periodista especializado en temas de transporte y logística, seguí con pasión el proceso expansionista chino a través de la toma de control en diversos puertos del mundo.

Lo cierto es que pasó el tiempo, cayó el muro de Berlín, pero el sistema comunista de China sigue inconmovible.

Como decía mi padre, "es el mismo perro, con distinto collar". De la "masacre de Tiananmen", se pasó a la persecución sistemática de la minoría musulmana de los uigures en la provincia de Xianjian. Y la purga que eyectó al reformista Hu Yaobang en 1989 tuvo su remake en 2022 con el penoso espectáculo de Hu Jintao, ex presidente de China, echado a la fuerza de la primera fila del congreso del Partido Comunista en Pekín ante la vista de todo el mundo.

El pequeño ejemplo de esa familia radicada en Venecia, hoy se replica en el mundo entro y a escala colosal. Hay más de 220 proyectos en curso en los cinco continentes. Y las instituciones financieras chinas apoyan con capital esos proyectos, por más de USD 300.000 millones.

Lamentablemente, varios receptores de la generosidad china no la terminan pasando del todo bien. Venezuela garantizó préstamos de Pekín con petróleo y luego descubrió que no podía vender suficiente crudo adicional en los mercados para solventarlos. Como Sri Lanka no pudo reembolsar los préstamos, China le condonó parte de la deuda y recibió a cambio la concesión por 99 años en uno de sus puertos. Ecuador también garantizó créditos con petróleo para que China le construyera una represa hidroeléctrica que jamás funcionó al cien por ciento y que padece numerosas falencias estructurales. Ahora, el Gobierno ecuatoriano estudia cederle a China la gestión de esta infraestructura a cambio de una reducción en el monto de la deuda.

Los proyectos enmarcados en la llamada "Nueva Ruta de la Seda" son temerarios porque su razón de ser es política, no económica. Incluido en la Constitución del Partido Comunista de 2017, el programa es una piedra angular de los planes para expandir su influencia a escala mundial. La mayoría de los préstamos de esta iniciativa se cursan a través de bancos chinos de propiedad estatal guiados por el Partido Comunista, y con la mira puesta en alcanzar los objetivos de política exterior, más que en obtener ganancias.

China opera en gran medida en secreto. Todo lo contrario al Fondo Monetario Internacional (FMI), que anuncia públicamente los detalles de sus líneas de crédito, programas de alivio de la deuda y reestructuración a los países deudores.

Cuando Pekín procede como prestamista alternativo de último recurso y rescata a un país en dificultades, es común que no le exija disciplina en la política económica ni se interese por la legitimidad del gobernante de turno.

Planificación desde el Estado para expandir la presencia económica, pero también cultural y geopolítica. De esto trata este libro.

La obra también intenta desentrañar las intrincadas contradicciones de un país que pretende liderar el mundo pero que está cada vez más apegado al intervencionismo y el proteccionismo.

El presidente Xi Jinping es una contradicción en sí mismo. Nació en una familia privilegiada y por ello accedió a una educación de primer orden. Su padre, el ex viceprimer ministro Xi Zhongxun, era considerado uno de los Ocho Inmortales del Partido Comunista.

Este mundo de ensueño culminó abruptamente en 1962, cuando fue expulsado y condenado a penas de cárcel, humillado y torturado durante la Revolución Cultural de Mao.

El joven Xi, de un día para otro, dejó de estar entre algodones y fue obligado a vivir en una cueva, realizó trabajos forzosos, durmió en camas de ladrillo y arcilla y cocinó en hornos de barro.

Más de uno podría pensar que un hombre que sufrió semejantes vejaciones, una vez en el poder podría intentar algún tipo de cambios.

Nada de esto sucedió, al menos hasta ahora.

Permítame el lector volver a mis tiempos de estudiante en la Sorbona. Cuando llegué a París, me presenté con total desparpajo ante Denis Levy, titular de cátedra de Derecho Constitucional de la prestigiosa universidad, para decirle que "yo era el que venía a hacer la tesis doctoral".

Se tomó unos segundos para observarme de arriba abajo y luego informó que antes de apuntar tan alto, debía cursar y aprobar un Diploma Superior en Derecho Constitucional de un año de duración en el que, entre otras cosas, aprendería la técnica de investigación. Luego me enteraría de que ese día Levy no me echó a empujones de su despacho porque sabía que era argentino. Y él, hijo de madre brasileña, tenía un aprecio especial por los latinoamericanos.

Agradezco infinitamente ese año consagrado al arte de investigar. Más de tres décadas después, este método que utilizo a diario para mi actividad periodística también fue de gran ayuda para elaborar el libro.

Fueron varios los meses dedicados a recopilar información de múltiples fuentes. Los principales medios periodísticos del mundo, que se vienen ocupando del fenómeno China desde distintas ópticas, nutrieron mis conocimientos y aportaron datos precisos. Un caso que deseo resaltar por sobre los demás es el de *Infobae*, el portal de noticias en idioma español más visto del mundo con 106 millones de usuarios únicos en Hispanoamérica según datos de Google Analytics. De la consulta de sus notas periodísticas e informes nacieron diversas líneas de investigación, muchas de la cuales alumbraron pasajes de esta obra.

Sucedió lo mismo con las múltiples tesis y ensayos universitarios a los que accedí gracias a la magia de un planeta global y conectado que, con un par de clics, es capaz de transportar la sabiduría atesorada en las bibliotecas del mundo a una humilde computadora.

Un milagro más, también obrado por Internet, fue el de las comunicaciones, que hoy transformaron al mundo en una aldea. Por video conferencias y llamadas telefónicas vía la aplicación WhatsApp, obtuve sólidos testimonios y razonamientos. Muchos de los interlocutores son citados en el transcurso de esta obra con nombre y apellido. La gran mayoría de ellos, confieso, prefirió guardar el anonimato. No los juzgo ni los cuestiono: el ojo controlador de Pekín es capaz de alcanzar los puntos más recónditos del planeta.

Otra red, que se armó en este caso ad-hoc, tuvo por base el invencible poder del afecto. Familiares, amigos y conocidos del trabajo, enterados de esta búsqueda, virtualmente bombardearon mi teléfono con informaciones, links, e incluso experiencias vividas por ellos mismos, conocidos y allegados. Entre todos destaco los valiosos aportes de un querido amigo y notable profesional a quien preferiría nombrar como "el emperador del mal", para guardar su identidad.

Varios libros abordaron la temática, y creo haber leído la gran mayoría de ellos, al menos en lo que concierne al foco de esta pesquisa. De su recorrido, pude constatar hasta qué punto existe similitud de conceptos en relación a la estrategia china en lo que bien podría definirse como una nueva aventura imperialista adaptada a estos tiempos.

Podría decirse que el imperialismo es la expansión de los intereses económicos de un Estado más allá de sus fronteras. Esto viene de la mano con el sometimiento de otros territorios para asegurar el resguardo de dichos intereses y asegurar un flujo de ganancias y rentas derivadas de dicha relación.

Esta definición tradicional no se adapta del todo al caso chino. El fin último de la República Popular no pasaría principalmente por acrecentar su poderío económico. Este único objetivo no alcanza para explicar las millonarias inversiones realizadas en múltiples países sabiendo de antemano la imposibilidad de recuperarlas.

Lo que persigue el Partido Comunista Chino es la recuperación de su lugar histórico para cumplir con el mandato impuesto por un nacionalismo alimentado con las heridas del pasado y la grandeza abortada.

Su ambición, claramente hegemónica, busca que ningún otro país pueda emprender nada sin antes tener en cuenta los intereses chinos.

Al mismo tiempo, este escenario forma parte de un apetito mucho mayor: el desafío a la supremacía mundial de Occidente, principalmente de Estados Unidos.

El futuro es inquietante porque pareciera que China no puede avanzar más allá de donde hoy está sin pasar de las tensiones actuales con Estados Unidos a un choque más directo. Porque es cierto que gran parte de lo conseguido por Pekín se debió a que durante muchos años norteamericanos y europeos dejaron hacer. Pero últimamente se produjo un "hasta acá llegaron" de parte de Occidente. Incluso en África, continente donde China inició su aventura expansionista, se están dando cuenta con los años de que el abrazo de Pekín, cual boa constrictor, los terminó asfixiando en una gran mayoría de casos.

Con objetividad, pero también consciente de una posición tomada respecto al peligro que representa la amenaza china para el mundo, envío esta obra a los anaqueles de las librerías.

Es de esperar que la información contenida en sus páginas sirva de ayuda para quienes tienen la enorme responsabilidad de regir los destinos de los países y los bloques regionales.

Miami, marzo de 2023

CAPÍTULO I

África, el laboratorio

Hace poco llegó a mis manos el libro *Mira a tu suegra y entérate cómo será tu mujer. Guía para el enamorado imprudente* de Daniel Jazar.

Para muchos países del mundo, África sería esa suegra a observar, porque este continente bien podría definirse como el laboratorio donde China ensayó su modelo colonizador.

El puntapié se dio en 1976, cuando la inauguración de una línea ferroviaria en Zambia concretó el prototipo de estrategia china: el país prestaba dinero y enviaba 50.000 trabajadores chinos. En este proyecto, Zambia se beneficiaba con nueva infraestructura mientras Pekín le daba trabajo a su gente y a su industria ferroviaria, y de paso lograba un mejor acceso a las materias primas del país africano.

En diciembre de 2005, el Gobierno chino publicó su *Libro Blanco sobre la política de China para África*, que delineó una estrategia clara, aplicada mediante acciones planificadas. Entre ellas figuraba la condonación de la deuda, asistencia técnica, compromisos en materia de turismo e inversiones. A largo plazo, el objetivo de máxima era crear una zona de libre comercio entre China y África.

Transcurrieron los años, y Zambia debió pagar caro el error de ser cada vez más dependiente de China: en 2008 padeció el desplome de los precios del cobre porque a Pekín se le ocurrió suspender sus inversiones en el sector sin previo aviso.

Con un tercio de la deuda soberana del país, China se siente amo y señor en Zambia. No obstante, en noviembre de 2018 estallaron disturbios "antichinos", sobre todo en Lusaka, en los que la población denunció el dominio del régimen de Pekín en el país. Desde entonces, ese discurso xenófobo no cesó de ganar adeptos en Zambia, sobre todo en la oposición política.

En 2005, se celebró en Pekín el primer "Foro sobre Cooperación de China y África" (FOCAC, por sus siglas en inglés) bajo la presidencia de Hu Jintao, quien propuso a los países africanos que se convirtieran en importantes socios comerciales. En 2018 se celebró la VII cumbre, que reunió a 53 países y confirmó la penetración de la influencia china en África. En dicha oportunidad, el presidente Xi Jinping prometió USD 60.000 millones en ayudas para el continente. Nacía de tal suerte lo que Michel Beuret y Serge Michel luego denominarían como la "Chináfrica".

Pekín tiene ahora 52 misiones diplomáticas en capitales africanas, frente a las 49 de Washington, y es el miembro del Consejo de Seguridad de la ONU con mayor número de fuerzas de paz en el continente, más de 3.000 reagrupadas en El Congo, Liberia, Malí, Sudán y Sudán del Sur.

Este desembarco económico y político viene acompañado de un sólido y constante movimiento migratorio. En los últimos veinte años entre 750.000 y un millón de chinos se radicaron en África, siete veces más que los franceses. El ritmo de crecimiento de estas comunidades es comparable al de su penetración comercial.

Según Jing Gu, experto en desarrollo y consultor de varias instituciones internacionales, entre ellas el Banco Mundial y el Banco Africano de Desarrollo, China ha utilizado el continente como una especie de laboratorio para sus crecientes ambiciones internacionales. Y a menudo no se reconoce el carácter multidisciplinario de su enfoque que va desde su participación en operaciones de mantenimiento de la paz hasta la construcción de carreteras, puertos y ferrocarriles para unir el mundo en desarrollo con el Reino Medio a través de una nueva Ruta de la Seda.

Sin embargo, hoy lo primero a destacar es que estas reuniones del FOCAC ya no son como antes. Celebradas cada tres años, estos encuentros sirven como una suerte de hoja de ruta para evaluar el camino recorrido y los resultados obtenidos. Tras casi medio siglo transcurrido desde el desembarco chino, muchos países africanos están viendo que las cosas no son como se las habían pintado originalmente.

A veces las acciones pueden pasar a mayores. En febrero de 2023, la Auditora Financiera del Estado de República Democrática del Congo exigió a China más de USD 17.000 millones tras denunciar incumplimientos, por parte de Pekín, del acuerdo de infraestructura a cambio de la explotación de minerales congoleños firmado por ambos países en 2008.

El acuerdo, concretamente, obligaba a las compañías estatales chinas Sinohydro Corp (ingeniería) y China Railway Group Limited (ferrocarriles) a la construcción de carreteras y hospitales a cambio de una participación del 68% en Sicomines, una empresa conjunta de cobalto y cobre con la minera estatal del Congo, Gecamines.

El informe presentado por la Auditora estima que el país no ha recibido de China una compensación adecuada por la explotación de sus reservas de cobre y cobalto. De acuerdo con el documento, publicado por Bloomberg, los socios chinos solo abonaron USD 870 millones para financiar infraestructura durante los últimos 14 años en obras que "en su mayoría, no han tenido impacto visible en la población".

El reporte ofrece cifras lapidarias: la inversión de China debió alcanzar "al menos USD 20.000 millones" en relación al precio de los depósitos de minerales extraídos.

Trampolín

África es el trampolín desde donde China ensayó su primer salto hacia la conquista del mundo. Antes incluso de presentar la ambiciosa Iniciativa de la Ruta de la Seda, ya construía ferrocarriles en Nigeria y Etiopía, represas hidroeléctricas en Sudán, y establecía su primera base militar en el extranjero con sede en Yibuti, sobre el Mar Rojo. En este rubro, desde que Xi Jinping llegó al poder en 2013, las ventas de armas chinas aumentaron un 55%. Veintidós países africanos compran material militar y entrenamiento chino. Asimismo, un tercio de las armas importadas por África proceden de China.

Egipto es el gran aliado en el orden militar. Esto se debe a su posición estratégica a orillas del Mar Rojo, dominio del Canal de Suez y amplio litoral mediterráneo que asegura el acceso directo al continente europeo. Las relaciones chino-egipcias se han elevado al rango de "asociación", el más importante en la jerarquía de vínculos bilaterales que el Gobierno de Pekín mantiene con países extranjeros. Eso permite a los dos Estados participar de maniobras militares conjuntas y cerrar jugosos contratos de defensa.

El 50% de las grandes obras de construcción del continente están controladas por las 10.000 empresas chinas establecidas en África. Además, las compañías chinas ganan el 40% de las licitaciones del Banco Mundial gracias a cotizaciones que en promedio son un 40% más bajas que las de sus competidores.

Hasta el Standard Bank cayó en manos chinas. Fundada en 1882, la primera entidad crediticia de África fue históricamente una filial del grupo británico Standard Bank. En la actualidad, el banco chino ICBC es el mayor accionista, con un 20% del capital.

En ese período inicial eran todas sonrisas. China iba en auxilio de los postergados países africanos con financiación para proyectos de infraestructura que habían sido descartados por los organismos crediticos de Occidente.

La realidad es que, en estos últimos años, y habida cuenta de resultados que no estaban a la altura de lo esperado, los africanos comenzaron a ver el peligro que entraña el compromiso chino con el continente.

Ciertos referentes, como el ex ministro de Finanzas de Nigeria, Ngozi OkonjoIweala, ya advirtieron que continuar con el modelo de crecimiento que propone China puede alimentar la corrupción.

La sensación que flota en el aire es que el sueño puede convertirse en pesadilla y que, en los próximos años, será cada vez más difícil para los líderes africanos hacer caso omiso de los resultados mediocres que ya se palpan sobre el terreno.

En estos momentos mucho se habla en África de "barajar y dar de nuevo" y de ya no ver a Xi Jinping como el tío generoso de billetera abierta. En su lugar, se impone cada vez más la idea de forjar una trayectoria propia hacia el desarrollo.

En su obra *Presencia China en el Mediterráneo*, Thierry Pairault anticipa el fin de las ilusiones tanto para los chinos como para los africanos.

"Todo el mundo es consciente de que no basta con gastar dinero para lograr el desarrollo. Los africanos, en particular, se están dando cuenta de que las masas de dinero liberadas por los chinos, bastante caras en términos de tipos de interés y con plazos de reembolso muy cortos, no bastan para provocar el choque económico y de desarrollo que buscan", escribe el autor.

A juicio del experto, esta situación "reivindica las estrategias del Banco Mundial y del Fondo Monetario Internacional (FMI), que tienden a pisar el acelerador para quedarse con los proyectos mejor pensados. Esta conciencia es nueva en el lado africano. Pero los chinos están de acuerdo: ellos mismos admiten que no realizaron los estudios de rentabilidad necesarios para hacer viables los proyectos".

Ahora bien, ¿qué sucedió para que los africanos analicen y propongan este cambio de postura frente al benefactor chino? ¿Por qué cuestionan el hecho irrefutable de que China sea su mayor socio comercial? ¿O que el comercio bilateral entre África y China sea cuatro veces más importante que el que mantienen con Estados Unidos?

Parece crujir el deseo de Xi Jinping de que el ejemplo africano basado en financiamiento de infraestructura sea el espejo donde puedan verse reflejados los países en desarrollo.

Laurent Delcourt en su obra *Los retos de China en África*, destaca que "la mayoría de los especialistas coinciden en que el modelo chino no se puede trasplantar en África y que no corresponde a actores externos elegir y definir las estrategias de su desarrollo".

Además, podría agregase que para que este prototipo funcione, es indispensable que la infraestructura aportada sea de gran calidad, algo que no sucede en este caso. Y si a esto le sumamos decisiones insensatas que solo pueden explicarse por la corrupción gubernamental, el cóctel es a todas luces explosivo.

En este orden pululan los préstamos concedidos a gobiernos que no cumplen los criterios de solvencia y buena gestión; el incumplimiento de las normas medioambientales internacionales por parte de las empresas chinas que operan en África y, sobre todo, el apoyo político, financiero y militar prestado a regímenes cuestionados por la comunidad internacional como lo fueron en su momento los de Sudán de Omar Al-Bashir y Zimbabue de Robert Mugabe.

Un claro ejemplo es el ferrocarril para conectar Nairobi, la capital de Kenia, con el puerto de Mombasa. La obra pudo haber sido mucho más económica si se arreglaban los tramos inactivos de la traza ya existente. Sin embargo, se optó por construir todo de nuevo y por una ruta distinta. El resultado fue un gasto exorbitante de USD 3.300 millones, por supuesto financiado por China.

Con la obra finalizada, los keniatas cayeron en la cuenta de que los empleos y el desarrollo económico que prometía esta inversión en infraestructura no alcanzaban para pagar los servicios del préstamo.

Por culpa de este ferrocarril, China pasó a ser el mayor acreedor bilateral de Kenia, con una deuda total de USD 6.830 millones a junio de 2022.

Si Kenia no puede hacer frente a este compromiso, los acuerdos contienen cláusulas que obligan a que cualquier ar-

bitraje tenga lugar en Pekín, lo que aumenta la probabilidad
de un laudo favorable a China. Y como los ingresos y activos
de la Autoridad Portuaria de Kenia garantizan los préstamos
de este proyecto ferroviario, y como además Kenia renunció
a su inmunidad soberana, es posible que el estratégico puerto
de Mombasa termine confiscado por China.

Como si con ello no bastara, el gobierno de Kenia contrató
a una empresa china la construcción de una nueva autopista
en Nairobi a un costo de USD 600 millones. Los chinos co-
brarán peaje por el término de 30 años, tras lo cual deberán
devolverle la propiedad a Kenia.

No es casual entonces que la deuda pública africana no
haya dejado de crecer. Desde el año 2000, pasó del 35% del
PBI al 50% y China es por lejos el principal acreedor.

Tampoco es casualidad que, en Kenia, la oposición al gobierno haya cuestionado fuertemente el haber recurrido con
demasiada frecuencia a China. Por otra parte, algunos países
vuelven a recurrir a socios históricos. Tal el caso de Uganda,
que, en 2017, cuando el país estaba cerca de China, confió el
75% de la explotación de nuevos yacimientos petrolíferos a
Total, mientras que la China National Offshore Oil Corporation (CNOOC) solo obtuvo el 25% restante.

En 2020, el Banco Mundial consideró que siete países africanos se encontraban en dificultades de endeudamiento o en
riesgo de estarlo debido al volumen de los préstamos chinos
contraídos.

Un caso testigo es Angola, que recibió de China más de
USD 42.000 millones en préstamos en los últimos 20 años.
A diciembre de 2021, USD 13.600 millones de la deuda re-
conocida de Angola con China se debían al Banco de Desa-

rrollo de China (CDB), y USD 4.000 millones al Banco de Exportaciones e Importaciones de China (EXIM Bank). El país africano también se endeudó con el mayor prestamista comercial chino, el Banco Industrial y Comercial de China (ICBC).

Por otra parte, queda claro que China no presta dinero, lo que hace es financiar su propia industria. A Kenia no le facilitó esos USD 3.300 millones para que pueda comprar infraestructura ferroviaria en Europa, Japón o Estados Unidos. La condición es que los rieles y el material rodante sean de fabricación china. Y de paso se asegura el negocio a futuro que implican los repuestos de locomotoras y vagones. Esta fórmula, que debutó en África, fue luego aplicada invariablemente en todos los países donde China puso su pie. Sudamérica tiene una enorme cantidad de ejemplos al respecto.

Otro caso resonante se produjo en Argelia, cuando el gobierno tuvo que recordarles a los chinos sus obligaciones respecto de los plazos y la calidad de las viviendas que habían comprometido.

El gigante estatal China State Engineering Corp (CSCEC) fue contratado por el Estado argelino para la construcción de miles de viviendas y otros proyectos de infraestructura como la gran mezquita de Argel por USD 1.100 millones. Sin embargo, la falta de cumplimiento obligó al ministro de Vivienda, Abdelmadjid Tebboune, a intimar a CSCEC para que respetara los plazos y la calidad de las viviendas, especialmente las registradas en la capital. Desde 2001, los grupos constructores chinos monopolizan la porción del mercado inmobiliario argelino cuya construcción está reservada a firmas extranjeras.

"Al principio, los grupos chinos, competitivos gracias a sus bajos precios en comparación con sus pares europeos, respetaban los plazos y realizaban viviendas de calidad. Después, empezaron a acumular retrasos y a chapucear las obras", afirmó un funcionario argelino bajo condición de anonimato.

Según el sinólogo Jean-Pierre Cabestan, "no podemos hablar de colonialismo chino, pero sí se puede decir que hoy desarrolla una forma de imperialismo económico. Lo que es seguro es que está desarrollando una hegemonía".

Godfrey Mwampembwa, caricaturista conocido en toda África como "Gado", fue quizá quien mejor graficó la situación. En una de sus ilustraciones, representó a los líderes africanos como liliputienses dándose la mano ante un enorme rostro chino. El texto debajo dice: "Somos socios en pie de igualdad".

Otra definición clara fue la que en 2017 propuso el presidente del Parlamento Europeo, Antonio Tajani.

En declaraciones al diario *Die Welt* señaló de forma directa y contundente: "África corre ahora el peligro de convertirse en una colonia china, los chinos solo quieren materias primas. No les interesa la estabilidad".

En un reportaje concedido al *Financial Times* el 11 de marzo de 2013, Sanusi Lamido, gobernador del Banco Central de Nigeria, denunció esta "visión romántica que enmascara en su modus operandi la esencia del colonialismo. Las buenas relaciones entre África y China, que han durado más de una década, se están erosionando poco a poco. Lenta pero inexorablemente, los países africanos están tomando conciencia de este riesgo".

Ante estos ataques, China se enfrenta a la paradoja que implica proteger el valor de sus inversiones en África y defender sus intereses estratégicos, pero sin abandonar la imagen de socio benefactor para evitar ser considerado como un depredador.

Para Louise Roussel, Senior Relationship Manager at KeyBank, la estrategia de Pekín es muy diferente de la de sus homólogos estadounidenses y europeos. China se centra en el comercio y la inversión. Estados Unidos, en la cooperación militar, como demuestran los Acuerdos de Camp David, mientras que la Unión Europea se apoya en la cooperación cultural, sobre todo a través de la francofonía. Por eso el comercio entre China y África se ha multiplicado por 20 en 20 años. No obstante, para China, África representa solo el 4% de sus inversiones, aunque compra el 60% de sus hidrocarburos y el 40% de sus minerales.

Interrogante

La explotación a gran escala de los recursos naturales plantea un interrogante de magnitud: ¿Qué le ocurrirá al continente cuando estas materias primas se agoten por la explotación intensiva? Más del 60% de las exportaciones africanas de madera se destinan a China.

En este sector estratégico la República Popular encontró en África una forma razonable al diversificar sus proveedores. Un claro ejemplo se constató en 2013 cuando un poderoso ciclón tropical impactó directamente a Port Hedland en Australia, que gestiona un quinto del mineral de hierro embarcado en el mundo. De inmediato, Guinea la sustituyó como proveedor. Para todos los productos, Pekín posee productores sustitutos. En el caso del petróleo, por ejemplo, Angola, que suministraba el 7% de las necesidades chinas, acaba de perder cerca del 20% de este mercado.

El suministro de materias primas es un objetivo estratégico por encima de cualquier otra consideración para Pekín. El crecimiento económico de China incentivó su apetito insaciable de recursos naturales. No en vano China es el mayor consumidor mundial de petróleo, mineral de hierro, carbón, aluminio, zinc, cobre y níquel.

De acuerdo a un reporte llevado a cabo por Ngoubangoyi, Bwiti Lumisa, Kibelolo y Lachance, "por la tala ilegal, las empresas chinas han sido responsables de gran parte de la deforestación incontrolada de la cubierta forestal en Camerún, Gabón, Congo RDC y Brazzaville".

Asimismo, un informe elaborado por la Red Africana de Estudios Laborales a iniciativa de los sindicatos regionales, refleja el complejo panorama de las condiciones y relaciones laborales en las empresas chinas que operan en una docena de países del continente.

El estudio releva "remuneración insignificante, jornadas laborales largas y agotadoras sin descansos, uso generalizado de contratos temporales o incluso ausencia total de contratos, condiciones de alojamiento deplorables para los trabajadores, incumplimiento de las normas mínimas de seguridad, hostilidad hacia los sindicatos, amenazas y presiones crecientes sobre los trabajadores, medidas coercitivas, retención de pagos, mantenimiento de los trabajadores africanos en puestos subordinados y mal pagados, etc."

Imposible de pagar

Las consecuencias económicas de la pandemia del Covid redujeron la capacidad de muchas naciones africanas para hacer frente al servicio de su deuda externa. En la actualidad, 22 países del continente con baja renta se encuentran en dificultades de afrontar sus compromisos financieros.

Otro duro golpe fue la invasión rusa a Ucrania. Conforme el Banco Mundial, muchos países pobres de África dependen excepcionalmente de las importaciones de alimentos de Rusia y Ucrania. Unos 15 de ellos importan más del 50% de su trigo de estos dos países bajo conflicto armado.

Un completo estudio llevado a cabo por Alex Vines OBE, Creon Butler y Yu Jie, destaca que los prestamistas chinos representan el 12% de la deuda externa privada y pública de África, la que se multiplicó por más de cinco hasta alcanzar los USD 696.000 millones entre 2000 y 2020.

China es uno de los principales acreedores de muchas naciones africanas, pero sus préstamos han disminuido después de 2016 a medida que bajaban los precios de las materias primas y sus tasas de crecimiento del PBI. De tal forma los préstamos chinos a los gobiernos africanos cayeron de un máximo de USD 28.400 millones en 2016 a USD 8.200 millones en 2019, para volver a caer a solo USD 1.900 millones en 2020. Se prevé que esta situación empeore a lo largo de 2023 con la consecuencia de limitar la capacidad de las naciones africanas para obtener la financiación necesaria para ofrecer mejoras sociales más amplias a sus poblaciones y responder al cambio climático.

Los autores del informe titulado "La respuesta a las dificultades de la deuda en África y el papel de China", recomiendan un plan en tres partes que, en un principio, deberá llevar a cabo el G7 bajo la presidencia japonesa en 2023, pero que, en última instancia, deberá integrarse en el G20. El objetivo debería ser establecer un diálogo sobre las necesidades de inversión a largo plazo de África, formular un entendimiento entre Occidente y China y poner fin a los bloqueos del actual marco multilateral para hacer frente a las dificultades de la deuda.

Alex Vines OBE, Creon Butler y Yu Jie proponen un diálogo de amplia base liderado por el G7, China y las principales naciones africanas, aunque sin limitarse a ellos, centrado en identificar, acordar y aplicar las medidas necesarias para garantizar las necesidades de financiación exterior de África a medio y largo plazo.

Un entendimiento político de alto nivel entre Occidente y China sobre el beneficio mutuo de una cooperación reforzada para abordar las dificultades de la deuda africana y las necesidades de inversión del continente.

Un programa de acción detallado, dirigido por los responsables de Finanzas del G7 y el G20, para abordar los obstáculos que impiden una aplicación más rápida del Marco Común, y en relación con los países de baja renta, y para abordar las necesidades potenciales de las economías emergentes africanas en riesgo de dificultades de endeudamiento.

Este plan requiere de un entendimiento político de alto nivel entre China y Occidente. El éxito en este consenso podría ir seguido de un enfoque similar en otras áreas, como la organización y financiación de la preparación y respuesta ante pandemias y, lo que es más importante, la cooperación internacional esencial para hacer frente al cambio climático.

CAPÍTULO II

El nuevo patio trasero

Luego de consolidar su influencia en África, y con la experiencia adquirida, China apuntó a extender su dominio en América Latina.

Desde el inicio de este milenio, la importancia económica y política del gigante asiático en Latinoamérica no paró de crecer.

Hoy, la región es el segundo mayor destinatario de inversión directa china. Varios países ya aceptaron participar en el proyecto de infraestructura y comercio global de Pekín: la "Nueva Ruta de la Seda", y esto vino acompañado de un componente político reflejado principalmente en el reconocimiento de la política de "una sola China".

Un solo ejemplo alcanza para entender esta realidad.

En 2017, El Salvador, Panamá y República Dominicana figuraban entre los 18 países que reconocían la soberanía de Taiwán, a quien China considera como una provincia separatista.

Unos años más tarde, y a costa de generosos préstamos y proyectos de infraestructura, los tres Estados centroamericanos rompieron relaciones diplomáticas con Taipéi.

Otro caso similar se produjo el 9 de noviembre de 2021, cuando el régimen de Daniel Ortega en Nicaragua le dio la espalda a su relación de 31 años con Taiwán y se abrazó con Pekín, en una sorpresiva jugada que parecía buscar un mejor soporte político y económico con el gigante asiático.

"La República Popular de China es el único gobierno legítimo que representa a toda China y Taiwán es parte inalienable de todo el territorio chino", reconoció el Gobierno nicaragüense.

Casualidad o no, una semana después de este giro diplomático, Nicaragua recibió de China una donación de 200.000 vacunas contra el Covid.

Esta "política de seducción" que lleva adelante Pekín se expresa en distintos frentes, pero tiene su mayor exponente desde el punto de vista económico.

Por ejemplo, China ofreció comprar la deuda de El Salvador para ayudar a refinanciar sus obligaciones externas, según adelantó el vicepresidente de aquel país, Félix Ulloa.

"China ofreció comprar toda nuestra deuda, pero debemos andar con cuidado", dijo Ulloa a Bloomberg al margen de un evento en Madrid. "No vamos a vender al primer postor, hay que ver las condiciones", agregó cuando se le preguntó sobre una posible reestructuración de deuda.

Si bien El Salvador puede evitar un default soberano en 2023, "en nuestra línea de base, las reservas desaparecerían si el gobierno pagara la amortización de los eurobonos de 2025", comentaron los analistas de Oxford Economics Felipe Camargo y Lucila Bonilla, en una reciente nota.

Conforme Moody's, S&P y Fitch Ratings, El Salvador posee actualmente la calificación de riesgo más baja de Centroamérica.

Resta ver qué pedirá China a cambio de cargarse la deuda salvadoreña.

"China es, indudablemente, un actor global reconocido y

tiene todo el derecho de competir económica y políticamente en el mundo. Hoy en día, al mismo tiempo que compra recursos primarios, Pekín ofrece la construcción de infraestructura crítica tan necesaria para los países latinoamericanos. El tema es a qué costo. Me preocupa que, de aquí a 15, 20 o 50 años, la libertad de acción de los países soberanos que tienen vínculos con China pueda verse limitada. Eso podría darse en distintos lugares del mundo y, cada vez más, en América Latina", resaltó Craig Deare, ex asesor presidencial de EE.UU.

"Si te interesa el ping-pong te ofrezco ping-pong, si quieres tecnología 5G… te ofrezco tecnología 5G. Si quieres un tren rápido, un puerto, un satélite, un préstamo o un Instituto Confucio… aquí lo tienes", grafica el investigador y académico Enrique Dussel.

En este escenario, la pregunta que se impone es si aquella definición de "patio trasero de Estados Unidos" que durante años batieron las izquierdas latinoamericanas no cambió ahora de dueño.

Axel Guyldén, en un artículo publicado en *L'Express*, también se interroga si China no había comenzado a reemplazar a Estados Unidos como potencia en torno a la cual giran las economías de varios países latinoamericanos gracias a las importantes deudas que han adquirido con Pekín, en particular Perú, Ecuador y Argentina.

Según el Consejo Chino para el Fomento del Comercio Internacional (CCPIT, por sus siglas en inglés), América Latina y el Caribe es el segundo mayor destino para la inversión extranjera de China, con más de 2.700 empresas de capital chino operando en la región, especialmente en infraestructura de transporte y energía.

Paradoja

De todos modos, América Latina se encuentra en una situación ambigua. No ocupa el lugar privilegiado que China le asigna a África, ni es área de relocalización fabril como el Sudeste Asiático, ni el pretendido socio a partes iguales al que apunta su relación con Europa.

China corteja al Nuevo Continente por la colosal dimensión de sus recursos naturales.

Un estudio de Felipe Freitas da Rocha y Ricardo Bielschowsky que publica la Comisión Económica para América Latina y el Caribe (CEPAL), destaca la búsqueda de recursos naturales en América Latina por parte de China, en particular petróleo, hierro, cobre y soja, que representan más del 70% de las importaciones del país desde la región. Esto se debe al crecimiento acelerado y a la escasez relativa de recursos naturales en China y su planificación a largo plazo que atribuye a la región el papel de importante proveedora.

En el caso de hidrocarburos, el acceso tiene lugar principalmente mediante financiamientos con contrapartidas de petróleo e inversiones directas, mientras que el del hierro y el cobre se obtiene mediante inversiones directas e importaciones.

A la hora de definir los objetivos perseguidos por China, Felipe Freitas da Rocha y Ricardo Bielschowsky señalan: reducir los precios de los productos básicos que necesitan, encontrar alternativas para la aplicación de las reservas externas de China (excesivamente aplicadas en títulos del tesoro estadounidense) y disminuir la presión sobre la apreciación del tipo de cambio.

Los autores, en su trabajo *La búsqueda de China de recursos naturales en América Latina*, afirman que "es razonable suponer que las empresas multinacionales de China que actúan en el ramo de los recursos naturales, cuyos principales puestos de mando se cubren según indicaciones del Comité Central del Partido Comunista de China, sean estimuladas a buscar inversiones, en el mundo en general y en América Latina en particular, en calidad de prestadores de servicios estratégicos al Gobierno chino".

La manera elegida por China para garantizar la seguridad en el abastecimiento parece ser el control físico del recurso. En el caso de la soja, el camino elegido ha sido la importación cada vez más intermediada por empresas mercantiles presentes en la región y recientemente adquiridas por China. En algunos países incluso pretenden ir más allá, como en Argentina, donde la firma China Communications Construction Company, Ltd. (CCCC) demostró su clara vocación por manejar, a través de su subsidiaria Shanghái Dredging, la Vía de Navegación Troncal del río Paraná por donde salen anualmente cerca de 80 millones de toneladas de productos agroindustriales con destino a la exportación.

Un ejemplo más de Argentina: con una inversión de USD 1.300 millones, dos gigantes de la industria del litio como Gotion High Tech y Tianqi Lithium se asociarán con empresas locales, mientras que la firma Shaanxi Coal Group construirá una planta de fertilizantes.

Y para asegurarse el transporte de la producción, China Development Bank financia por USD 2.100 millones la compra de rieles, durmientes y vagones, por supuesto fabricados en China, para la modernización de los trenes del Ferrocarril

Belgrano Cargas.

Rocha y Bielschowsky destacan que China, país continental de 9,5 millones de kilómetros cuadrados, posee grandes recursos fósiles (carbón, petróleo, gas natural), el mayor potencial hidroeléctrico del mundo, una significativa extensión de tierras agrícolas y considerables reservas metálicas. No obstante, examinado a la luz del tamaño de su población y de su economía, el cuadro dista mucho de ser de abundancia.

La escasez relativa se reveló en toda su intensidad con su acelerado crecimiento. En los últimos 35 años, el PBI chino creció a una tasa media del 10% al año y transformó al país en la segunda mayor economía del planeta, volviendo su producción y consumo cada vez más dependientes de la importación de productos primarios.

En 1996, el país asiático se convirtió en importador de petróleo y soja y, en 2007 y 2009, de gas natural y carbón respectivamente.

Las importaciones netas de petróleo aumentaron de 1,2 millones de barriles diarios en 2000 a 6,7 millones en 2015; las de mineral de hierro crecieron de 44 millones de toneladas finas en 2000 a cerca de 580 millones en 2015; las de cobre se incrementaron de 1,1 millones de toneladas finas en 2000 a 7,2 millones en 2015; y las de soja, que eran de 10 millones de toneladas en 2000, llegaron a más de 82 millones en 2015. Hoy China es el mayor importador de soja del mundo, representando más del 60% del comercio mundial, con compras del producto impulsadas principalmente por la molienda para la producción de balanceados en base a la harina de soja.

El grado de dependencia de las importaciones de recursos naturales en China, medido como proporción entre importaciones netas y consumo, alcanza el 60% en el caso de los principales productos básicos, como el petróleo, el cobre y el mineral de hierro, mientras que en el de la soja asciende al 85%.

Dos caras

Mónica Núñez Salas, profesora adjunta de Derecho Ambiental de la Universidad del Pacífico en Lima, Perú, redactó una memoria para la Universidad Internacional de Florida, titulado "Las inversiones de China y el uso de la tierra en Latinoamérica".

El estudio advierte que la región mantiene su papel de proveedor de recursos naturales a China "a un alto costo para su ecología y las comunidades locales. El aumento de la demanda de materias primas afecta los recursos naturales y a las poblaciones locales, en un momento en que el cambio climático hace más urgentes las prácticas de sostenibilidad".

China entonces ofrece a América Latina una relación comercial de doble cara: es un aliado con dinero en caja y una demanda estable, pero también un factor de deforestación y conflicto social.

La teoría de las "dos verdades aparentemente opuestas" esbozada por Núñez, se asienta en que sin bien los países latinoamericanos "se han beneficiado al acceder a recursos financieros", China también "es un factor determinante en el paisaje de América Latina, y el deterioro sustancial puede atribuirse, directa o indirectamente, a las mercancías que consume", con "un impacto en los alimentos, la deforestación y la escasez de agua".

La autora señala asimismo su preocupación de que América Latina no adopte "prácticas para mantener esta relación de manera sostenible en un momento en que el mundo se está acercando a su punto de inflexión, un umbral más allá del cual un ecosistema se reorganiza, a menudo abrupta o irreversiblemente".

En una entrevista con DW, Rebecca Ray, una de las autoras del informe "China en América Latina: Lecciones para la Cooperación Sur-Sur y el Desarrollo Sostenible", afirma que "en los últimos 10 años China ha triplicado su importancia como destino de las exportaciones latinoamericanas, pasando del 3% al 9%. Pero estas exportaciones no son como las demás: casi el 90% de las exportaciones latinoamericanas a China corresponden a la agricultura, la minería o la perforación, en comparación con aproximadamente la mitad de las exportaciones latinoamericanas al resto del mundo".

La autora resalta que "en términos ambientales, en promedio, las exportaciones latinoamericanas a China tienen una huella ambiental mucho más pesada que sus otras exportaciones: utilizan el doble de agua y producen un 12% más de gases de efecto invernadero".

En 2018, la Federación Internacional de Derechos Humanos publicó un informe sobre el incumplimiento de la empresa de ingeniería china BGP Bolivia al pueblo boliviano de Tacana, al destruir un bosque de castaños, crucial para la economía local.

Los proyectos chinos de minería e infraestructuras también generan daños ambientales duraderos.

Una investigación realizada por Sergio Mendoza Reyes

para *Los Tiempos de Bolivia*, con el apoyo del Rainforest Journalism Fund del Pulitzer Center, desenmascaró la operación montada por las compañías chinas para saquear el oro boliviano.

En el norte de La Paz, Bolivia, decenas de compañías chinas operan las 24 horas del día, los 365 días del año, para extraer oro. Se ocultan tras cooperativas mineras que reciben dinero de Pekín.

El acuerdo, al margen de la ley, produce beneficios mutuos: la cooperativa obtiene entre un 25% y 40% de las ganancias sin trabajar ni poner capital, y la compañía china se lleva hasta un 75% del valor del oro sin pagar impuestos. "El que pierde es el país y las comunidades, que reciben migajas mientras son despojadas de sus riquezas naturales, como ha ocurrido desde la colonia", advierte el informe.

Asimismo, la actividad contamina los ríos y áreas protegidas con mercurio y otros desechos tóxicos en una de las áreas más importantes del mundo en biodiversidad. Las pruebas están a la vista, "en las orillas de los ríos, deforestadas, contaminadas, y convertidas en pedregales, que están repletas de maquinaria de procedencia china, fabricadas por gigantescas compañías que en su mayoría están vinculadas al Partido Comunista Chino", refleja el informe.

En 2019, la Comunidad Amazónica de la Cordillera Cóndor Mirador en Ecuador se manifestó contra un proyecto minero de cobre de la empresa china Tongguan, por infringir las leyes mineras nacionales evitando informarles adecuadamente sobre el proyecto, y forzándoles a desalojar su tierra. En Perú, las reiteradas protestas de la comunidad de Chumbivilcas al operador chino Minmetals obligó a cesar la producción en la mina Las Bambas. De igual forma, el cultivo de soja de empresas chinas en áreas biodiversas de Brasil está poniendo en peligro el ecosistema y contribuyendo a la deforestación.

Los bancos chinos apoyan proyectos rechazados por las instituciones multilaterales por sus riesgos ambientales y sociales, informó el Laboratorio de Ideas de Política Exterior y Relaciones Internacionales Council on Foreign Relations de Estados Unidos.

Según Juan Cuvi, miembro de la Comisión Nacional Anticorrupción (CNA) y master en Desarrollo Local, "los chinos no solo tienen la capacidad de inundar nuestro mercado con productos baratos; intervienen con una lógica implacable frente a los derechos laborales y ambientales. Las denuncias al respecto son interminables, y no solo en nuestra geografía. Correa (Rafael, presidente de Ecuador entre 2007 y 2017) entregó el país a los chinos. No se entiende la subordinación de los mal llamados gobiernos progresistas y de la izquierda boba a esta renovada potencia imperial. El imperialismo chino viene para quedarse con todas sus secuelas destructivas inherentes a estos procesos de dominación. América Latina ya debiera estar curada de tantos extravíos".

Queda claro entonces que la estrategia china se asienta en una oferta muy atractiva, que a primera vista no tiene condiciones. Pekín no juzga qué tipo de gobierno maneja el país con el que negocia, si es de derecha o de izquierda, si es transparente o corrupto. Esto representa una suerte de competencia desleal para inversores atentos a cuestiones como la seguridad, la incertidumbre económica, los derechos humanos o la ecología, como los europeos o norteamericanos.

Contraofensiva

De todos modos, Estados Unidos no abandona su intento de destronar a China como referente para Latinoamérica.

En el Congreso norteamericano avanza un proyecto empujado por el senador republicano de Luisiana Bill Cassidy, para que los países latinoamericanos que deseen hacerlo se sumen al Acuerdo de Libre Comercio entre México, Canadá y EE.UU.

El texto de la norma establece además un mecanismo con promociones impositivas por un total de USD 5.000 millones y préstamos blandos por USD 40.000 millones para que las multinacionales estadounidenses puedan reducir su dependencia de China y trasladen sus fábricas del país asiático a América Latina.

Ecuador es un caso emblemático de acción directa desde Washington. Luego de la crisis sanitaria mundial de 2020, el país solicitó un aplazamiento de pagos y una refinanciación de sus compromisos con Pekín que alcanzaba el 78% de su deuda externa. El convenio le imponía vender barriles de petróleo al país asiático a un precio inferior al del mercado, situación que generaba una reducción de los ingresos ecuatorianos y complicaba aun más su situación financiera. Finalmente, fue Washington, a través de su Corporación Financiera Internacional para el Desarrollo, quien le prestó USD 3.500 millones para reemplazar parte de su deuda externa, a cambio de que el país andino rechazara a las empresas chinas el desarrollo de redes de telecomunicaciones 5G.

En la cumbre desarrollada en 2022 en Los Ángeles, Joe Biden lanzó la "Asociación de las Américas para la Prosperidad

Económica", una propuesta con cinco ejes con la que busca tentar a los gobiernos de la región y a la vez debilitar la influencia de Pekín en el hemisferio. Los ejes son: revitalizar las instituciones económicas regionales y movilizar la inversión, hacer que las cadenas de suministro sean más resilientes; actualizar la negociación básica; crear empleos de energía limpia para el avance de la descarbonización y la biodiversidad; y asegurar un comercio sostenible e inclusivo.

Incluso Biden tuvo un gesto puntual con la Argentina y Brasil, al proponerles la creación de un grupo que incluya a los grandes productores de alimentos.

"América Latina y el Caribe, que aún se tambalean por el impacto desproporcionado de la pandemia de Covid-19, ha sufrido la mayor contracción económica de todas las regiones del mundo. La desigualdad de ingresos está aumentando, millones de personas están cayendo de nuevo en la pobreza y la inflación mundial, agravada por la guerra de Putin en Ucrania, está poniendo a prueba los presupuestos de las familias. La Alianza para la Prosperidad Económica en las Américas reconstruirá nuestras economías desde abajo hacia arriba y desde el centro hacia el exterior", destaca la comunicación oficial del Departamento de Estado de EE.UU.

"Juntos, tenemos que invertir para asegurarnos de que nuestro comercio sea sostenible y responsable y crear cadenas de suministro que sean más resistentes, más seguras y más sostenibles", aseguró Joe Biden en el discurso inaugural del encuentro.

El camino emprendido por Estados Unidos para retomar el liderazgo en el continente tiene algunas espinas. En enero de 2023, el presidente de México, Andrés Manuel López Obrador, le enrostró a su par norteamericano que Washington se olvidara de América Latina en las últimas décadas.

En conferencia de prensa durante la cumbre entre Estados Unidos, Canadá y México, López Obrador dijo: "Es el momento de terminar con ese olvido, con ese abandono, ese desdén hacia América Latina y el Caribe. Presidente Biden, usted tiene la llave para abrir y mejorar sustancialmente las relaciones entre todos los países del continente americano".

Para la Unión Europea, la pandemia del Covid 19 y la posterior invasión de Rusia a Ucrania mostraron la importancia de recrear lazos con sus socios históricos de América Latina.

En el Viejo Mundo constataron que es muy difícil consolidar la seguridad alimentaria sin el aporte de Argentina, Brasil y Centroamérica. O que tampoco es posible imaginar una transición energética sin el continente que posee el 65% de las reservas de litio y demás minerales estratégicos del mundo.

Lápiz y papel en mano, en Bruselas hacen las cuentas y comprueban que los 33 países latinoamericanos más los 27 europeos completan un tercio de los votos en Naciones Unidas con lo que se puede consolidar un eje geopolítico de gran valor.

Quizá esto explique la premura de la UE para enviar misiones de parlamentarios a Paraguay, Uruguay y Centroamérica, o el armado del encuentro birregional de ministros de Relaciones Exteriores desarrollado en Buenos Aires en octubre de 2022 donde se abordó la nueva estrategia europea para el hemisferio.

En esta línea se ubica el viaje realizado por el canciller alemán, Olaf Scholz, a la Argentina, Chile y Brasil. En su primera visita a estos países desde su llegada al poder, reflejó la determinación de destacar la importancia de la región latinoamericana.

Durante la gira, además de subrayar "la relevancia de la UE como socia de la región", Scholz recalcó la necesidad de profundizar las relaciones políticas y económicas con estos países, con énfasis en la lucha contra el cambio climático y en el crecimiento económico sostenible, dos ítems que China ni siquiera menciona.

Habrá que ver si los europeos logran recuperar el tiempo perdido, porque como bien señala Josep Borrell, Alto Representante de Política Exterior de la UE, "tenemos que tomar conciencia de que hay vacíos que se llenan. Nuestra presencia tiene que ser más intensa, lo es en términos de inversión, no tanto en términos políticos".

Para José Ignacio Torreblanca, presidente del instituto de investigación European Council on Foreign Relations (ECFR), "China se ha posicionado globalmente y multilateralmente en el continente, mientras que Europa ha invertido porque tenía intereses comerciales y empresariales, pero no ha tenido esa visión estratégica que se necesita en América Latina para ser un actor global".

El mejor alumno

Entre marzo de 2021 y marzo de 2022 la organización civil Doublethink Lab que analiza el autoritarismo digital chino, realizó un relevamiento de datos de 82 países en nueve regiones. De allí surge el llamado "Índice de China" que busca medir la influencia de la República Popular en nueve áreas: académica, política nacional, economía, política exterior, aplicación de la ley, medios de comunicación, militar, sociedad y tecnología.

Lo interesante del caso es que, en el quinto lugar de este ranking, aparece Perú, que sería entonces, según este Índice, el país más influenciado por China en América Latina, superando a otros casos a primera vista emblemáticos como Venezuela (puesto 25) o Bolivia (puesto 60).

Del análisis de las distintas variables, pude decirse que Perú es el alumno perfecto para el régimen de Xi Jinping.

China es socia y primer cliente de las mineras peruanas. Asimismo, empresas vinculadas con Pekín son propietarias y operadoras de infraestructura estratégica como puertos, centrales eléctricas, centros de datos digitales, entre otros, o sectores sensibles, principalmente en los rubros de biotecnología y materias primas.

Para lograr una coraza mediática, el régimen de Xi Jinping consiguió establecer una suerte de "cabecera de playa periodística" en Lima. La agencia estatal de noticias Andina usa como fuente de noticias a la agencia estatal china Xinhua, mientras que periodistas peruanos viajan becados a Pekín para recibir capacitación de medios estatales.

En seguridad, Perú importa o accede gratuitamente a equipos militares y policiales del Ejército Popular de Liberación (EPL) de China. Fue parte de ejercicios militares conjuntos y no son pocos los militares peruanos que recibieron educación militar profesional china.

La tecnología es otra forma de penetración. Las empresas de telecomunicaciones peruanas firmaron acuerdos para incorporar hardware o especificaciones técnicas de redes celulares 4G o 5G producidas o desarrolladas por las gigantes tecnológicas Huawei y por ZTE.

El "Índice de China" asegura que tampoco queda afuera la

educación. Varias universidades peruanas cerraron acuerdos de investigación con entidades conectadas con la República Popular como Huawei, Tencent o Alibaba. Pekín también contribuye con el diseño de planes de estudios escolares o universitarios peruanos, como cursos sobre historia de Asia Oriental, política moderna, etc.

Javier Ernesto Ramírez Bullón, en su obra *La adaptación del Perú ante el ascenso de China a inicios del siglo XXI: entre el pragmatismo y la aquiescencia*, considera que, para Perú, "la República Popular China fue vista principalmente como un mercado deseable antes que como una potencia retadora del orden global o como un Estado comunista. En la medida que prevaleció una óptica economicista, los acuerdos de cooperación firmados con China fueron interpretados como un acercamiento pragmático hacia una economía estratégica".

A juicio del autor, "es pertinente hacer un balance crítico sobre la forma en que Perú decidió relacionarse con China a inicios del siglo XXI. Perú experimentó un acelerado acercamiento multidimensional hacia China. Sin embargo, ello es motivado por intereses económicos de corto alcance que limitan la construcción de una política exterior basada en intereses nacionales de gran envergadura. Si bien el acercamiento a China puede ser beneficioso para el Perú, es imprescindible un previo reconocimiento de los intereses que busca en China desde un enfoque holístico. Sin ese reconocimiento sobre lo que Perú desea obtener de China y cuáles son sus intereses no negociables es probable que el alineamiento pragmático pueda devenir en una actitud aquiescente o, en el peor de los casos, en una subordinación no explícita de la política exterior peruana. Esto podría suceder sin que China desee explícitamente replicar patrones de dominación, sino por falta de concertación de actores internos peruanos frente a amenazas externas o porque la estructura decisoria de la política exterior haya internalizado una actitud pasiva e introvertida en su relacionamiento con el mundo".

Perú no debiera estar primero en el ranking, según un ex miembro del Gobierno estadounidense que pidió declarar bajo el anonimato. A su entender, el liderazgo recae sobre Ecuador, al que definió como un país donde "Pekín hace lo que quiere".

La misma fuente agrega que "desde comienzos de los años 2010, cuando el precio del barril de petróleo cayó a la mitad, Ecuador, país productor de petróleo, no logra pagar los prestamos adquiridos ante consorcios chinos que construyeron numerosas carreteras y presas".

Esta relación, que fluctúa entre la deuda y la soberanía, tuvo su era de oro durante las dos presidencias de Rafael Correa entre 2007 y 2017.

Fue justamente Correa quien tras alejarse del Fondo Monetario Internacional (FMI) y del Banco Interamericano de Desarrollo (BID), se echó en brazos del capital chino. Y como una gran parte de los créditos tomados con Pekín están vinculados al petróleo, los compromisos adquiridos deben ser honrados por Petroecuador.

Según el medio *Periodismo de Investigación*, "un esquema de sobornos y pagos irregulares surgió con el primer contrato de compraventa de crudo, que se firmó en 2009 con Petrochina, para garantizar el préstamo de USD 1.000 millones que China le entregó al Ecuador. Las líneas de crédito pagadas con petróleo se basaron en convenios de alianzas estratégicas y en el decreto 466, firmado por el propio Correa. Si bien el primer contrato de préstamo se firmó con Petrochina, fue la empresa Gunvor con sede en Ámsterdam, la que negoció y pagó la coima para que a Petroecuador le diera el contrato".

Fue también durante los años de Rafael Correa que se impulsó la construcción de la enorme represa y central hidroeléctrica de Coca Codo Sinclair por parte de la compañía estatal china Sinohydro. La obra se adjudicó de manera directa y sin ninguna licitación internacional, porque según Correa había que "modernizar el país y liberarlo de la influencia de Estados Unidos".

El proyecto, originalmente valuado en USD 900 millones, ya le ha costado a Ecuador más de USD 2.900 millones. Algo similar sucedió con el contrato de consultoría: inicialmente tendría un valor de USD 72 millones, pero diversas adendas al acuerdo lo llevaron a USD 140 millones.

La planta, destinada a producir más de 1.500 megavatios de energía limpia y renovable, cubriría un tercio de la demanda eléctrica de Ecuador con un tiempo de vida útil de 50 años.

Sin embargo, casi cinco años después de su inauguración y pese a su enorme costo, la hidroeléctrica sigue sin funcionar en su total capacidad y se convirtió en un lastre para las fatigadas cuentas de un país que desde hace años sufre una grave crisis económica y de deuda.

El principal inconveniente pasa por los miles de fisuras que aparecieron en los distribuidores de agua de la represa, unas partes mecánicas fundamentales en la generación de energía, al tener que soportar la enorme presión del agua en caída desde 620 metros de altura.

Las fallas en estos aparatos se detectaron en el 2014 y fueron confirmadas por un informe independiente antes de la entrada en operación de la central hidroeléctrica.

Conforme publica el diario ecuatoriano *El Comercio*, las obras imposibilitaron la generación de electricidad para consumo y exportación, causando pérdidas por USD 8 millones entre 2016 y agosto del 2021 para la Corporación Eléctrica del Ecuador (CELEC), la empresa pública que opera la central.

El cálculo fue realizado por Byron Orozco, subgerente de la Unidad de Negocios de Coca Codo Sinclair, y las pérdidas incluyen la imposibilidad de generar electricidad para consumo y exportación de energía.

Hasta el momento la planta, ubicada sobre el curso fluvial del río Coca en la provincia de Napo y que cuenta con ocho turbinas para generar electricidad, ha sido sometida a siete reparaciones.

En el último proceso de mantenimiento se encontraron más de 3.500 nuevas fisuras en los cuatro distribuidores, superando las 11.000 fallas en total.

En abril de 2020, un hundimiento provocado por la erosión causó la ruptura del Sistema de Oleoducto Transecuatoriano (SOTO) y del Oleoducto de Crudos Pesados (OCP). Como consecuencia se derramaron más de 60.000 litros de petróleo que contaminaron el río y afectaron a las comunidades nativas de la zona.

El SOTE funciona las 24 horas del día, los 365 días del año y transporta unos 340.000 barriles de petróleo diarios. En caso de que la erosión a causa de la represa afectara este oleoducto, las pérdidas serían multimillonarias.

La central hidroeléctrica, que según múltiples investigaciones y expertos se realizó en contra de todos los estudios y advertencias sobre las condiciones geológicas de la zona, también está amenazada por la fuerte erosión del río Coca desde que en febrero del 2020 se derrumbó la cascada San Rafael de 130 metros en la región amazónica.

Ante la magnitud de problemas, queda por ver si China se hará cargo de las reparaciones. Más aun cuando un documento confidencial de CELEC revela que desde el 2012 la compañía china Sinohydro, encargada del proyecto hidroeléctrico, ocultó que los distribuidores de turbina de la casa de máquinas de la Central tenían alrededor de 8.000 fisuras.

La última noticia que se conoce al respecto es que Ecuador quiere que Sinohydro se haga cargo de operar la represa durante los próximos 30 años y reembolse al Estado las inversiones, según informó a BNamericas el ministro de Energía y Minas, Fernando Santos.

"Conversaremos con Sinohydro para tratar de solucionar el problema de Coca Codo Sinclair. Sinohyrdo asumiría la operación de la planta; y nos devolvería lo que nos costó, con un descuento de lo que ya ha generado. Al mismo tiempo, firmaríamos un contrato de suministro de energía a un precio comercial", destacó el funcionario.

Por lo visto, y como ya viene sucediendo en varias partes del mundo, por un camino u otro, el Partido Comunista Chino termina tomando el control de la infraestructura que construye sus empresas.

Fernando Villavicencio, miembro de la Asamblea Nacional del Ecuador desde 2021, explicó a *Infobae* que "esta obra se adjudicó al mismo país que brindó el financiamiento a través de un crédito que Ecuador realizó a un banco chino. China puso el dinero, China puso el contratista y obviamente validaron al fiscalizador".

Esta realidad explica por qué una gran mayoría de los funcionarios involucrados en el proyecto de la represa terminaron condenados y presos por sobornos.

Los más emblemáticos son el propio ex presidente Correa, quien fue sentenciado a ocho años de prisión por corrupción y que desde 2017 vive en Bélgica, país con el que se tramita el proceso de extradición. Su segundo, el vicepresidente Jorge David Glas Espinel, quizá el mayor abanderado de la represa Coca Codo Sinclair ya purga su condena en prisión por desviar fondos públicos hacia sus bolsillos.

De todos modos, los actos de corrupción que involucran a funcionarios con empresas chinas no son patrimonio exclusivo de los ecuatorianos.

En Bolivia, una empresa china fue favorecida en una licitación de una carretera tras pagar un soborno millonario. Este escándalo se produjo en el proceso de adjudicación para la ruta Sucre-Yamparáez y terminó beneficiando a la compañía China Harbour Engineering Company (CHEC), filial de China Communications Construction Company (CCCC).

La denuncia la presentó Juan Carlos Hidalgo Chura, designado como parte de la comisión de calificación del proceso de contratación para la construcción de la carretera, en la Fiscalía de Sucre, según informó el periódico boliviano *El Deber*.

Chura negó que se hubiera reunido con Jin Zhengyuan, representante de CHEC. No obstante, confesó haber manipulado los documentos de la licitación y cambió papeles de la oferta "por presión" para que la empresa china se quedara con la obra en cuestión.

Hidalgo indicó que el presidente de la Comisión de Licitación de la Administradora Boliviana de Carreteras (ABC), Henry Nina, le entregó a él y a otros tres funcionarios un memorándum para que conformaran la comisión de calificación de la construcción.

De acuerdo a lo informado, según una investigación de la Policía, la constructora del gigante asiático pagó un soborno de USD 2.700.000 que involucra al presidente de la ABC, Henry Nina.

Al menos cuatro de los siete contratos de la empresa CHEC se firmaron bajo la modalidad "llave en mano", lo que implicó que la empresa asiática contratara a los supervisores de las obras que ella misma hacía. De más está decir que estos cuatro contratos fueron financiados por el Banco de Exportación e Importación de China (Eximbank China).

Otro proyecto "llave en mano" que genera sospechas es la construcción de la central atómica Atucha III en Argentina.

El contrato firmado con China establece el inicio de las obras en 2023, con finalización prevista en 2030. El presupuesto, de USD 8.300 millones, se comenzaría a pagar en 20 años, contados desde el momento en que la central se ponga en funcionamiento y empiece a generar energía.

"Sabemos menos de lo que deberíamos sobre Atucha III", señaló a TN Jimena Latorre, diputada nacional y secretaria de la Comisión de Energía.

Otro cuestionamiento es que Hualong One, el reactor nuclear elaborado por China que se instalará en Atucha III, funciona con uranio enriquecido y agua liviana. Hoy, la Argentina no tiene la capacidad de generar uranio enriquecido, por lo que crecerá la dependencia tecnológica con Pekín en un rubro donde Argentina supo ser potencia mundial.

"Es un contrato cerrado que dificulta la transferencia de tecnología y conocimiento y no está aclarado el reparo sobre la utilización del uranio enriquecido", denunció Latorre.

"Los chinos están desesperados por instalar el reactor porque solo tienen uno en China y otro en Pakistán, necesitan expandirlo para cuando se amplíe el mercado. Es un buen reactor, pero tuvo problemas en las cañerías el año pasado. Es casi un prototipo, estamos comprando un prototipo", destacó Emilio Apud, exsecretario de Energía de la Nación.

Piensa de igual forma el senador republicano de los Estados Unidos, Jim Risch: "Me preocupan los planes para instalar tecnología nuclear no probada china en la Argentina y sus implicaciones para la seguridad regional y la soberanía de ese país".

El tema de los costos es clave en estos grandes proyectos nucleares. Si la inversión es de USD 8.300 millones y la potencia de 1200 MV, el kilowatt hora estaría cerca de los USD 7.000. Con esta cifra, el pago del préstamo chino no parece viable, salvo que el Estado termine solventando la diferencia, o que China se apropie finalmente de las instalaciones a cambio de la deuda impaga como ya se vio.

Si con este panorama no alcanzara, varios expertos consultados coincidieron en que el mundo ya no adquiere centrales nucleares de esta dimensión. Hoy se opta por unidades modulares más pequeñas que puedan desplazarse, instalarse y generar electricidad. De hecho, el país posee esta tecnología sin necesidad de endeudarse como lo está haciendo. El CA-

REM es el primer reactor nuclear de potencia íntegramente diseñado y construido en la Argentina, que reafirma su capacidad y la sitúa como una de las líderes mundiales en el segmento de reactores modulares de baja y media potencia.

"La construcción de Atucha III vale USD 8.300 millones, siempre que se termine en 7 años mientras que una central térmica equivalente, que usa nuestro gas y se instala en dos años, vale cerca de USD 900 millones y no tendríamos que importar el combustible de uranio enriquecido, denunció Apud.

En Venezuela, empresas chinas pagaron USD 176 millones en sobornos para lograr contratos.

Un mega acuerdo de USD 20.000 millones rubricado en 2010 entre Venezuela y China fue el puntapié inicial de una serie de comisiones ilegales en la firma de convenios con empresas chinas para construcción de infraestructuras energéticas.

La Justicia de Andorra determinó que Diego Salazar, encargado de Seguros Venezolano, llegó a cobrar USD 200 millones de cinco compañías chinas. El dinero fue guarecido en la Banca Privada D'Andorra (BPA), banco que fue cerrado en el año 2015 por las autoridades debido a un sospechoso "blanqueo de capitales", según consta en una investigación del diario *El País* de España que lleva la firma de José María Irujojoaquín Gil.

Highland Assets, la sociedad tras la que se ocultaba Salazar, firmó un acuerdo con la compañía china Camc Engineering por el que la asesoraba en la obtención de los contratos millonarios que licitaba el Ministerio de Petróleo y Energía, especialmente de PDVSA y Corpoelec, en el marco de la ola de obras que se ofrecían en el Gran Volumen.

Como el dinero producto de dichas transacciones circuló por Venezuela, China y Andorra, fue la Justicia del último destino la que investigó y determinó que "los chinos conseguían obras por valor de 176 millones de euros, y Highland Assets recibía un 10% neto del volumen de negocio de Camc Engineering".

Con la maquinaria de corrupción en marcha, la empresa china comenzó a recibir adjudicaciones. La primera fue la construcción de la planta de generación eléctrica de El Vigía, donde incluso venció a su competidora, la eléctrica pública venezolana Corpoelec.

La cuenta andorrana de Salazar con su sociedad panameña Highland Assets recibió el primer pago de 31 millones de euros como "asesoría integral para la ejecución del proyecto de construcción de la planta termoeléctrica El Vigía".

Según la Justicia de Andorra, con este mecanismo se desviaron 2.000 millones de euros de PDVSA.

En la nota del diario *El País* se destaca que otra de las compañías chinas beneficiadas con estos jugosos contratos fue China Machinery Engineering Corporation (CMEC), quien obtuvo la construcción de la estación eléctrica de emergencia del estado de Zulia y recompensó a Salazar con un pago de USD 55 millones.

Justamente en Venezuela, durante su mensaje ante la Asamblea Nacional chavista, el dictador Nicolás Maduro habló sobre la constitución de un bloque político latinoamericano junto a "nuestros hermanos mayores", en referencia a China y a Rusia.

Tras informar que ya propuso el tema a los presidentes de Brasil, Colombia y Argentina, Lula da Silva, Gustavo Petro y Alberto Fernández respectivamente, un exultante Maduro pidió "avanzar en la consolidación de una nueva geopolítica regional" y "en la construcción de la patria grande".

Es de imaginar que Pekín encontrará tierra fértil para avanzar en su proyecto de penetración económica y cultural dentro del entramado político y de corrupción que podría engendrar el bloque propuesto por Nicolás Maduro.

En Perú, la Justicia investiga a los hermanos Roberto y Alejandro Aguilar de 25 y 33 años respectivamente. Su sociedad, Ingeniería Integración de Proyectos (INIP), constituida en noviembre del 2019, nunca había ganado ninguna licitación con el Estado. Su suerte cambió con la asunción de Pedro Castillo a la presidencia del país: entre agosto del 2021 y enero de 2022 obtuvo varias licitaciones públicas, pero ahora como socio minoritario de las sucursales de las empresas China Civil Engineering Construction Corporation y China Camc Engineering. En total, sumaron seis contratos por USD 150 millones.

En relación a la Argentina, el senador norteamericano Ted Cruz le envió una carta al secretario de Estado Antony Blinken para que aplique medidas anti-cleptocracia contra Cristina Kirchner (presidenta de 2007 a 2015 y vicepresidenta de 2019 a 2023), acusada de permitir que China, Irán y Rusia exploten la corrupción de Argentina.

El legislador solicitó que le apliquen la sección 7031(c), relativa a personas con participación directa o indirecta en corrupción significativa o una violación grave de los derechos humanos.

"La República Popular de China ya no tiene que gastar millones de dólares en América Latina para obtener declaraciones que se ajusten a su agenda global. Le alcanza con llegar a ciertos políticos y asegurarse de tener conexiones, eso cuesta menos dinero", aseguró a la revista de periodismo de investigación centroamericana *Expediente Público* el presidente de Índice de China, Puma Shen, al ser consultado sobre la influencia de ese país asiático en diferentes naciones.

Shen, que es vicepresidente de la Asociación Taiwanesa de Derechos Humanos y profesor asistente de la Universidad Nacional del Taipéi, considera que "los funcionarios y diplomáticos chinos tienden a buscar conexiones con los políticos a nivel nacional o local, los invitan a cenar, les pagan viajes o los sobornan para que ellos se unan a sus intereses y tomen partido por el régimen de Beijín".

Un caso de análisis es el de Uruguay, país de sólida tradición democrática y marcado amor por la libertad.

Abandonando en parte esa postura de neutralidad que lo define como la "Suiza de Sudamérica", Uruguay coquetea de manera preocupante con el régimen de Xi Jinping y pretende erigirse en su puerta de entrada al continente.

"Cuando decimos China y nos dicen 'no', ¿entonces quién? No nos digan lo que no", ensayó a modo de defensa el presidente uruguayo Luis Lacalle Pou durante la séptima edición del America Business Forum, desarrollado en Punta del Este en octubre de 2022.

Otras citas del presidente uruguayo, esta vez en un reportaje que le realizara la BBC: "Vamos a tomarlo de esta manera: si la única opción es vender esos productos por un buen precio a China o no venderlos, ¿qué haría? Yo vendo. Si abrimos más mercados, si Estados Unidos nos abre más mercados, Reino Unido, el resto de Europa, Turquía, lo que sea, venderemos. Si puedo elegir, no pondré todas mis exportaciones en un solo país".

Una más del jefe de Estado uruguayo: "Estoy seguro de que si vamos a la tecnología 5G querrán competir, pero nuestro negocio son las exportaciones. Enviamos nuestros productos, principalmente nuestras materias primas, a China".

Estas últimas declaraciones tuvieron por finalidad contrarrestar las críticas que recibió el mandatario uruguayo cuando se supo que podría habilitar el desembarco de la red 5G de tecnología china, a pesar de las fuertes advertencias de espionaje realizadas contra las operadoras del gigante asiático.

Lo cierto es que la Administración Nacional de Telecomunicaciones (Antel) ya había suscripto una carta de intención con Huawei para cooperar en tecnologías 5G e Internet de las Cosas (IoT). Este documento fue firmado en 2019 bajo la presidencia de Tabaré Vázquez, de distinto signo político que Lacalle Pou.

La evidencia más sólida esgrimida por los principales países de Occidente es que Huawei, una firma de estrecha vinculación con el Gobierno chino, representa un potencial peligro para la seguridad de los países y de los usuarios de Internet. El capítulo dedicado a la tecnología que contiene este libro se explaya al respecto.

Hasta ahora, el único caso concreto es el de la finlandesa Nokia, seleccionada por el proveedor de servicios de comunicaciones uruguayo Dedicado para ser el proveedor de su red 5G no independiente (NSA) en la banda de espectro de 3,5 GHz (n78) con LTE en la banda de espectro de 900 MHz. De esta forma, el sector privado está soportando las presiones de China.

Dos décadas atrás, en 1992 Uruguay y China crearon un grupo de amistad parlamentario conjunto que aún sigue vigente. Y es recordado el caso de 2018, cuando el Gobierno uruguayo rechazó el ingreso sin visa al país a ciudadanos taiwaneses. Un año más tarde, en 2019, patrocinó la candidatura de Qu Dongyu como director general de la FAO, la agencia de las Naciones Unidas que lidera el esfuerzo internacional para poner fin al hambre.

Mientras tanto, Uruguay avanza con China en la firma de un Tratado de Libre Comercio (TLC), a pesar de que esta movida está deteriorando las relaciones con sus socios del Mercosur, Brasil, Argentina y Paraguay.

Esto se vio claro durante la última reunión de la Comunidad de Estados Latinoamericanos y del Caribe (CELAC) celebrada en enero de 2023 en Buenos Aires, cuando Lacalle Pou destacó que es "urgente" discutir un TLC con China. Y anunció junto a su par brasileño Luiz Inácio Lula da Silva la creación de un equipo técnico para ver qué es lo que realmente se quiere y necesita en la relación con China.

"A nadie escapa que el peso económico y el peso demográfico de Brasil es muy importante, y seguramente si hay una decisión del presidente Lula y del gobierno en avanzar con China, nosotros tranquilamente nos podemos plegar si es que realmente se condice con las necesidades de nuestro país. En conclusión: Uruguay tiene sus diálogos con China; Brasil seguramente profundice e inicie otros caminos, y nos juntaremos y diremos: Uruguay llegó hasta acá, vamos a negociar todos juntos, o Brasil dirá: esto es lo que podemos ofrecer al Mercosur, y Uruguay se pliega", aseguró el mandatario uruguayo.

La suma de estos indicios a lo largo del tiempo y de los sucesivos gobiernos demostraría que la aceptación de la influencia china en Uruguay se estaría tornando una política de Estado.

La mayor preocupación, sin embargo, pasa por el soporte logístico que Uruguay brinda a la flota china que pesca ilegalmente en los mares de la región.

El puerto de Montevideo es calificado por los expertos en delitos pesqueros como un "puerto de conveniencia", utilizado por embarcaciones ilegales para descargar el producto de sus capturas ilícitas en el Atlántico sudoccidental.

No está mal que Montevideo reciba buques extranjeros. El inconveniente se presenta cuando las autoridades no los supervisan correctamente, o cuando acogen a buques con historiales oscuros.

El especialista en conservación marina y experto en pesca ilegal en Latinoamérica, Milko Schvartzman, en una entrevista con *Infobae*, aseguró que, en el 2019, las autoridades uruguayas supervisaron a 33 de las 320 embarcaciones que atracaron en el puerto y "de ese 10% que fueron inspeccionadas, sólo una era de bandera china. Pese a que la mayoría son embarcaciones chinas, el Gobierno de Uruguay inspeccionó una sola y ninguna embarcación fue sancionada".

El experto reveló: "Yo mismo las he visto, he sacado fotos. Es como que un vehículo transite sin matrícula. Son embarcaciones que no tienen chalecos salvavidas, matafuegos, ninguna medida de seguridad mínima que cumpla con estándares internacionales".

La opinión del especialista coincide con el informe redactado en 2018 por la organización Océanos Sanos según el cual "el Puerto de Montevideo está catalogado como el segundo a nivel mundial en recibir para transbordo pesca sospechada de ser ilegal, no declarada y no reglamentada (INDNR)".

Pero esto no es todo, el Gobierno uruguayo estaría dejando en manos del régimen chino el control de sus costas al aceptar que Shipbuilding Industry Corporation (CSOC), firma ligada al Ejército Popular de Liberación (EPL), provea dos buques para el control de los mares.

La principal tarea que tendrán estas naves será, paradójicamente, controlar que barcos chinos pesqueros no invadan la Zona Económica Exclusiva (ZEE) donde depredan los recursos del país.

Brasil también fue penetrado por China sin importar la orientación política de sus gobiernos. Desde 2009 el régimen de Pekín es su principal socio comercial y para 2017, el 22% de las exportaciones brasileñas tuvo a China como destino final.

En 2019, ante la llegada a la presidencia de Jair Bolsonaro, con una orientación política similar a la de Donald Trump, muchos pensaron que esta tendencia iba a cambiar.

Si bien durante su campaña electoral decía que "China no está comprando en Brasil, está comprando Brasil", en sus cuatro años de gestión los lazos se mantuvieron. La vuelta al poder en 2023 de Luiz Inácio Lula da Silva augura una comunión aún más estrecha con el régimen de Xi Jinping.

Algo similar ocurrió en Argentina bajo la presidencia de Mauricio Macri entre 2015 y 2019. Su orientación de centro derecha imaginaba prever un vínculo más distante con Pekín, sin embargo, durante la Cumbre del G-20, celebrada en noviembre de 2018 en Buenos Aires, ambos países firmaron más de 30 convenios que abarcan energía, infraestructura y comercio electrónico por valor de USD 3.500 millones.

"Cuanto mejor le vaya a China, mejor le va a ir a Argentina y al mundo", resaltó Macri en dicha oportunidad.

Se ratifica la teoría del enorme poder de compra chino que beneficia a las siempre urgidas economías latinoamericanas.

Colombia exporta a China petróleo, y Chile, cobre. Las ventas de minerales peruanos a Pekín crecieron un 58% en los primeros meses de 2022, en comparación con el mismo período del año anterior.

China es el segundo destino de las exportaciones argentinas y, en el último trienio, el comercio bilateral total ha promediado los USD 16.000 millones anuales.

No obstante, es Brasil el país sudamericano más ligado económicamente a Pekín. Le vende dos tercios de todo su mineral de hierro y es el destino de más del 25% de sus exportaciones.

Por tal motivo, lamentablemente, ni el argentino Macri, ni el brasileño Bolsonaro, ni el uruguayo Lacalle Pou, ni el chileno Piñera, ni ningún otro presidente latinoamericano de centro o de derecha pareciera haberse preocupado por el negro historial de derechos humanos de China, ni sus fines últimos en esta estrategia de penetración, que no es económica, sino geopolítica y cultural.

De un régimen populista, o de extrema izquierda, un coqueteo mayor puede entenderse, aunque nunca justificarse. Pero llama poderosamente la atención cuando el mismo llega de administraciones que aparentemente debieran ser más racionales.

Y ya que sale el tema del populismo, justo es decir que, en

Argentina, la vuelta al poder del peronismo de la mano de Alberto Fernandez como presidente y Cristina Kirchner como vicepresidenta en 2019 elevó la relación con China a un rango nunca antes visto.

Luego de catalogar a China como "líder del comercio mundial", Fernández, declaró ante la Televisión Central China (CCTV) que "desde Donald Trump en adelante se ha alentado el fantasma de China, pero nunca participé de esa idea. Sería un ingrato si dijera que China no ha actuado en ese sentido con la Argentina".

Prueba de ello es la designación de Sabino Vaca Narvaja como embajador argentino en Pekín.

Adepto al Partido Comunista Chino, el diplomático no se cansa de decir que "demonizar" el régimen político de Xi Jiping "es revivir los conceptos erróneos de la Guerra Fría".

En febrero de 2022, la cadena china de noticias mostró un efusivo elogio de Sabino Vaca Narvaja a Xi Jinping durante la reunión bilateral que mantenía con Alberto Fernández.

"Sin el Partido Comunista, no habría una nueva China", afirmó en mandarín el embajador. La respuesta del líder chino no se hizo esperar: "Lo has dicho bien, lo has dicho bien. Gracias por tu apoyo".

Como si se tratara de un funcionario del régimen de Pekín más que de un embajador argentino, Vaca Narvaja no se privó de cuestionar a los que denuncian violación de derechos humanos en China.

El diplomático tildo de "mentirosos e hipócritas" a las naciones y organizaciones occidentales que acusan al Gobierno de Xi Jinping del ataque sistemático contra la minoría musulmana uigur. No importó que en 2018 el Comité para la Eliminación de la Discriminación Racial de la ONU denunciara que hasta un millón de personas de esa etnia estarían cautivas en "campos de reeducación". Vaca Narvaja negó todo, y lo hizo en un reportaje concedido al canal de televisión CGTN, financiado por el Gobierno chino.

También definió como "provocación" la gira oficial que la presidenta de la Cámara de Representantes de los Estados Unidos Nancy Pelosi efectuó a Taiwán, tomando partido por China en un conflicto que no es de su competencia.

En sus declaraciones, se llena la boca de elogios: "Veo la gran determinación del Gobierno chino y del presidente Xi para reducir la desigualdad y abordar el desequilibrio del desarrollo. El desarrollo siempre genera una brecha entre ricos y pobres, pero China está trabajando muy duro para resolverla. Esto es muy significativo. Xi Jinping es una persona muy amable, entusiasta y conocedora".

Desde que llegó a China, Vaca Narvaja se hace llamar Niu Wangdao. Es en honor a Chen Wangdao, el primero que tradujo al idioma chino mandarín el Manifiesto Comunista de Carlos Marx y Federico Engels.

Nacido y criado en Cuba, Vaca Narvaja experimentó "de primera mano" el comunismo y los sistemas socialistas, y por eso asegura tener fundamentos para afirmar que "China es uno de los países socialistas más exitosos" y que "entiende al comunismo de manera diferente a muchos occidentales".

En octubre de 2023 habrá elecciones presidenciales en Argentina. Uno de los posibles candidatos dentro del espacio político de Mauricio Macri es Horacio Rodríguez Larreta.

Sus declaraciones son hoy de prudente distancia con China.

"Deberíamos estar defendiendo la democracia, deberíamos estar defendiendo los derechos humanos en casos con nombre propio como en Venezuela, como en Nicaragua, como en Cuba. Deberíamos tenerlo muy claro. Es manejable ser tan agresivos como podamos en términos de exportaciones e inversiones (con China) y ser sensibles a cuestiones (como) los valores democráticos o las situaciones geopolíticas", dijo en diciembre de 2022 Rodríguez Larreta ante el Programa Latinoamericano del Wilson Center, al Diálogo Interamericano y al Adrienne Arsht Latin America Center en el Atlantic Council.

Diplomacia Covid

La industria farmacéutica China tuvo un colosal impulso durante la pandemia del Covid-19. En lo que fue definido como la "diplomacia Covid", Pekín desarrolló una poderosa acción de venta y donación de mascarillas, respiradores, equipos de protección y vacunas a la mayoría de los países latinoamericanos urgidos por la crisis sanitaria. Y de paso, esto le sirvió para consolidar su influencia en los supuestos países beneficiados.

China, en efecto, fue el primer país en apostar a una ayuda a las naciones en vías de desarrollo con el envío de sus vacunas Sinopharm, Sinovac y CanSino. Incluso lo hizo antes de producirlas en masa y con probada eficacia.

En realidad, se trató de una notable acción de marketing chino con dudoso resultado. Esto fue así porque al ser una operatoria tan veloz y desorganizada, varias de sus iniciativas terminaron con retrasos en los envíos, falta de información sobre la eficacia de sus vacunas y otros inconvenientes.

El informe titulado "La diplomacia de la vacuna Estados Unidos-China: lecciones para América Latina y el Caribe", elaborado por el think tank estadounidense Atlantic Council, muestra que, durante la pandemia, Estados Unidos donó más de 61 millones de dosis de vacunas a Latinoamérica y el Caribe bilateralmente y mediante Covax, mecanismo multilateral creado por la Organización Mundial de la Salud (OMS). China, por su parte, no alcanzó los 10 millones.

Sin embargo, "la percepción regional generalizada es que China fue un socio pandémico más proactivo y fiable que Estados Unidos", destaca el informe.

Esto se debe, según el estudio, a varios factores, como el número de dosis que se dieron o vendieron bilateralmente, es decir directamente entre países.

La cantidad donada por Washington a través de Covax tuvo menos repercusión, mientras que el Gobierno chino recurrió a la diplomacia tradicional y se aseguró que las donaciones y ventas estuvieran acompañadas de una gran cobertura mediática.

En El Salvador, por ejemplo, en una ocasión las vacunas chinas llegaron en un avión alquilado, propiedad del equipo de fútbol americano New England Patriots, lo que atrajo a la prensa.

"Los envíos estadounidenses, que llegaron con menos bombo y platillo, se pasaron por alto", señala el informe, centrado en cuatro áreas geográficas: América Central, Trinidad y Tobago, Brasil y México.

Con la complicidad de los medios de prensa y los periodistas adictos, Pekín también logró imponer un relato clave:

"Nosotros nos solidarizamos con los países en vías de desarrollo mientras que Europa y los Estados Unidos solo miran sus propias necesidades".

A veces ni siquiera hizo falta contar con prensa amiga porque había voceros dispuestos a llevar el mensaje. El presidente argentino Alberto Fernández, por ejemplo, agradeció públicamente al líder chino Xi Jinping "porque en un momento difícil se ha puesto de nuestro lado". Lo dijo en una entrevista con la Televisión Central China (CCTV), que por supuesto se encargó de difundir en Latinoamérica. Luego escribió una carta agradeciendo a China donde afirmó la creencia de que sus lazos se fortalecerían.

Andrés Manuel López Obrador también afirmó: "Estamos muy agradecidos con China, el Gobierno chino, y el presidente".

Daniel Lemus-Delgado, del Instituto Tecnológico y de Estudios Superiores de Monterrey, considera que "la lucha por el control de narrativas tuvo por finalidad construir una imagen favorable de China en el escenario internacional. Así, se asume que el surgimiento del Covid-19 representó un problema crítico para la legitimidad del Partido Comunista Chino, obligando a las autoridades a luchar no solamente para contener la propagación del virus, sino también para crear y mantener una opinión pública favorable respecto de la gestión de la crisis".

Para el autor, con las llamadas "Diplomacia del Guerrero Lobo" y la "Diplomacia de las Mascarillas", el Gobierno chino lanzó una ofensiva diplomática con la intención de presentar a China como un Estado responsable ante la comunidad internacional.

Un informe de la Organización Mundial de la Salud (OMS) destaca que América Latina fue la región global más afectada durante la primera oleada de la pandemia entre los años 2019 y 2020.

Desde el 31 de agosto de 2020, Brasil informó el segundo número de casos más alto en el mundo, con más de 3.908.272. Le siguieron Perú y México con 647.166 y 595.841 casos, respectivamente.

En la clasificación a escala mundial, Perú y México ocuparon el sexto y séptimo lugar.

No obstante estas cifras, China optó por priorizar a otros países para, por ejemplo, brindar significativamente más ayuda a Ecuador y Venezuela que a sus tres principales socios comerciales como Brasil, Chile y México.

Esta decisión se basó en cuestiones geopolíticas más que sanitarias. Antes de la pandemia, China ya venía apostando fuerte por Ecuador, país que como fue visto, le abrió las puertas en cuanto proyecto le presentara sin cuestionar nada.

La metodología empleada por China basada en el "te presto dinero para que me compres" no varió durante la pandemia. En julio de 2020, ofreció un empréstito de USD 1.000 millones a América Latina y el Caribe para tener acceso a su vacuna contra Covid-19.

Los resultados están a la vista. Conforme los datos del Economist Intelligence Unit, China obtuvo en América Latina una clara ventaja en la diplomacia de las vacunas sobre Estados Unidos. Hasta mediados de mayo 2021, Pekín había exportado más de 250 millones de dosis (42% de su producción total), de las cuales cerca de 165 millones fueron a Latinoamérica.

"El Gobierno chino ha sido muy hábil en la comercialización de sus vacunas y en la escenificación pública de sus entregas. Y si bien solo una pequeña parte fueron donadas, esto a menudo se desdibujó en la percepción del público", señala el estudio.

En la obra *¿Quién está aprovechándose del momento del COVID-19?*, James Landy, y Kelly Senters Piazza, de la Academia de la Fuerza Aérea de Estados Unidos, destacan que "la mayor presencia de China y el creciente poder blando inducido por el coronavirus en América Latina pueden ayudar aún más a algunos de los proyectos financieros clave de China en la región". Y citan los casos de la instalación de redes de infraestructura de IT por parte de Huawei, la empresa estatal de telecomunicaciones de China.

Todos los caminos conducen a la misma conclusión: una estrategia dictada en base a los intereses primarios del Partido Comunista Chino, que busca cooptar una región potente en recursos naturales como Latinoamérica.

CAPÍTULO III

Un freno desde Occidente

Hizo falta una pandemia para que los grandes actores del mundo occidental, Estados Unidos y Europa, tomaran cabal conciencia de que el modelo de creciente interdependencia económica con China se sustentaba en supuestos insostenibles.

La coalición histórica reverdeció para hacer frente a la amenaza china. Sus miembros son democracias liberales ricas con fuertes vínculos de seguridad con Estados Unidos. A los tradicionales aliados occidentales de Europa y América del Norte se sumaron naciones del Indo-Pacífico como Japón y Australia. Es casualmente el mismo grupo de países que impuso las sanciones a Rusia luego de su invasión a Ucrania.

Alicia García-Herrero, investigadora senior en Bruegel y economista jefe para Asia-Pacífico en Natixis, destaca que los grandes acontecimientos han debilitado aun más la confianza de Occidente en China, como la falta de cooperación durante la pandemia, con una importante interrupción de la cadena de suministro centrada en China, que ha aumentado las presiones inflacionistas. La obstinada aplicación por parte de Pekín de las políticas de "Cero Covid" ha tenido consecuencias negativas para un mundo que intenta controlar la inflación; China sigue siendo la fábrica del mundo, pero con crecientes dificultades a causa de esas restricciones. Otros motivos de creciente desconfianza son el ambiguo papel de China en relación con la invasión rusa de Ucrania, y el aumento de la beligerancia sobre Taiwán, con ejercicios militares en torno a la isla. Parece muy poco probable, si no imposible, que las relaciones entre China y Occidente vuelvan a su curso anterior de creciente codependencia.

En el mundo occidental se habla cada vez más de la necesidad de reducir la vulnerabilidad a la coerción económica de China, recreando cadenas de suministro y relaciones comerciales principalmente con naciones amigas y democráticas. Es justamente lo que Janet Yellen, la secretaria del Tesoro de EE.UU., definió como "friendshoring", un término que fue respaldado públicamente por Chrystia Freeland, viceprimera ministra de Canadá.

Estados Unidos el líder

En los pasillos del Capitolio es común escuchar aquella broma que dice que, cuando China habla de "cooperación win-win", significa que Pekín gana el doble.

Según datos oficiales de la Oficina del Censo, en 2022 Estados Unidos exportó bienes por USD 140.047 millones a China, e importó por un valor de USD 499.451 millones, dando un saldo negativo de su balanza comercial de USD 359.404 millones. Veinte años atrás, en 2002, exportaba por USD 22.127 millones, importaba por USD 125.192.6 y el rojo de su balanza comercial alcanzaba los USD 103.064 millones.

Por volumen total de exportaciones e importaciones, Washington es el principal socio comercial de Pekín, y lo mismo sucede a la inversa.

China es además el tercer destino de las exportaciones de Estados Unidos (con el 9,1% del total), detrás de Canadá (16,2%) y México (14,6%), mientras que el 19,5% de las importaciones de EE.UU. provienen de China, su principal proveedor.

Por otro lado, Estados Unidos es el principal destino de las exportaciones de China, con el 16,5% del total, y el tercer mayor origen de sus importaciones con el 7,91%, detrás de Japón (8,57%) y Corea del Sur (8,5%).

Estas cifras, que muestran un desequilibrio en el intercambio que siempre favoreció a China, justifica la política de "desacoplamiento" de las dos economías impulsada por el presidente Donald Trump y que ahora parece ser continuada por su sucesor Joe Biden. Lo que se busca es una reducción progresiva de la dependencia de Estados Unidos de bienes, servicios y cadenas de suministro vinculadas a China.

Tres eran los rubros que más le importaban a Trump: el mencionado desacople comercial, el retorno a suelo estadounidense de las inversiones industriales radicadas en China, y el establecimiento de puntos de confrontación en asuntos estratégicos como medio ambiente y derechos de propiedad intelectual, ente otros.

Esta agresiva política coincidió con la pandemia, cuando tanto Estados Unidos como Europa comprobaron la gran dependencia que mantenían con los productos chinos, sobre todo maquinarias e insumos médicos. La dura prueba que implicó la crisis sanitaria activó una suerte de consenso en la sociedad norteamericana que comprendió el real significado de la "amenaza china". Hoy está tan arraigado este concepto que la salida de Trump y el ingreso de Biden en la Casa Blanca no cambiaron la línea de acción. De hecho, en enero de 2023 Estados Unidos puso en marcha la Oficina de Coordinación de China para redoblar esfuerzos al desafío geopolítico que representa la República Popular.

El secretario de Estado Antony Blinken explicó que el objetivo es "trabajar codo con codo" con expertos del gigante asiático en materias como la seguridad internacional, la economía o la comunicación estratégica.

La nueva oficina ampliará el número de diplomáticos enfocados en temas relacionados con Pekín y también habrá personal del gobierno de distintas agencias federales que rotará hacia este nuevo mecanismo, según informó la cadena CNN.

La nueva estrategia de seguridad nacional del Gobierno de Biden se basa entonces en que "la República Popular China representa el desafío geopolítico más importante para Estados Unidos".

La Cámara de Representantes, por su parte, aprobó por abrumadora mayoría la conformación de un comité que apunta a monitorear la competencia de Estados Unidos y el Partido Comunista Chino.

La resolución fue aprobada por 365 votos a favor y 65 en contra, y 146 demócratas se unieron a los republicanos para apoyar la medida. Todos los votos en contra fueron demócratas.

El comité, presidido por el legislador republicano de Wisconsin Mike Gallagher, pondrá foco en los avances económicos, tecnológicos y de seguridad del Partido Comunista Chino y en la competencia estratégica entre Pekín y Washington.

"He oído a mis colegas de ambos bandos decir que la amenaza que representa la China comunista es grave. Estoy totalmente de acuerdo. Se trata de una cuestión que trasciende los partidos políticos. Y crear este comité sobre China es nuestra mejor vía para abordarlo", manifestó el presidente de la Cámara de Representantes, el republicano Kevin McCarthy, durante el debate.

También comienzan a aparecer acciones concretas desde los distintos Estados. Por ejemplo, la gobernadora republicana de Dakota del Sur, Kristi Noem, propuso un paquete de medidas para regular el ingreso de inversión extranjera directa, en oposición a la masiva compra de campos agrícolas que pretende llevar a cabo un grupo de empresas estatales chinas.

La iniciativa busca crear un "Comité de Inversión Extranjera en los Estados Unidos – Dakota del Sur", cuya principal función será la de asesorar al gobierno local para la aprobación o la denegación de compras de tierras agrícolas.

"No podemos permitir que el Partido Comunista Chino continúe comprando el suministro de alimentos de nuestra nación, por lo que Dakota del Sur liderará la carga en este tema vital de seguridad nacional", afirmó Noem.

El brazo de este comité también alcanzará al arrendamiento de tierras agrícolas cuando se vea involucrada una persona física o jurídica proveniente del extranjero, cuyos contratos duren un año o más.

En la Florida, el gobernador Ron DeSantis avisó que buscará prohibirle al Partido Comunista de China la compra de cualquier tipo de propiedad en el Estado.

"Desde una perspectiva de seguridad nacional, ¿es algo que queremos ver? Y muchas veces, habrá empresas que se presentarán como privadas, pero si usted pela la cebolla un poco, son básicamente controladas por el Partido Comunista de China", dijo DeSantis.

El gobernador también expresó su preocupación por la penetración y la enorme influencia de redes sociales chinas en Occidente, como es el caso de TikTok.

"Queremos que toda su información esté segura. Los números de la seguridad social o los registros médicos no deben estar en manos del Partido Comunista Chino", sentenció.

Estas medidas muestran que la batalla no se reduce al ámbito comercial.

El relacionamiento entre China y Estados Unidos es transversal y va más allá de las estrictas relaciones internacionales. Sendos países son miembros del Consejo de Seguridad de la ONU, poseen las dos economías más grandes del mundo, son los dos mayores emisores de CO_2 a nivel mundial, y se erigen en dos de las tres mayores potencias militares del planeta.

Diego Lema, en una columna de opinión en *Visión Global*, destaca que "la relación entre China y Estados Unidos se caracteriza por una mezquina cooperación, una creciente competitividad en varias dimensiones y la directa confrontación, en otras".

A pesar del deseo declarado de una relación cooperativa, hay una percepción ampliamente compartida de que las relaciones se han vuelto esencialmente competitivas. Al hacerlo, se suscitó una considerable desconfianza, aumentando las posibilidades de que la relación pueda volverse confrontativa si los problemas se intensifican o si ocurren eventos desestabilizadores.

En septiembre de 2022, el consejero de Estado y ministro de Relaciones Exteriores de China, Wang Yi, se refirió a la vinculación de su país con los Estados Unidos.

En la sede de la Sociedad de Asia en Nueva York, Yi comentó que en los últimos años estas relaciones se encuentran en un punto bajo y que en realidad se ignora la interdependencia entre estos dos países.

"Se tergiversa la historia de la cooperación en pos de ganancias compartidas; los canales de diálogo y comunicación están bloqueados; y las relaciones bilaterales están siendo definidas y afectadas peligrosamente por la llamada competencia estratégica. Esto está acarreando una tremenda incertidumbre al futuro de los pueblos de ambos países y de los países de todo el mundo", destacó el funcionario.

Con una preocupante falta de autocrítica, y como si el régimen de Xi Jinping no fuera culpable de nada, Wang Yi se preguntó "cómo cumplirá Estados Unidos su promesa de no intentar cambiar nuestro sistema, cuando ha enmarcado una falsa narrativa de democracia versus autoritarismo, que apunta al rumbo político de China, su camino hacia el desarrollo y su partido gobernante".

Mientras Yi traslada culpas, Jane Perlez en un artículo publicado en el *New York Times* señala que, "como líderes de sus respectivos países, Biden y Xi se acercan cada vez más a un curso de colisión que corre el riesgo de provocar una nueva versión de la Guerra Fría".

Para oscurecer aun más el escenario, desde que Xi Jinping se convirtió en presidente vitalicio de China en 2017, Beijing inició la más intensa modernización militar que algún ejército haya emprendido en el siglo XXI.

En este contexto puede entenderse la estrategia de construir bases militares en el exterior como las de Yibuti, en Birmania y en Tayikistán y el mayor control ejercido en aguas del Mar de China sobre áreas marítimas e islas, incluidas las artificiales, con Japón, Filipinas, Indonesia, Vietnam y otros países.

Esta maniobra va de la mano con la política de expansión e influencia geopolítica de la "Nueva Ruta de la Seda", y sirve para cohesionar internamente a la sociedad china y generar al mismo tiempo un profundo clima de patriotismo y nacionalismo.

La lucha de Estados Unidos para evitar que China alcance la tecnología para fabricar semiconductores es otro vértice clave de este panorama. Por su importancia, el tema es tratado en un capítulo específico de este libro.

Más al norte, en Canadá, ordenaron a tres empresas chinas que se deshicieran de sus inversiones en minerales críticos en el país, citando la seguridad nacional. "Si bien Canadá continúa dando la bienvenida a la inversión extranjera directa, actuaremos con decisión cuando las inversiones amenacen nuestra seguridad nacional y nuestras cadenas de suministro de minerales críticos, tanto en el país como en el extranjero", informó el ministro de Industria, Francois-Philippe Champagne en un comunicado.

Las tres firmas que deberán vender sus inversiones son Sinomine (Hong Kong), Rare Metals Resources Co Ltd, Chengze Lithium International Ltd, también con sede en Hong Kong, y Zangge Mining Investment (Chengdu) Co Ltd. El Gobierno canadiense ordenó la desinversión después de un "riguroso estudio" de las empresas extranjeras por parte de la comunidad de inteligencia y seguridad nacional de Canadá, destacaron desde el ministerio de Industria.

Pierde brillo en Europa

En el 2019, la Unión Europea calificó a China de "rival sistémico" y desde entonces no cesa en su intento por menguar el poder y socavar el expansionismo económico de Pekín.

Como bien señala Tony Barber en un artículo publicado en el *Financial Times*, la relación de Europa con Pekín está en un lugar muy diferente al de hace 10 años. Las tensiones están en el aire.

Thierry Breton, Comisario de Mercado Interior de la Unión Europea, fue quien quizá definió con mayor sinceridad el porqué de este nuevo rumbo: "Fuimos demasiado ingenuos en nuestro enfoque sobre algunos sectores estratégicos como los chips electrónicos producidos esencialmente en Asia".

Sus palabras, expresadas durante la presentación de esta revisión de la estrategia industrial europea que busca reducir la dependencia industrial, demuestra que a China se le complicó su plan inicial de reemplazar a Estados Unidos como socio estratégico de Europa.

Tampoco se quedó atrás el primer ministro belga, Alexander De Croo: "En ciertos temas como el cambio climático, China es un socio. En algunos campos es un competidor feroz, en otros, vemos que tiene un comportamiento hostil. En el pasado creo que hemos sido demasiado complacientes como países europeos. En los últimos meses entendimos que, en muchos campos puramente económicos, la geopolítica también juega un papel".

Entre las principales quejas que llegan del Viejo Mundo figuran las operaciones híbridas y cibernéticas maliciosas de China y su retórica de confrontación y desinformación que tienen como objetivo a los aliados y perjudican la seguridad de la Alianza.

También que utiliza su influencia económica para crear dependencias estratégicas y aumentar su poder global.

La opinión pública europea parece acompañar esta tendencia. Una reciente encuesta llevada a cabo por el Pew Research Center destaca que, en el Reino Unido, el 14% de las personas encuestadas en 2006 tenían una opinión desfavorable de China. Dieciséis años más tarde, el porcentaje había trepado al 69%. Lo mismo sucedió en Francia, que en mismo lapso pasó del 33% al 74% y Alemania, del 41% al 68%.

El muestreo destacó que la principal preocupación de los europeos es el negativo historial de derechos humanos que muestra el régimen de Xi Jinping. El creciente poder militar del gigante asiático o su política colonialista hacia los países de escasos recursos pareciera pasar a un segundo plano frente al avasallamiento de los derechos del ciudadano que se observa en China.

La Unión Europea y otros países aliados impusieron sanciones a varios funcionarios del Partido Comunista Chino por "graves abusos a los derechos humanos" contra los musulmanes uigures, lo que llevó a China a sancionar a varios legisladores europeos en represalia. Estas sanciones provocaron tensiones entre Bruselas y Pekín, algo que no ocurría desde las manifestaciones en la plaza de Tiananmen en 1989. Y como China ha negado las acusaciones de atrocidades en Xinjiang, este tema se mantiene candente en cada una de las iniciativas europeas que la incumben.

Las ambiciones de China también se desinflan en Europa Central y Oriental. En abril de 2022, Pekín se propuso celebrar una década de cooperación con estos países a través de la plataforma "16+1". Este emprendimiento busca promover y desarrollar intercambios económicos y fomentar las inversiones de China en los 16 países europeos que integran el grupo, Albania, Macedonia, Rumanía, República Checa, Polonia, Montenegro, Bosnia, Hungría, Lituania, Serbia, Letonia, Eslovaquia, Estonia, Croacia, Bulgaria y Eslovenia.

Bajo el principio de "divide y reinarás", China apunta a recrear un área específica de influencia en el continente para, desde allí, negociar con la UE en su conjunto.

La iniciativa sin embargo fracasó al parecer por fallas propias como promesas incumplidas en materia de inversión en infraestructura, como la construcción de un ferrocarril entre Budapest y Belgrado, que nunca llegó a terminarse.

La movida, que consiguió la inmediata desconfianza de la Comisión Europea, sucumbió finalmente con la invasión de Rusia a Ucrania. El temor a una incursión de Moscú en los países fronterizos con Rusia, como Lituania, Letonia, Estonia o Polonia, acercó aún más a Bruselas a este grupo de países al tiempo que los convirtió en estrechos aliados de Washington.

El efecto dominó se sintió de inmediato. Acuerdos con el gigante chino Huawei cancelados, y marcha atrás de Rumanía y la República Checa en sus planes de construir centrales nucleares chinas, entre otras tantas medidas.

Si algo quedó claro para los europeos es que más que nunca la unión hace la fuerza. "Se interactúa mejor con China cuando somos 27, no cuando estamos uno a uno", resaltó el primer ministro de Letonia Krišjānis Kariņš. Su colega de Estonia, Kaja Kallas, se expresó de forma similar: "Deberíamos tratar con China con el formato 27+1. Somos fuertes cuando estamos unidos hablando con las grandes potencias".

Con la complicada gestión de la pandemia, los chinos se gatillaron un tiro en el pie. La política de Cero Covid interrumpió las cadenas logísticas de distribución de suministro para empresas extranjeras. Frente a esta situación, miles de fábricas chinas debieron bajar sus cortinas temporariamente con el consiguiente impacto en la tasa de desempleo.

La Cámara de Comercio Europea en China, informó que el 23% de las empresas europeas estaban pensando trasladar sus operaciones y proyectos de inversión fuera de la República Popular debido a la "enorme incertidumbre derivada de las restricciones sanitarias impuestas". Conforme la encuesta llevada a cabo por la Cámara, el 60% de las entre 600 compañías europeas encuestadas en 2022 consideró que "era aún más difícil hacer negocios en China que en 2020 por la enorme cantidad de negocios cerrados, el escaso turismo y las fábricas funcionando a un ritmo mucho más lento". Asimismo, el 92% de las firmas consultadas aseguraron haberse visto afectadas por problemas de suministro y tres cuartas partes afirmaron que su actividad se había visto perturbada por los controles de Covid-19.

"Esperamos de verdad que China despierte, reabra sus fronteras y encuentre una salida a esta estrategia sanitaria tan perjudicial para la economía", declaró a la Agencia France-Presse la vicepresidenta de la Cámara de Comercio Europea, Bettina Schoen-Behanzin.

Un paso gigantesco fue el dado en 2021 cuando la Comisión Europea difundió su ambicioso plan denominado "Puerta Global" (Global Gateway), para invertir USD 340.000 millones en proyectos de infraestructuras, conectividad digital y lucha contra el cambio climático en todo el mundo hasta 2027.

En el texto del plan no aparece ni una sola vez la palabra China. Sin embargo, esta iniciativa no es otra cosa que una alternativa directa a la Nueva Ruta de la Seda, el principal proyecto de política exterior de Pekín. Nacido en 2013, su objetivo es conectar China con Asia, África y Europa a través de la financiación de infraestructuras.

Úrsula von der Leyen, presidenta de la Comisión, dijo sin vueltas que "el proyecto Puerta Global ofrecía una verdadera alternativa a la iniciativa de China, que ha sido acusada de cargar a algunos países con enormes deudas".

Otro dato a tener en cuenta es que la inversión china en Europa alcanzó su nivel más bajo en 10 años. La pandemia no es la única explicación. La caída de las transacciones se debe también a la postura de los países europeos, que se han vuelto más vigilantes respecto a las intenciones finales del gigante asiático a la hora de desembolsar sus fondos.

El Instituto Merics, un centro de investigación con sede en Alemania, destaca que el ímpetu de adquisiciones chinas en Europa decididamente se ha desinflado. En 2020, las empresas chinas solo invirtieron USD 7.200 millones en Europa. Esto representa un 45% menos que en 2019. La caída es aún más dramática si se la coteja con el máximo histórico de USD 54.000 millones de inversión en 2016. El descenso se debe sobre todo a las adquisiciones, mientras que las inversiones de grupos chinos en nuevas instalaciones en Europa se han mantenido estables y representan el 20% de las operaciones.

A futuro, todo paree indicar que el mercado europeo se volverá más hostil y reacio a la penetración china. Más aún luego de que la Comisión Europea aprobara la propuesta de restringir el acceso a las empresas subvencionadas.

A partir del mes de julio de 2023, Bruselas revisará las fusiones de empresas en las que la cifra de negocios de la compañía adquirida supere 500 millones de euros siempre que la contribución financiera extranjera llegue a los 50 millones. Son operaciones que se tendrán que notificar y que Bruselas podrá someter a condiciones.

Esta medida apunta a frenar la entrada de China en sectores estratégicos de la UE y sus principales novedades tienen que ver con la creación de dos instrumentos de notificación previa para las fusiones de gran envergadura y para las ofertas en procedimientos de investigación pública relevantes.

Salvo contadas excepciones, el Ejecutivo comunitario también podrá investigar las subvenciones extranjeras concedidas hasta cinco años antes de la entrada en vigor del reglamento cuando éstas distorsionen el mercado interior.

La segunda normativa aprobada busca reducir la dependencia europea de proveedores extranjeros de productos sensibles como materias primas, ingredientes farmacéuticos y semiconductores. La pandemia probó que de los 5.200 productos que importa la UE, hay 137 en ecosistemas sensibles en los que Europa es muy dependiente, y la mitad de estos productos los importa de China.

En este rubro, seguramente no hayan aplaudido en Pekín el hallazgo de una mina de tierras raras en Suecia que será clave para la fabricación de automóviles eléctricos y turbinas eólicas.

La minera sueca LKAB realizó el hallazgo en Laponia, en pleno círculo polar ártico. Actualmente, estos metales provienen de China, que es el mayor exportador mundial.

"Es el depósito más grande de este tipo y podría convertirse en un componente importante para obtener las materias primas críticas que son absolutamente cruciales para permitir la transición verde. Estamos ante un problema de suministro. Sin minas, no tenemos vehículos eléctricos. En este yacimiento se puede extraer un millón de toneladas de minerales estratégicos", aseguró Jan Moström, presidente y director ejecutivo de LKAB.

La Unión Europea acordó eliminar gradualmente los nuevos vehículos que emiten CO2 para 2035, prohibiendo los automóviles cuyos motores funcionan por combustión.

A juicio de Gary J. Schmitt, académico residente del American Enterprise Institute, "la estrategia de China hasta ahora ha sido relativamente exitosa. Las promesas de inversión y acceso al mercado chino han llevado a muchos gobiernos a anteponer los intereses comerciales estrechos a preocupaciones a largo plazo. Sin embargo, no está claro que Europa siga haciéndolo".

De todos modos, y por propia culpa, Europa aún depende de China para el suministro de paneles fotovoltaicos y turbinas eólicas. Esto es así porque en 2016 Bruselas retiró los impuestos a los paneles chinos que venía aplicando desde hacía 5 años. El resultado no se hizo esperar: cerraron todas las fábricas en el Viejo Mundo.

Resulta interesante ver cómo Italia, bajo el Gobierno de Mario Draghi, se está distanciando de China. Hace solo tres años, el ex primer ministro Giuseppe Conte se adhirió a la Iniciativa de a la Nueva Ruta de la Seda, situación que alarmó a sus socios europeos.

Draghi, en un cambio de timón, se alineó más estrechamente con Estados Unidos y su posición logró expresarse en decisiones concretas.

En marzo de 2021 bloqueó la adquisición del fabricante de semiconductores LPE, en los suburbios de Milán, por parte de Shenzhen investment Holdings, alegando motivos de seguridad nacional. Roma y París también expresaron serias dudas sobre la adquisición del fabricante de autobuses Iveco por el Grupo FAW, antes de que éste abandonara su oferta.

Desde 2017, cuando Emmanuel Macron llegó a la presidencia de Francia, se fortalecieron los lazos en el eje Washington-París. No los une el amor sino el espanto que representa la amenaza china.

Reino Unido no es el primer aliado de los Estados Unidos en Europa. Por historia, ese simbólico lugar le pertenece a Francia, que lo ayudó en su guerra por la independencia justamente contra los británicos.

Por ello, en un momento en el que los servicios de la OTAN son más que imprescindibles para Europa, Macron se reunió con su par estadounidense Joe Biden en Washington para reforzar su histórica alianza.

La estrategia conjunta de Macron y Biden es aglutinar a Occidente para crear un frente común contra China.

Durante este encuentro bilateral, el primer paso dado sirvió para ajustar algunas cuestiones internas entre los dos países, como las consecuencias de la política norteamericana en materia de subsidios.

Biden atendió la preocupación de Macron sobre la Ley de Reducción de la Inflación (IRA), medida que fomenta ciertos desequilibrios comerciales.

Tras su primera visita oficial a la Casa Blanca, el jefe de Estado francés dijo a la agencia Reuters que el "interés principal es proteger a las clases medias, tanto en París como en Washington, así como hacer frente a China a nivel comercial. Creo que, si el resultado es tener una Europa más débil ya que una gran parte de su industria habría sido simplemente asesinada, eso no será del interés de la administración o de la sociedad estadounidense".

Para la Casa Blanca resulta claro que para competir con China debe antes que nada defender a su industria, pero lo que Macron quiere que comprendan es que en esta movida los fabricantes de automóviles europeos no debieran ser excluidos.

En esta batalla, el presidente francés cuenta con un aliado clave: la Comisión Europea, que en el último tiempo había adoptado una línea más fría en la relación entre EE. UU, pero que ahora realiza un visible esfuerzo para acercarse a Washington.

"El planteamiento del Gobierno francés respecto a China es de reducción de riesgos, sobre todo en lo que se refiere a las transferencias de tecnología y la inversión extranjera directa", aseguró a *Euractiv* Mathieu Duchâtel, director del programa sobre Asia del Instituto Montaigne.

Donde se sacudieron los cimientos de la relación de China con Europa fue en Londres, el 6 de julio de 2022, con la declaración conjunta emitida por los jefes de los servicios de Inteligencia del Reino Unido y los Estados Unidos.

Christopher Wray, director del FBI, y Ken McCallum, responsable de MI5, señalaron a Pekín por impulsar "una gran ofensiva económica y política secreta que está saqueando miles de millones de euros en tecnología avanzada, tratando de influir en los procesos electorales e infiltrándose en el mundo académico".

Hubo un momento picante en esta relación bilateral en septiembre de 2022 cuando el Parlamento británico le negó la entrada a la delegación oficial de China a la capilla ardiente de la reina Isabel II en el palacio de Westminster en Londres, sede del cuerpo legislativo británico, donde yacía el féretro de la reina.

Según informó la BBC, la medida se debió a que en 2021 China impuso sanciones de viaje y congeló activos de nueve británicos, entre ellos siete parlamentarios, por haber acusado a Pekín de cometer abusos contra los derechos humanos de la minoría étnica de los uigures en la región china de Xinjiang.

El Primer Ministro británico Rishi Sunak tampoco se queda atrás. Dijo que el gobierno de Xi Jinping "representa la mayor amenaza para Gran Bretaña y la seguridad y prosperidad del mundo en este siglo", y entre las medidas que anticipó figura el cierre de las 30 sucursales del Instituto Confucio en el Reino Unido por considerarlos "nidos de espías chinos en Europa".

Podría afirmarse que Sunak dio por concluida la "era dorada" entre el Reino Unido y China porque según su visión, el país asiático supone un reto para los intereses británicos.

En su discurso ofrecido durante el banquete brindado por el alcalde de Londres, el jefe de Gobierno no dudó en calificar a China como un "desafío sistémico para el Reino Unido". En su visión, "fracasó la ingenua idea de pensar que el intercambio comercial podía llevar a Xi Jinping a impulsar las reformas políticas, sociales y de derechos humanos indispensables para convertir a China en una verdadera democracia".

En su lugar, piensa que "el tiempo transcurrido demostró que el Gobierno chino avanza hacia un autoritarismo aún mayor".

Lejos quedaron para China aquellos buenos tiempos de 2015 cuando el premier David Cameron invitó a Xi Jinping a tomar una cerveza en el pub local cerca de su casa de campo en Chequers.

El caso más complejo es sin dudas el de Alemania. China es su segundo mayor cliente. Un millón de puestos de trabajo alemanes dependen de las exportaciones a China, es decir, el 3% del total de la población activa. La sola idea de pensar en un posible embargo de Pekín a sus productos pondría de rodillas a los alemanes.

Durante los años de Ángela Merkel al frente de la Cancillería, Berlín mantuvo una cercana relación con China, convertida en su principal socio comercial, y triplicó los intercambios con el gigante asiático hasta alcanzar los 246.000 millones de euros en 2021. Justo es decirlo, eran los años en los que la Unión Europea consideraba a China un socio estratégico y favorecía los acuerdos comerciales y tecnológicos con Pekín.

Un informe elaborado por Rhodium Group destaca que la inversión europea en China se concentra cada vez más en torno a un puñado de grandes empresas, en su mayoría alemanas. Volkswagen, BMW y Daimler, las tres gigantas automotrices alemanas, y el grupo químico BASF, explican un tercio de toda la inversión europea en China entre 2018 y 2021, según el estudio. Los diez principales inversores europeos representaron el 88% de toda la apuesta en China en 2019, y el 71% en 2021.

Hoy, unas 5.000 empresas alemanas están activas en el

país asiático y han desembolsado unos 90.000 millones de euros en ese país.

Con estas cifras, es más sencillo comprender por qué desde siempre los diplomáticos alemanes han subestimado las tensiones con China. El gran problema es que el país más atado al régimen de Xi Jinping es al mismo tiempo el más poderoso de la Europa unida.

"Como la política exterior de la UE requiere unanimidad, uno se ve obligado a moverse al ritmo del Estado miembro más lento. China ha colgado con éxito zanahorias delante de los estados miembros que felizmente las han tomado", asegura Ian Bond, director de política exterior del Centro para la Reforma Europea.

Sin embargo, todo tiene un límite y la alarma en tal sentido sonó por vez primera en 2016 cuando el productor chino de electrodomésticos Midea se hizo con el 94,5% de las acciones del fabricante alemán de robots industriales Kuka. La oferta, de 115 euros por acción, cotizó a la alemana en 4.500 millones de euros.

"China debe seguir siendo un socio comercial. Sin embargo, no debemos ser ingenuos y tenemos que ver si los intereses comerciales y de mercado corren el riesgo de ser utilizados para una política de poder en contra de los intereses de la República Federal de Alemania", comentó a la prensa el ministro alemán de Economía, Robert Habeck.

El Gobierno del canciller Olaf Scholz no autorizó la compra por parte del grupo sueco Silex, propiedad del conglomerado chino Sai MicroElectrics, de la fábrica alemana Elmos en Dortmund que produce placas para componentes de microelectrónica.

Previamente, los servicios de inteligencia alemanes, que dependen del ministerio del Interior, habían desaconsejado la compra, que inicialmente el gobierno tenía contemplado aprobar.

"Alemania, como la mayor economía europea, es atractiva (…) pero no puede tener inversiones que puedan amenazar la seguridad de nuestro país", explicó el ministerio de Economía en un comunicado.

La invasión de Rusia a Ucrania puso en tela de juicio la penetración china en Alemania, país que basa su crecimiento en una energía barata como el gas ruso. Ahora los germanos están cayendo en la cuenta del error cometido porque esta dependencia los dejó expuestos al chantaje político.

Atrás quedaron las sonrisas burlonas con que la delegación alemana respondió al discurso premonitorio del entonces presidente de Estados Unidos Donald Trump en la Asamblea General de la Organización Naciones Unidas (ONU) en septiembre de 2018.

El jefe de Estado norteamericano, como si tuviera en sus manos el diario del lunes, avisó que Alemania estaba "absolutamente controlada por Rusia" respecto a la construcción del gasoducto North Stream 2, promovido por la energética rusa Gazprom.

"La dependencia de un solo proveedor extranjero puede dejar a las naciones vulnerables a la extorsión y la intimidación, y es por eso que felicitamos a los Estados europeos como Polonia, por liderar la construcción de un oleoducto báltico para que las naciones no dependan de Rusia para satisfacer sus necesidades energéticas", aseveró aquel día Donald Trump.

"Desde el 24 de febrero de 2022, Alemania tomó real conciencia del enorme problema que supone su dependencia de Rusia, especialmente en lo que respecta al suministro de gas. Esto cambia el debate sobre cómo tratar con China. Hace tres o cuatro años, se discutía si una empresa como Huawei debía tener acceso al mercado del 5G en Alemania. Hoy, lo que está en juego es nuestra estrategia global hacia China. China se ha convertido en un tema importante de debate político en Alemania, incluso dentro del gobierno", destaca Mikko Huotari, director du Mercator Institute for China Studies, el mayor centro europeo de investigación sobre China, con sede en Berlín.

Los eurodiputados Verdes, entre ellos la ministra de Asuntos Exteriores Annalena Baerbock, quieren que se revise la relación con China, manifiesto aliado de Rusia, en el escenario de la actual crisis energética.

Al cierre de la conferencia de ministros de Comercio del G7, otro de los Verdes, el ministro de Economía y vicecanciller Robert Habeck, declaró enfáticamente que "se acabó la ingenuidad hacia China" y que se vendría una "política comercial más firme".

Tanto los Verdes como los Liberales hicieron ingentes esfuerzos para que Cosco no adquiera una participación del 24,9% en el puerto de Hamburgo. Esto se debe a que China podría ejercer el control sobre esta infraestructura estratégica, que es en cierto modo la puerta de entrada a la nación alemana.

La aprobación de la adquisición portuaria generó una sólida oposición del Partido Verde y del Partido Liberal Democrático (FDP), socios de la coalición de gobierno liderada por el Partido Socialdemócrata (SPD) de Scholz. Esa es la primera crisis importante de la actual coalición de gobierno.

Polo Norte

De un lado y otro del círculo polar, Estados Unidos y Europa ven con preocupación la avanzada china en el Ártico. La región, rebosante de recursos naturales y con un ecosistema de características únicas, se ve amenazada por los ímpetus expansionistas de Pekín.

El cambio climático, que trae consigo severas consecuencias para todos los seres vivos del planeta, paradójicamente origina una oportunidad única en el Ártico: la extracción de recursos estratégicos como el petróleo y el gas, además de diversas piedras preciosas como diamantes y oro; y elementos esenciales, principalmente aquellos pertenecientes al grupo del platino, utilizados en la fabricación de gadgets electrónicos.

Un ejemplo concreto: el Servicio Geológico de Estados Unidos calcula que el Ártico posee en sus entrañas el equivalente a unos 90.000 millones de barriles de petróleo aún sin extraer.

A un país como China, ávido de recursos naturales, las perspectivas futuras de este rincón del planeta no dejan de seducirlo.

Marisa R. Lino, del Instituto Internacional de Estudios Estratégicos (IISS), destaca que China publicó su propia estrategia ártica en enero de 2018. Se declaró a sí misma como un estado "casi ártico" y esbozó un plan económico de la "Ruta de la Seda Polar". En ese momento, un funcionario estadounidense calificó la auto designación de "absurda" y señaló a los medios de comunicación que China se encuentra a 3.000 kilómetros del Círculo Polar Ártico. No obstante, "la actividad de China en el Ártico suscitará inquietud por las implicaciones estratégicas de sus actividades económicas y por la posibilidad de que adquieran una dimensión militar a largo plazo".

China se convirtió en nación observadora en el Consejo Ártico en 2013. Su interés en la región es claro: el acceso a los recursos naturales del Ártico y el uso de la Ruta Septentrional contribuirían a mejorar su proyecto de gran potencia.

Suecia y Finlandia, dos Estados con proyección al Ártico, se preparan para sumarse a la OTAN, con el fin de colaborar activamente con el programa ideado por Estados Unidos para proteger la región. El mismo se basa en seguridad, cambio climático y protección ambiental, desarrollo económico sostenible y cooperación internacional.

Dinamarca, que está a cargo de la política exterior y de defensa de Groenlandia, expuso en reiteradas ocasiones su preocupación por el interés de China en la región. Bajo su fórmula de "te doy para que me des", Pekín propuso establecer una estación de investigación y otra para satélites en Groenlandia y en contraprestación ofreció la renovación de los aeropuertos del país. Como antecedente, China mostró que ya construyó una estación de satélites en el norte de Suecia y que invirtió en Finlandia como parte de su iniciativa de la Ruta de la Seda Polar. Finalmente, y con apoyo de los Estados Unidos, Dinamarca rechazó la oferta china.

Rosario Rivera y Alí Gómez Villascán, del Centro Mexicano de Relaciones Internacionales, señalan que el líder del Partido Comunista de China, Xi Jinping, decidió reactivar la conocida Ruta de la Seda, pero con tintes estratégicos y geopolíticos. No solo era la reactivación de la ruta terrestre, sino la misma visión mencionada impulsó el desarrollo de dos Rutas más: la Ruta de la Seda Marítima del Siglo XXI y la Ruta de la Seda Polar. Ambas ramificaciones cuentan con tintes geoestratégicos, militares y expansionistas en aras de proyectar una nueva China adecuada a sus necesidades y ambiciones geopolíticas en un contexto que se encuentra en un cambio constante.

La NASA calcula que el Ártico pierde anualmente cerca de 54.000 kilómetros cuadrados de superficie de hielo. La Evaluación Nacional del Clima de 2014 advirtió que el océano Glacial Ártico dejará de tener hielo estival en 2050. Algunas instituciones ecologistas adelantan esa fecha a 2040.

Para China, este próximo escenario de más agua y menos hielo le permitiría abrir una ruta marítima por el norte con lo que reduciría unos 4.600 kilómetros la distancia entre su puerto de Shanghái y el de Rotterdam en Países Bajos con respecto al actual trayecto que se realiza por el Canal de Suez. Con estos parámetros, podría acortar este recorrido de 48 a 20 días, con el positivo impacto logístico que ello implica.

Algunos ejercicios ya se realizaron con éxito: en septiembre de 2018, el buque danés "Venta Maersk" completó la ruta del norte desde Vladivostok a San Petersburgo en 10 días menos que si la hubiera realizado a través del Canal de Suez.

El aumento de las temperaturas también redujo la banquisa polar y está dejando libre el paso septentrional navegable del Gran Norte, dentro del Círculo Polar Ártico y enfrente de las costas de Canadá, Estados Unidos, Rusia y Europa noroccidental, Groenlandia incluida.

La señal de alarma ya llegó a Bruselas, por lo que el Ártico adquirió el grado estratégico de otras regiones, como Medio Oriente.

En este nuevo escenario, Washington busca mejorar sus capacidades militares y civiles en la zona para disuadir amenazas y anticipar, prevenir y responder a accidentes provocados por el hombre.

En agosto de 2019, los medios estadounidenses publicaron lo que definieron como una extravagante propuesta del presidente estadounidense, Donald Trump, para comprarle Groenlandia a Dinamarca. Luego, el jefe de Estado norteamericano suspendió un viaje a Dinamarca tras la negativa de este país de negociar una hipotética venta del territorio autónomo.

Más allá del estupor que produjo esta propuesta en Copenhague y las risas en otras capitales europeas, lo cierto es que Trump quiso llamar la atención, ¡y vaya si lo logró!, sobre una necesaria estrategia estadounidense en el Ártico para beneficio de Occidente.

Actualmente Estados Unidos tiene una base aérea importante en el noroeste de Groenlandia con una dotación de 600 personas. Además, no fue esta la única oportunidad en la que Washington quiso salir de compras por Groenlandia. En 1946, el presidente Harry Truman ofreció USD 100 millones a Dinamarca por la isla.

En otro intento por mitigar el avance chino, europeos y norteamericanos, bajo el paraguas de la OTAN, también reactivaron la 2ª Flota de la US Navy con el mandato de defender los intereses y las vías navegables en el Atlántico Norte y el Ártico.

CAPÍTULO IV

Guerra fría tecnológica

En su camino en dirección al liderazgo mundial, la tecnología es una herramienta clave para Pekín. Dirigido, como todas las cosas, desde el Partido Comunista Chino, el país trazó una estrategia a mediano plazo asentada sobre un colosal programa de inversiones en investigación y desarrollo de la telefonía móvil 5G, automatización y robotización de procesos productivos y servicios, computación cuántica, Internet de las cosas, gestión de los datos en la nube, biotecnología, nanotecnología, e inteligencia artificial. La meta prevista en el programa "China: visión 2035" es superar a los Estados Unidos y alzarse con la copa como primera potencia mundial.

En este escenario, norteamericanos y chinos están inmersos en una guerra fría tecnológica, en la que los semiconductores son las principales armas.

El experto español Nicolás Pascual de la Parte, embajador en Misión Especial para Ciberseguridad y Amenazas Híbridas, considera que China cuenta con unas ventajas comparativas indudables en esta carrera por la hegemonía tecnológica. Y cita entra otras: una planificación estatal a largo plazo con propósitos de acción concretos y cifrados, presupuestados y monitorizados; financiación pública prácticamente ilimitada; enorme mercado doméstico reorientado hacia el consumo interno; así como una estricta disciplina social. Como resultado de su planificación y de su esfuerzo sostenido, China se encuentra hoy a la vanguardia de las nuevas tecnologías con plataformas digitales y operadores internacionales que encabezan los rankings mundiales, tanto de tecnologías "habilitadoras" como las relativas a la información y la comunicación (China Telecom, China Mobile Ltd.). También en el nuevo Internet, y los servicios de telefonía móvil (Huawei, ZTE), y en determinantes tecnologías "finalistas" como la inteligencia artificial. Por otro lado, China monopoliza la producción del 85% de las llamadas "tierras raras" que se utilizan en el mundo. Se trata de los 17 escasos minerales esenciales para la producción de aparatos tecnológicos como teléfonos móviles, computadoras, semiconductores, baterías, y cámaras fotográficas.

Para Occidente, de cumplirse este vaticinio, el avance tecnológico chino representa una severa amenaza.

La Ley de Inteligencia Nacional de China obliga a todas sus empresas a cooperar con los servicios de inteligencia del país. Al no existir los controles habituales en los regímenes democráticos, como la Justicia imparcial, partidos de oposición, o prensa libre, todo es manejado a discreción por Pekín.

Este modelo ya se utiliza dentro de China continental, donde los ciudadanos son vigilados día y noche por unos 540 millones de equipos de CCTV. Si se tiene en cuenta que la población china es de 1.460 millones, existen 372,8 cámaras por cada 1.000 personas. A esto se suma un sofisticado sistema de localización de datos desde los teléfonos celulares captados por los escáneres in situ.

El último esquema de control en línea impuesto por China aplica un seguimiento más rígido sobre los comentarios que se publican en Internet, lo que se traduce en más recortes a la libertad de expresión.

Esta normativa se emplea, principalmente, en las secciones de comentarios de sitios y aplicaciones vinculados a la información. Asimismo, obliga al prestador de servicio en línea a "evaluar el crédito de los usuarios en función de su comportamiento en materia de comentarios", según reza el texto.

De tal suerte, los que sean calificados como "gravemente desacreditados" por sus mensajes "serán colocados en una lista negra" que les prohibirá continuar escribiendo en línea, incluso desde nuevas cuentas.

Esta misma tecnología es la que China ofrece en el exterior y que muchos países no dudan en adoptar.

Quedará ver entonces lo que puede suceder cuando una ciudad o incluso un país entero adquiere por ejemplo el sistema de TV de circuito cerrado y herramientas de vigilancia para mejorar el transporte y la seguridad, a través por ejemplo de la iniciativa "Ciudades Inteligentes" de China. La información que la empresa está obligada a compartir con Pekín, y que seguramente comunicará con gusto porque sus directivos también son miembros del Partido Comunista Chino, podría vulnerar la seguridad interior y afectar los derechos humanos de los usuarios.

Para los gobiernos autoritarios, esta posibilidad quizá les venga como anillo al dedo. Un caso alegórico es el llamado "Carnet de la patria", documento de identidad electrónico creado en 2017 por el Gobierno de Nicolás Maduro en Venezuela, con el fin de regular el acceso a alimentos y artículos de primera necesidad adquiridos a través de los Comités Locales de Abastecimiento y Producción (CLAP). Con tecnología china, sirve también para monitorear, premiar y castigar a ciudadanos a través de un sistema de vigilancia digital. De hecho, la tecnología que adoptó Venezuela es un calco de la que China utiliza en la provincia de Xianjian para perseguir y controlar a la minoría musulmana de los uigures.

Ya fue visto cómo en Ecuador, durante los diez años de la presidencia de Rafael Correa, entre 2007 y 2017, China logró una tremenda penetración en distintos ámbitos.

En 2011, se instalaron en todo el país 4.300 cámaras de fabricación china, las que transmiten imágenes a 16 centros de monitoreo en todo Ecuador, que emplean a más de tres mil personas.

Esta réplica a pequeña escala del programa chino, según el gobierno de entonces, tenía por única finalidad el control policial.

No obstante, una investigación del *New York Times* encontró que las grabaciones también terminaban en la temida Agencia de Inteligencia Nacional, que en tiempos de Rafael Correa registraba penosos antecedentes de persecución y ataque a opositores políticos.

Hoy gobierna el país Guillermo Lasso, pero Inteligencia sigue recibiendo los videos de las cámaras de vigilancia.

Ecuador y Venezuela son entonces una prueba más de cómo la tecnología construida para el control interno de China es utilizada, y a veces abusada, por otros gobiernos.

"Sin caer en la paranoia, cabe preguntarse si la ciencia de un régimen autoritario puede considerarse fiable, transparente e independiente. Recordemos que, al principio de la pandemia, se acusó a China de retrasar la información de la secuencia del genoma del SARS-CoV-2", aseguró en 2018, en la publicación *Foreign Policy*, el físico Yangyang Cheng.

"Para el Partido Comunista Chino, la palabra ciencia es prácticamente sinónimo de políticamente aprobada", asegura Marie Lambert-Chan en un artículo que lleva por nombre "El imperialismo científico de China", publicado en 2020 en la revista canadiense *Quebec Ciencia*.

Para esta autora, "la ciencia solo puede florecer en un entorno que promueva la transparencia, la apertura, la libertad de expresión, la integridad y el rigor. Mientras China se niegue a adherirse a estos valores, saboteará sus posibilidades de convertirse en una verdadera potencia científica".

Mezclar intervencionismo y proteccionismo en el desarrollo tecnológico es una verdadera bomba de tiempo. Peor aún si además se suma la limitación impuesta a las inversiones extranjeras en sus empresas para que el Partido Comunista Chino nunca pierda el control.

Huawei, el coloso

Con base en Shenzhen, provincia de Cantón, Huawei Technologies Co., Ltd. es una multinacional china que provee infraestructuras de tecnologías de la información y la comunicación, equipos de telecomunicación, productos electrónicos de consumo, además de varios teléfonos inteligentes propios.

Su fundador, Ren Zhengfei, fue miembro del Ejército Popular de Liberación, y prestó servicios en el área de innovación y ciencia. En 1982 fue forzado a dejar las fuerzas armadas luego de una gran reducción de personal que impactó en 500.000 agentes en servicio.

Al convertirse en civil, se mudó a la provincia de Shenzhen para trabajar en el negocio de la electrónica. Es así como en 1987 lograría concretar su sueño de fundar Huawei, empresa que actualmente cuenta con aproximadamente 195.000 empleados, opera en más de 170 países y regiones, y presta servicio a cerca de 3.000 millones de personas en todo el mundo.

Miembro del Partido Comunista Chino desde 1978, Ren Zhengfei forma parte del XII Congreso Nacional del Partido. Además de sus otras actividades, es responsable por el desarrollo de programas de cooperación en las regiones del interior de China.

La revista Forbes lo ubicó en la posición 190 de las personas más ricas de China, con activos privados de aproximadamente USD 2.800 millones.

Los lazos de Huawei con los militares chinos son estrechos. Durante la última década, sus trabajadores han formado equipo con miembros de varios órganos del Ejército Popular de Liberación en al menos diez emprendimientos de investigación que van desde inteligencia artificial hasta comunicaciones por radio, informó Bloomberg en 2019.

"La colaboración abarca el esfuerzo conjunto con la rama de investigación de la Comisión Militar Central para extraer y clasificar las emociones en los comentarios de video online y una iniciativa con tecnología de élite de la Universidad Nacional de Defensa para explorar formas de recopilación y análisis de imágenes de satélite y coordenadas geográficas", destacó Bloomberg.

Luego de definirlo como un "actor hostil de la industria", en 2022 Canadá le prohibió a Huawei el desarrollo de su tecnología 5G en sus redes de telecomunicaciones.

El veto también incluyó a ZTE Corp., una de las compañías tecnológicas más grandes de China, también propiedad del Estado.

Con esta decisión, los canadienses se sumaron a Estados Unidos, Gran Bretaña, Australia y Nueva Zelanda, que ya le habían cerrado las puertas a esta tecnológica china.

Todos esos países forman parte de la alianza de intercambio de inteligencia Five Eyes.

Canadá finalmente escuchó los consejos de su vecino estadounidense, que desde hace tiempo le venía advirtiendo que no dejase ingresar a Huawei a sus redes móviles 5G ante la posibilidad de que Pekín pudiese acceder a información sensible a través de ciberespionaje.

En 2012 los congresistas norteamericanos ya habían colocado a Huawei en la lista negra de Estados Unidos. En base a diversas investigaciones, los legisladores probaron que la firma utilizaba su infraestructura para espiar a personas y compañías occidentales para luego proveer de información a Pekín.

Huawei también fue puesta bajo evaluación en Alemania, Japón y Corea del Sur.

Ahora bien, la pregunta es cuánto hay de cierto en estas acusaciones, o si se trata de un round más en el combate que mantienen Estados Unidos y China por ver quién impone finalmente su red 5G en dispositivos móviles a escala global.

En esta lucha mundial pareciera que la firma china apela a todos los recursos, los lícitos y los cuestionados.

En 2012, el Gobierno de Argelia le prohibió a Huawei participar en licitaciones públicas luego de que uno de sus directivos, Xiao Chuhfa, fuera condenado por corrupción.

Según el informe de *Le Soir D'Algerie*, la sentencia recayó por el pago de un soborno de USD 10 millones a Mohamed Boukhari, antiguo ejecutivo de Algérie Télécom, a través de cuentas extraterritoriales en Luxemburgo.

"Nos tomamos este asunto muy en serio y estamos revisando la decisión del tribunal", dijo en su momento un vocero de Huawei. Mientras tanto, la Justicia argelina emitió una orden internacional de detención contra el Ejecutivo.

Ese mismo año, Huawei fue investigada en Uganda y Zimbabue por el modo en que obtuvo contratos de telecomunicaciones.

En Zambia, la firma enfrentó en 2015 severos cuestionamientos tras revelarse que construyó torres de telecomunicaciones que no cumplían las especificaciones técnicas.

La Autoridad Zambiana de Tecnologías de la Información y la Comunicación (ZICTA) declaró que era consciente de que las torres erigidas no cumplían las normas exigidas y que había ordenado al contratista que vuelva a trabajar en la segunda fase del proyecto.

Esta postura generó dudas y puso en marcha a la Comisión Anticorrupción de Zambia, que también investiga los contratos para la instalación de cámaras de CCTV por parte de ZTE, el otro gigante tecnológico chino.

Australia, año 2017. Un comité parlamentario imputó al gobierno por otorgarle a Huawei un contrato para construir un enlace de fibra óptica submarina después de que la firma china donara USD 5,25 millones para la campaña política del partido gobernante.

En Ghana, debió enfrentar acusaciones de corrupción por un supuesto financiamiento ilegal al partido gobernante en 2012. La oposición política denunció que Huawei realizó contribuciones ilícitas para la campaña al Congreso Nacional Demócrata a cambio de una exención de impuestos por USD 43 millones.

La Alianza para la Gobernabilidad Responsable (AFAG), habría generado facturas y otros documentos que muestran que la empresa china de telecomunicaciones había pagado millones de dólares para la campaña electoral de 2012 del partido gobernante. En pago por el favor, según la oposición, se le adjudicó a Huawei un contrato de USD 150 millones de para construir una plataforma electrónica de gestión.

Un lapidario informe de 2018 de la consultora RWR Advisory, con sede en Washington D.C., rastreó siete acuerdos de Huawei supuestamente empañados por acusaciones de corrupción, por un valor total de USD 5.100 millones.

En todos los casos, la compañía negó las acusaciones y afirmó que aplica una política de "tolerancia cero" en relación a la corrupción.

Benditos chips

En el mundo actual, todo pasa por los semiconductores, esos diminutos chips que mueven el planeta tecnológico. Con ellos funcionan los automóviles, los teléfonos celulares, pero también los cohetes espaciales, los misiles teledirigidos y los aviones de combate. Producirlos puede ser la llave que abra la puerta del liderazgo mundial.

En esta carrera, el futuro no está del todo claro para China. Por un lado, Xi Jinping sabe que esta tecnología es "el principal campo de batalla en la contienda mundial por el poder", como lo ha señalado púbicamente.

No es casual entonces que Pekín haya invertido más de USD 100.000 millones en la última década para desarrollar los chips.

En relación a la fortuna desembolsada, los resultados hasta ahora fueron magros. Esto se produjo en parte porque en un gobierno autocrítico y sin control, se entregaron millonarias sumas a firmas que de un día para otro se transformaron en fabricantes de chips para hacer sus pingues negocios con el Estado. Ello trajo como consecuencia un estancamiento en los distintos desarrollos y además la quiebra de Tsinghua Unigroup, uno de los más grandes fabricantes de chips de la República Popular.

"El programa de desarrollo de chips de China ha sido totalmente contradictorio", asegura al medio Business Insider Paul Triolo, experto en semiconductores y vicepresidente senior de Política Tecnológica y de China en la consultora Albright Stonebridge Group.

Para el experto, "no se trata de dinero. Ahora mismo China está inundada de dinero destinado a la tecnología, pero necesitas las personas adecuadas y clientes que confíen en ti. Todo eso no se puede comprar".

Por lo que se observa, se está lejos de cumplir con las expectativas del plan "Made in China 2025", que apunta a que el 70% de las necesidades internas de semiconductores sean cubiertas por su industria.

Si con los errores propios no alcanzara, en la vereda de enfrente, Washington está siempre presente para intentar bloquearle el acceso a las tecnologías fundamentales que hacen posible la producción de chips.

Excusas para actuar no le faltan. En 2019, el Departamento de Justicia de los Estados Unidos acusó a Huawei de hacer negocios con Irán y Corea del Norte, en violación a las sanciones internacionales. Como castigo, Washington no le permitió servirse de componentes de chips avanzados con propiedad intelectual norteamericana.

Este golpe fue tan duro que el propio Ren Zhengfei dijo que la empresa "debe hacer de la supervivencia su principal objetivo" para los próximos años.

El Congreso estadounidense sancionó además la llamada "Ley de Chips", por la que se invierten USD 280.000 millones en innovación tecnológica, de los cuales 52.000 millones serán destinados a fomentar la instalación de fábricas nacionales de semiconductores.

En esta batalla, el país del Norte hace sentir el peso de sus aliados: la propuesta de un consorcio de semiconductores con Japón, Corea del Sur y Taiwán, llamado Chip 4, generó las quejas de Pekín, quien lo consideró "discriminatorio y excluyente" además de una "amenaza de fragmentación en el mercado mundial".

En respuesta, Pekín presentó un recurso ante la Organización Mundial de Comercio con el fin de anular los controles de exportación impuestos por los norteamericanos.

La presión de Washington también llega a Europa. Sus autoridades lograron que Advanced Semiconductor Materials Lithography, firma holandesa que fabrica las máquinas que graban los circuitos de los chips avanzados, no venda esta tecnología a los fabricantes chinos.

Sin estas máquinas de litografía ultravioleta profunda, cruciales para fabricar estos chips específicos, China se encuentra imposibilitada de establecer líneas de producción de semiconductores.

La ofensiva norteamericana tiene dos fundamentaciones: no perder el liderazgo mundial, pero también evitar el espionaje chino sobre todo en suelo propio.

Al mismo tiempo, posee implicancias actuales frente al panorama geopolítico producto de la invasión rusa a Ucrania.

Jake Sullivan, asesor de seguridad nacional de Joe Biden, presumió recientemente de que los controles de exportación han obligado a Rusia a "utilizar chips de lavavajillas en su equipo militar que, con el tiempo, degradará sus capacidades en el campo de batalla".

Una investigación de la CNN que lleva la firma de Katie Bo Lillis destapa el clásico modus operandi chino.

El reportero cuenta que, en 2017, la Casa Blanca vio con beneplácito la oferta de Pekín de invertir USD 100 millones en la construcción de un jardín chino ornamentado en el National Arboretum en la ciudad de Washington.

No obstante, cuando los funcionarios de contrainteligencia norteamericana comenzaron a investigar, sumaron de inmediato una serie de dudosos indicios.

Por ejemplo, entre las pagodas a construir, destacaba una situada en uno de los puntos más altos de la ciudad de Washington, y a escasos tres kilómetros del Capitolio. El lugar, a juicio de los expertos, era ideal para la recopilación de inteligencia de señales, dijeron a CNN varias fuentes familiarizadas con el episodio.

Resultó asimismo extraño que el material para las construcciones, en lugar de ser norteamericano, viniera desde China y en valijas diplomáticas, que los funcionarios de aduanas de

EE.UU. tienen prohibido examinar, dijeron las fuentes.

El proyecto se canceló casi al instante, y desde entonces, contrainteligencia del FBI y otras agencias federales investigaron las compras de tierras por parte de China cerca de infraestructura crítica.

En estas búsquedas, el FBI descubrió por ejemplo la sospechosa presencia de tecnología Huawei en la cima de las torres de telefonía celular cercanas a las bases militares de EE.UU. en el medio oeste rural. Según múltiples fuentes relevadas por CNN, el FBI determinó que el equipo era capaz de capturar e interrumpir comunicaciones altamente restringidas del Departamento de Defensa, incluidas las utilizadas por el Comando Estratégico de EE.UU., que supervisa las armas nucleares del país.

Otra zona rodeada de torres de telefonía celular que utilizan equipos Huawei es la base de misiles de la Fuerza Aérea FE Warren, situada en Cheyenne, Wyoming.

A fines de 2020, el Departamento de Justicia remitió sus preocupaciones de seguridad nacional sobre el equipo de Huawei al Departamento de Comercio y proporcionó información sobre dónde se encontraban, dijo a CNN un ex alto funcionario de las fuerzas del orden de Estados Unidos.

Después de que la administración de Biden asumiera el cargo, en 2021 el Departamento de Comercio abrió su propia investigación sobre Huawei para determinar si se necesitaban medidas más urgentes para eliminar al proveedor de tecnología chino de las redes de telecomunicaciones de EE.UU.

En su pesquisa, el FBI encontró un patrón inquietante a lo largo de tramos de la ruta Interestatal 25 en Colorado y Montana, y en arterias hacia Nebraska. Este corredor, muy transitado, conecta algunas de las instalaciones militares más secretas de Estados Unidos, incluido un archipiélago de silos de misiles nucleares.

Durante años, los pequeños proveedores de telecomunicaciones rurales instalaron routers Huawei por ser los más convenientes en relación calidad y precio.

Las autoridades norteamericanas descubrieron que Huawei vendía habitualmente equipos sospechosamente baratos a proveedores rurales en situaciones que parecían no ser rentables. Eso sí, siempre los situaban cerca de bases militares.

"Al analizar dónde se concentraban los esfuerzos de venta de Huawei, se probó la existencia de acuerdos comerciales que no tenían sentido desde la perspectiva del retorno de la inversión", destacó John Lenkart, ex agente principal del FBI centrado en cuestiones de contrainteligencia relacionadas con China.

Los equipos bajo sospecha podían efectivamente reconocer e interrumpir las comunicaciones del espectro del Departamento de Defensa, a pesar de que habían sido certificados por la Comisión Federal de Comunicaciones (FCC).

Durante los cuatro años de la administración de Donald Trump, las ventas de firmas estadounidenses a Huawei se limitaron debido a que la compañía china fue incluida en la llamada "Lista de Entidades" de EE.UU. debido a preocupaciones de seguridad nacional. Desde entonces, los proveedores norteamericanos necesitan un permiso expreso del gobierno federal que es muy difícil de obtener, como condición para venderle equipos de telecomunicaciones.

Con la llegada de Joe Biden a la Casa Blanca, se está considerando cortar el acceso de Huawei a todos sus proveedores estadounidenses, incluidos Intel y Qualcomm, en un momento en que el país intensifica las medidas enérgicas contra el sector tecnológico chino.

También prospera la iniciativa de prohibir los productos de Huawei Technologies Co. y de otras cuatro empresas chinas de electrónica, incluidas las cámaras de vigilancia ampliamente utilizadas por las escuelas y oficinas públicas. En este caso, la justificación también llega del lado de la violación a los derechos humanos que China estaría cometiendo contra la minoría musulmana de los uigures.

El fenómeno TikTok

Con más de 1.000 millones de usuarios en todo el mundo, la plataforma de origen chino para compartir videos TikTok, desafía a las grandes redes sociales de Occidente.

Se trata de la aplicación más exitosa de la historia. Surgió en 2017 de su antecesora china Douyin y en tres años se había convertido en la más descargada del mundo, superando más tarde a Google como dominio web más visitado del planeta.

Su meteórico despegue se produjo durante las cuarentenas por el Covid pero su éxito no fue de casualidad. Un formato que lo transforma en inusualmente irresistible explica en gran parte el suceso.

Las cifras son contundentes: posee videos con más de 40 millones de vistas y cautiva a un público joven decididamente alejado de Facebook. Según informes de la compañía de datos eMarketer, cerca del 45% de los usuarios estadounidenses tienen menos de 25 años, contra un 16% de Facebook. En

Estados Unidos los usuarios de TikTok usan en promedio la app 46 minutos al día, un poco más de lo que pasan en YouTube y 16 minutos más que en Facebook o Instagram. Dos tercios de los adolescentes norteamericanos tienen TikTok en sus teléfonos.

El rotundo suceso de la app se refleja en su monetización: tuvo ingresos de USD 4.000 millones en 2021 y estima multiplicar esta cifra por seis, para alcanzar los USD 24.000 millones en 2024, casi todo de publicidad, según las proyecciones de eMarketer.

Detrás de esto, como siempre, está el Partido Comunista Chino.

En una nota publicada por *The Guardian*, se reflejó cómo los moderadores de la app deben seguir un manual dictado desde Pekín. Por ejemplo, un instructivo de fecha 2019 prohíbe las referencias a Tiananmen, Tibet y Taiwán, junto a "temas altamente controvertidos" de otros países, incluyendo Irlanda del Norte.

En respuesta a estas acusaciones, TikTok asegura que desde 2020 la moderación del contenido no se realiza en China. Sin embargo, el algoritmo de recomendaciones, o sea el arma secreta de TikTok, sigue siendo actualizado por su propietario, la empresa ByteDance en China.

Para la Casa Blanca, el temor es doble: que Pekín utilice los datos de los usuarios estadounidenses, pero que también se sirva de la plataforma para difundir mensajes favorables a China, o desinforme al respecto.

De acuerdo a la opinión del Comisario de la Comisión Federal de Comunicaciones de Estados Unidos, Brendan Carr, TikTok debería prohibirse en su país.

"No creo que haya un camino hacia adelante que no sea la prohibición. No creo en un mundo en el que se pudiera llegar a una protección suficiente de los datos como para tener la suficiente confianza en que no vayan a parar a manos del Partido Comunista Chino".

A esta postura también se suma el organismo de control de datos de Irlanda, que tiene jurisdicción sobre TikTok en toda la Unión Europea. Desde la entidad, ya comenzaron una investigación sobre las "transferencias de datos personales de TikTok a China".

A esta postura se suma puntualmente Países Bajos, que solicitó prohibir la red social china por "venta de datos de usuarios".

El pedido, realizado por Unión Cristiana (CU), uno de los cuatro partidos de la coalición que gobierna el país, resaltó la necesidad de "eliminar del mercado a TikTok para proteger a los ciudadanos, del manejo de los datos de los usuarios".

En declaraciones al canal neerlandés RTL Nieuws, Don Ceder, legislador del bloque de la CU, y uno de los promotores de esta medida, dijo que "esta red social es de China y el destino final de los datos de los usuarios, principalmente niños y adolescentes, es una preocupación. No queremos que una empresa china, que no puede verse por separado del Gobierno chino, reciba una gran cantidad de datos".

Con el aval de la Justicia de Ámsterdam tres fundaciones neerlandesas pudieron seguir con las demandas por daños y perjuicios iniciadas contra TikTok. La impetración, multimillonaria en euros, es por violación a las normas de privacidad, y toma ilegal de datos de sus 4,5 millones de usuarios de Países Bajos.

En Estados Unidos, la oposición es cada vez más fuerte y va en dirección a prohibir totalmente la aplicación en los celulares de uso oficial argumentando que deja información sensible al alcance del Gobierno chino, algo que la empresa siempre ha negado.

Forbes, la prestigiosa revista norteamericana, reveló que ByteDance, con sede en China y dueña de TikTok, planeó usar la popular red social para monitorear la ubicación de algunos ciudadanos estadounidenses de los cuales tenía interés en espiar o tener información específica.

Conforme la nota periodística, la compañía china investiga regularmente a sus empleados de TikTok y ByteDance para determinar si hay filtración de información confidencial. El director ejecutivo de TikTok, Shou Zi Chew, ordenó recopilar información de sus empleados y de quienes incluso habían abandonado la empresa. Además, informó que ByteDance utiliza un sistema de auditoría conocido como "canal verde", con el que obtiene datos de empleados y ex empleados estadounidenses, información que luego traslada a Pekín.

Si bien ejecutivos de ByteDance informaron públicamente que los datos de los usuarios de Estados Unidos son almacenados en su país de origen y no en el gigante asiático, en julio de 2022 se filtraron grabaciones de más de 80 reuniones de trabajo de Tik Tok, donde los empleados contaron que la compañía en China accede a información privada de usuarios norteamericanos.

La popular plataforma se ha enfrentado durante mucho tiempo al escrutinio de los legisladores estadounidenses, que han cuestionado la protección de los datos de los usuarios por parte de esta aplicación.

La tensión llegó a su punto más alto en 2019, cuando el entonces presidente Donald Trump exigió que ByteDance vendiese la aplicación a empresas estadounidenses para poder seguir operando en el país, medida que nunca llegó a concretarse.

De todas formas, TikTok sigue bajo evaluación del Comité de Inversiones Extranjeras en Estados Unidos, una junta de revisión gubernamental que reúne a varias jurisdicciones con el fin de evaluar los riesgos de las inversiones extranjeras para la seguridad nacional.

Para esquivar las sanciones norteamericanas, TikTok ya mudó su cuartel general a Singapur y apaciguó el tono de sus vínculos con ByteDance, aunque *The Wall Street Journal*, sostiene que sus lazos son fuertes y difíciles de desatar.

Como ejemplo, una investigación del medio destaca que los ingenieros que trabajan en los algoritmos de TikTok siguen siendo contratados en China.

El Comité de Inteligencia del Senado norteamericano pidió además a la Comisión Federal de Comercio investigar puntualmente el uso que ingenieros y funcionarios chinos podrían hacer de los datos recabados por TikToK.

"Las actualizaciones recientes de la política de privacidad de TikTok, que indican que puede recopilar datos biométricos como huellas faciales y registros de voz, aumentan la preocupación por los datos de los usuarios de EE.UU. que puedan ser vulnerables al acceso extrajudicial por parte de las agencias de seguridad de China", señalan desde el Senado.

La Cámara de Representantes de Estados Unidos fue más allá y en diciembre de 2022 prohibió el uso de TikTok en los dispositivos de sus integrantes.

Según Reuters la orden de eliminar la aplicación se basa en el "alto riesgo por sus problemas de seguridad". Incluso las autoridades informaron que tomarán contacto con cada uno de los legisladores y su personal para asegurarse de que borren la herramienta, y tomarán medidas para evitar futuras descargas.

Tras la medida, Brooke Oberwetter, vocera de la empresa china, aseguró que "estaban decepcionados". En declaraciones a *Engadget*, la directiva destacó que se trataba de un "gesto político que no servirá en nada para promover los intereses de seguridad nacional".

En una postura más extrema, en enero de 2023, el senador republicano Marco Rubio pidió avanzar con la prohibición de TikTok en todo el territorio norteamericano. En una carta dirigida al líder de la mayoría demócrata en el Senado, Chuck Schumer, el congresista le solicitó que impulse de forma prioritaria la legislación para que se vote y sea considerada lo antes posible.

Dentro del mismo Capitolio, y en una línea más conciliadora que reconoce el poder y la presencia de esta aplicación, un grupo de legisladores busca una vía intermedia que no haga necesaria este tipo de prohibiciones.

El plan es que TikTok realice cambios puntuales en la seguridad de sus datos y su gerenciamiento.

En consonancia con el legislativo, entre fines de 2022 e inicios de 2023, al menos 14 estados han bloqueado TikTok en los dispositivos administrados por el gobierno.

Nebraska fue el primero en tomar esta iniciativa en 2020.

En medio de esta movida, TikTok y la administración de Joe Biden negocian un convenio preliminar para resolver de manera urgente las preocupaciones de seguridad nacional. Entre sus puntos salientes figura el compromiso de la empresa para cambiar la manera en que almacena y mantiene el acceso a los datos de los usuarios estadounidenses.

"No lo sé, pero sé que yo no la tengo en mi celular", dijo Biden en febrero de 2023 en respuesta a preguntas de la prensa.

Un mes más tarde, la Casa Blanca les avisó a las agencias federales que disponían de 30 días para garantizar que sus trabajadores no tuvieran la aplicación en ningún dispositivo gubernamental.

Dentro de los 90 días, las agencias deben incluir en los contratos que la aplicación no se pueda usar en dispositivos y deben cancelar cualquier contrato que requiera su uso.

La Comisión Europea también prohibió el uso de TikTok en sus teléfonos y dispositivos oficiales. En febrero de 2023, el órgano ejecutivo de la UE justificó su decisión en la búsqueda de "preservar la institución".

La prohibición implica que el personal de la Comisión ya no puede utilizar la aplicación en sus dispositivos personales, incluidos los teléfonos que tengan instaladas aplicaciones oficiales de comunicación de la UE. Y los que las tenían instalada, debieron eliminarla antes del 15 de marzo de 2023

"Como institución, la Comisión Europea se ha centrado desde el principio de su mandato en la ciberseguridad, la protección de nuestros colegas y, por supuesto, de todos los que trabajan aquí en la Comisión", manifestó a la prensa Thierry Breton, Comisario de Industria de la UE.

En el ámbito académico, son cada vez más las escuelas y universidades estadounidenses que prohíben TikTok.

La Universidad de Oklahoma, la de Auburn en Alabama y 26 altas casas de estudio públicas de Georgia ya bloquearon la aplicación en las redes Wi-Fi de sus campus. El gobernador de Montana solicitó recientemente al sistema universitario del Estado que la prohíba.

Algunos centros de enseñanza primaria y secundaria también han bloqueado la aplicación. Los colegios públicos de los condados de Stafford, Prince William y Loudoun, en Virginia, han prohibido TikTok en los dispositivos escolares y en las redes Wi-Fi de los colegios. El superintendente de educación del Estado de Luisiana recomendó que las escuelas de su jurisdicción la eliminaran de los dispositivos públicos y la bloquearan en los dispositivos escolares.

Según un relevamiento de NBC News citado por Infobae, al menos 20 universidades públicas han tomado la decisión de prohibir la aplicación en sus servidores o han recomendado a sus estudiantes que la eliminen de sus dispositivos personales. En el caso de Texas A&M, una de las mayores universidades públicas del país con casi 75.000 estudiantes, TikTok ha sido totalmente prohibida.

Algunos alumnos disconformes con la medida intentan ingresar en sus dispositivos personales usando datos móviles o redes WiFi personales, pero admiten que el veto dificulta el acceso.

Nir Kshetri, catedrático de la Universidad de Carolina del Norte-Greensboro, con doce libros y más de 200 artículos académicos publicados, considera que los centros educativos no exageran con la medida.

En opinión del experto, TikTok captura los datos de los usuarios de una forma más agresiva que otras aplicaciones.

Kshetri también señala que la versión de TikTok que está suscitando todas estas preocupaciones no está disponible en la propia China. En un esfuerzo por proteger a los estudiantes de los efectos nocivos de las redes sociales, el Partido Comunista Chino ha promulgado una norma que limita el tiempo que pueden pasar en TikTok a 40 minutos al día. Y solo pueden ver videos de temática patriótica o contenidos educativos, como experimentos científicos y exposiciones de museos.

Todas las grandes plataformas de redes sociales plantean cuestiones de privacidad y generan inseguridad para los usuarios.

El problema es que la configuración de privacidad de TikTok, por defecto, permite a la aplicación recopilar mucha más información de la que realmente necesita para funcionar.

Cada hora, accede a las listas de contactos y calendarios de los usuarios, recopila la ubicación de los dispositivos utilizados para acceder al servicio y puede escanear los discos duros conectados a cualquiera de esos dispositivos.

Si un usuario intenta cambiar la configuración de privacidad para evitar esa intromisión, TikTok le pide insistentemente que restablezca ese permiso. Otras aplicaciones de redes sociales, como Facebook, no piden a los usuarios que revisen su configuración de privacidad si bloquean su información.

En su libro *Tráfico de datos: Cómo China está ganando la batalla por la soberanía digital*, Aynne Kokas, profesora asociada de estudios de medios en la Universidad de Virginia, analiza cómo ciertas empresas de tecnología se aprovechan de la falta de política gubernamental y recopilan información sobre los ciudadanos, poniendo en riesgo a las personas, la competitividad económica y la seguridad nacional.

En su obra, asentada en varios años de observación de primera mano sobre la relación entre medios y tecnología, sobran los ejemplos de riesgos de seguridad de datos que los usuarios quizá ni sepan que están tomando.

"Los funcionarios estatales y locales son solo una parte de esta cartera de riesgos más amplia. Los datos recopilados sobre nosotros se han disparado. Sin embargo, las protecciones de los usuarios no se han mantenido", señala Kokas.

La autora divide el tráfico de datos en tres niveles de riesgo: seguridad personal, económica y nacional.

"El tráfico de datos afecta a los usuarios individuales, que se enfrentan a violaciones de la privacidad o corren el riesgo de ser vigilados. El riesgo personal surge no solo de los datos que una persona comparte con una plataforma, sino también de la información que los datos de este usuario pueden generar cuando se combinan con otras fuentes de datos", asegura.

Asimismo, significa una amenaza para la competitividad económica de las empresas y los países. Los grandes conjuntos de datos generados por los consumidores se utilizan para entrenar algoritmos de aprendizaje automático que respaldan el desarrollo de inteligencia artificial.

Redes sociales como TikTok y WeChat, que se usa masivamente en China, "operan con algoritmos opacos que pueden elevar la desinformación y recopilar una gran cantidad de datos de los consumidores. Debido a que las plataformas son esenciales para las comunicaciones de hoy y amadas por muchos usuarios, tales riesgos son cada vez más generalizados".

Para la experta, "con cada nuevo usuario, las plataformas se vuelven más atractivas. El aumento de la popularidad amplía no solo su alcance actual, sino también su creciente interdependencia con los políticos y las agencias gubernamentales. Debido a que sus empresas matrices tienen su sede en China, ellas también refuerzan los esfuerzos de recopilación de inteligencia de China, censuran el contenido considerado sensible para el Gobierno chino y mejoran no solo sus propios algoritmos, sino también el rico mosaico de datos de usuarios accesibles para el Gobierno chino".

El escenario virtual está en constante movimiento. YouTube viene de agregar los "YouTube Shorts" al estilo de TikTok, y Twitter acaba de instaurar su propia versión del algoritmo For You también de TikTok.

Como dice el escritor británico-indio Gurwinder Bhogal: "El mercado es un acelerador mayor de lo que China podría aspirar a ser".

Peligroso Zoom

Al igual de lo que sucediera con TikTok, la plataforma Zoom explotó durante la pandemia, para pasar de 10 a 200 millones de usuarios diarios.

Su creador, Eric Yuan, un emprendedor chino de 50 años especializado en matemáticas y ciencias informáticas, pasó de la nada a ocupar el puesto 184 de la lista Bloomberg que censa a las 500 personas más ricas del mundo.

En pocos meses, la cotización de su empresa trepó a los USD 2.000 millones en 2020 frente a la necesidad de la gente de comunicarse por videoconferencia en medio de una cuarentena que tenía paralizado al mundo. Se había producido uno de los mayores y más veloces incrementos de una fortuna en la historia.

Esta plataforma, también demostró una dependencia estrecha con Pekín, y esto se comprobó cuando colaboró con directos actos de censura.

El 31 de mayo de 2020, activistas del grupo de derechos humanos Humanitarian China organizaron un evento por Zoom para conmemorar la violenta represión de las protestas civiles en la Plaza de Tiananmen de 1989.

Zoom canceló las cuentas de los que organizaron el evento, así como otros programas en recuerdo de la gesta de Tiananmen que incluían a ciudadanos chinos residentes en los Estados Unidos.

En su sitio web oficial, la organización Amnistía Internacional criticó duramente a Zoom y afirmó que "no debe convertirse en instrumento de censura auspiciada por el Estado".

Desde la organización destacaron que "el Gobierno chino hace todo lo posible para asegurarse de que nadie en China conmemore o mencione siquiera a las personas asesinadas del 3 al 4 de junio de 1989. Al aceptar la petición de Pekín de finalizar reuniones sobre la represión de Tiananmen, Zoom corre el riesgo de contribuir a este ataque a la libertad de expresión. Zoom ha dicho que tomará medidas para que los usuarios 'fuera de China continental' no se vean afectados por tales intervenciones en el futuro, pero al hacerlo parece estar cerrando los ojos ante la represión de los usuarios en territorio continental chino".

En la misma línea, el Departamento de Justicia de los Estados Unidos acusó a un ex empleado de Zoom que ahora reside en China por terminar las reuniones, pero la compañía no enfrentó cargos.

"Las empresas tecnológicas que operan en ambos países deben equilibrar sus intereses corporativos frente a la posibilidad de presión del Gobierno chino. Las sanciones pueden incluir prohibiciones de mercado, incitación a boicots de consumidores y revisiones de seguridad nacional invasivas y costosas, así como responsabilidad civil y penal. Cuando las corporaciones en naciones democráticas ocultan cómo administran los datos de los consumidores, no solo desautorizan a los usuarios sino también a las naciones que les brindan un entorno comercial estable", avisaron desde el Departamento de Justicia.

Las consecuencias de este accionar comenzaron a sentirse pronto.

Google advirtió a sus empleados que no usen esta aplicación de escritorio en sus computadoras de trabajo "debido a vulnerabilidades de privacidad y seguridad". SpaceX, el Senado de EE.UU., el distrito escolar de la ciudad de Nueva York, Bank of America y la NASA dejaron de usarla.

Recientemente se supo que Zoom podría estar violando algunos protocolos de seguridad, por lo que la compañía realizó cambios en el servicio. Sin embargo, la aplicación mantiene la mancha de las videoconferencias grabadas sin autorización de los usuarios y ocultas a la vigilancia.

Además, el servicio instala ciertos softwares en los dispositivos de los usuarios sin su consentimiento. Eludiendo tales medidas de seguridad, Zoom puede permanecer en una computadora incluso después de que la aplicación se haya desinstalado.

Aunque Zoom ofrece un cifrado de extremo a extremo

(E2EE), la opción no está habilitada de forma predetermi-
nada. A menos que se lo haga manualmente, las sesiones solo
utilizarán el "cifrado mejorado", que es un protocolo mucho
menos seguro.

CAPÍTULO V

Brazo ejecutor

Si como se dice habitualmente, "un ejemplo lo explica todo", imagínense varios ejemplos. Esto es lo que sucede al repasar el frondoso prontuario de la mega empresa estatal Communications Construction Company (CCCC), brazo ejecutor del Partido Comunista Chino en el mundo. Sus escándalos de corrupción, sumado a su historial de irregularidades y múltiples trabajos fallidos marcan un lado oscuro de la presencia china a escala global.

Según su página web, la compañía, que ocupó en 2020 el puesto 78 en Fortune 500, se especializa principalmente en el diseño y la construcción de puertos, carreteras y puentes, dragado, fabricación de grúas para contenedores, y diseño de plataformas petrolíferas en alta mar a nivel mundial.

Asimismo, se define como "la mayor empresa internacional de contratación de ingeniería y el mayor inversor en autopistas de China".

CCCC, junto con otras cuatro compañías estatales chinas, representaron el 68% del monto total de proyectos de infraestructura en América Latina para el periodo 2005-2020, y solo este mega grupo de empresas creó el 32,55% del total de empleos, de acuerdo a los datos aportados por el Monitor de la Infraestructura China en América Latina y el Caribe 2021 de la Red ALC-China.

La fórmula es siempre la misma: ofrecen realizar la obra, pero además aportan los capitales para financiarla. Todo lo demás no importa.

El círculo cierra por todos lados. Quien presta los fondos puede ser el CCCC Finance Limited, la institución financiera no bancaria del Grupo; el Exim Bank of China; el China Development Bank (CDB); el Industrial and Commercial Bank of China (ICBC), dependientes de la Comisión Central de Asuntos Financieros y Económicos; y, en última instancia, el secretario general del Partido Comunista Chino quien posee facultades delegadas para hacerlo.

A las firmas locales se les hace cuesta arriba medir fuerzas en las licitaciones contra esta colosal estructura. El desequilibrio se produce porque son firmas privadas compitiendo contra el Estado chino. Además, muchas de estas licitaciones por obras de infraestructura se dan en el marco de compromisos hechos de gobierno a gobierno que ya incluyen a CCCC en el paquete.

Lo cierto e indudable es que China, a través de compañías públicas, hace competencia desleal en todo el mundo. Y las ayudas estatales a las empresas de esa naturaleza están prohibidas en la Organización Mundial de Comercio.

"Todas sus empresas son estatales. Nos encontramos con que su liquidez es brutal y es una competencia feroz. No por el techo de precios porque aquí están regulados, pero sí por el hecho de su capacidad económica", destacó José Luis Santa Isabel, presidente de la Federación de Contratistas de Obra de la Comunitat Valenciana (Fecoval).

El directivo español reveló cómo estas empresas "se están introduciendo en la obra pública en general, a través de la compra de firmas españolas, a partir de una capacidad ecocómica infinitamente mayor porque ellos tienen una fuente de financiación prácticamente ilimitada que nosotros no tenemos".

Su opinión, coincide con la noticia publicada en el diario *Expansión* el 6 de enero de 2020 que dio cuenta de la adquisición por parte de una filial de China Railway Construction Corporation (CRCC) y otra de CCCC, ambas controladas por el Estado chino, de la mayoría accionaria de la constructora madrileña Aldesa y de la gallega Grupo Puentes, respectivamente.

En México, no fueron pocos los sorprendidos por la compra de Zuma Energía, una de las eólicas más grandes del país, por la empresa china State Power Investment Corporation en un monto no revelado.

"Hay algunos matices que llaman la atención", dijo al diario *El País* Claudio Rodríguez-Galán, abogado en la firma Thompson & Knight, especializada en temas energéticos.

"Para mí en particular, que llevo 20 años en el sector, me llamó mucho la atención que, habiendo varios rechazos de otras empresas, principalmente americanas y europeas a la oferta de venta, sea una empresa china la que dijo 'yo no tengo ningún problema, yo te compro'. Ellos están viendo algo que los demás no están viendo. O, tal vez, por el contrario, hay algo que los otros sí vieron y por eso decidieron no invertir", manifestó el letrado.

En un mundo con tantos países con dificultad de acceso a préstamos y con tantos gobiernos ávidos de mostrarle a su gente que están haciendo obras, la fórmula cuaja a la perfección. Y si se trata de países que transitan crisis puntuales aún mejor.

En Brasil, durante 2014, la contratista Odebrecht estaba dispuesta a plantar su bandera en todo el mundo. Con obras en 21 países, y ventas por USD 46 mil millones, se estaba acercando a los USD 55 mil millones que facturaba su por entonces competidora CCCC, que había comenzado a expandirse en América Latina unos años antes.

Toda esta estructura cayó con la fragilidad de un castillo de naipes cuando la emblemática investigación conocida como Lava Jato recorrió los pasillos de la corrupción de Odebrecht, hasta alcanzar a políticos y empresarios de toda Latinoamérica.

Porque a los espacios vacíos siempre alguien los ocupa, CCCC aprovechó la coyuntura, apretó el acelerador a fondo, y en poco tiempo ya estaba facturando USD 90 mil millones, con unas 50 obras en 21 países de América Latina y el Caribe.

Charles Tang, presidente de la Cámara de Comercio e Industria Brasil-China, explica mejor que nadie esta situación: "Hace unos años, durante la peor etapa de la crisis económica de Brasil, los chinos fueron los que creyeron y apostaron por Brasil".

En Argentina se vivió algo similar. El 22 de febrero de 2012 ocurrió el accidente ferroviario conocido como "Tragedia de Once".

En el siniestro, producido en Buenos Aires, murieron 52 personas, una de las cuales estaba embarazada, y 789 resultaron heridas.

El choque se produjo a las 8:33, cuando el tren n.º 3772 de la línea Sarmiento, identificado con la chapa 16, no detuvo su marcha y colisionó con los paragolpes de contención al arribar a la plataforma número dos de la estación terminal de Once.

Ante la gravedad de los hechos, y las pruebas que mostraban graves fallas debido a la escasa inversión en infraestructura y material rodante, el gobierno de la entonces presidenta Cristina Fernández de Kirchner retiró la concesión a la empresa Trenes de Buenos Aires (TBA).

El Estado argentino se hizo cargo de la operatoria de la línea Sarmiento y se propuso encarar con urgencia una actualización del sistema ferroviario tanto de pasajeros como de carga ante la presión de los usuarios amplificada por los medios de prensa.

Había que mostrar rápida reacción, pero eso implicaba un desembolso económico inmediato de las exhaustas arcas del Gobierno argentino. En este escenario aparecieron las empresas chinas.

Casi de inmediato, se puso en marcha un convenio entre el Ministerio de Transporte de Argentina y la Corporación Nacional de Importación y Exportación de Maquinaria y Equipo de China (CMC). Consistió en un préstamo chino de USD 2.400 millones, financiados principalmente por el Industrial and Commercial Bank of China Limited (ICBC) y respaldado por la aseguradora Sinosure.

"Es necesario entender la situación para comprender la decisión de recurrir a China. Ellos respondieron rápido, tenían el material necesario para actualizar los trenes y además lo financiaban. Fue una excelente oportunidad para dar respuesta a los reclamos", señaló Daniel Vispo, ferroviario de carrera con 34 años de experiencia en el sector.

El directivo, que ocupó cargos como jefe de Tráfico y gerente de Operaciones en la línea Belgrano, y hoy preside la empresa estatal Trenes Argentinos Cargas (TAC), reconoció que China, más que financiar a la Argentina, lo que hizo fue financiar a su propia industria. Esto es así porque el dinero del préstamo solo podía utilizarse para comprar productos ferroviarios fabricados en China.

CCCC tiene más de 60 subsidiarias de propiedad total o parcial, y sus productos y servicios circulan en más de 150 países.

En un escrito titulado "Normas de comportamiento", el presidente del consejo de administración de CCCC establece lo que podría definirse como una suerte de código de ética profesional.

Entre los puntos más destacados figuran:

- "Como una empresa de propiedad estatal, nos comprometemos a brindar servicios de alta calidad a los clientes, a garantizar la honestidad, y a cumplir con las responsabilidades sociales".

- "CCCC está decidida a tomar en serio todas las cuestiones en el cumplimiento de orden legal, incluida la lucha contra la corrupción".

- "Estamos dedicándonos a crear un sistema compatible para todo el ámbito comercial internacional y garantizar su superioridad y su influencia, con el objetivo de demostrar el énfasis y la insistencia de CCCC en la ética empresarial".

Frente a esta declaración, resulta interesante dar una rápida vuelta por el mundo para ver hasta qué punto se cumplen estos preceptos.

Islas Caimán

Evan Ellis, en su obra *Desafíos de las empresas chinas operando en América Latina*, destaca a la corrupción como un tema recurrente en los proyectos de construcción liderados por CCCC. Y cita el caso del contrato entre el Gobierno de las Islas Caimán y la empresa China Harbour, subsidiaria de CCCC para construir una terminal marítima. El acuerdo fue parado por el Gobierno de Gran Bretaña, que supervisa la administración de la isla, por acusaciones de impropiedad en la licitación. También recuerda la descalificación de CCCC por el Banco Mundial, por acusaciones de corrupción en varios países de América Central y el Caribe.

En efecto, el sitio web del Banco Mundial indica que CCCC fue inhabilitada desde el 12 de enero de 2009 hasta el 11 de enero de 2017, por prácticas fraudulentas, concretamente por tergiversar hechos para influir en las adquisiciones o los contratos, incluida la colusión anticompetitiva en la fijación de precios.

Tanzania

El ex jefe de la Autoridad Portuaria de Tanzania fue acusado de adjudicar fraudulentamente un abultado contrato de más de USD 523 millones a China Communication Construction.

La ampliación del puerto se abandonó en 2012 después de que los funcionarios informaran que los costos de la firma china perteneciente el Grupo CCCC duplicaban los de proyectos portuarios similares.

Kizito Makoye, en un completo informe publicado en Foundation of Thomson Reuters, destaca que Efraim Mgawe, ex director ejecutivo, y su adjunto Hamid Koshuma fueron procesados en el tribunal de Dar es Salaam acusados de fraude y abuso de autoridad por adjudicar ilegalmente una licitación en diciembre de 2011 a la empresa china sin obtener ofertas competitivas.

El ministro de Transporte de Tanzania, Harrison Mwakyembe, en la presentación al Parlamento de las previsiones presupuestarias para el ejercicio 2014/15, declaró que los costos de la empresa china eran desorbitados.

"También descubrimos que muchas otras cosas no estaban incluidas en el plan, lo que nos hizo darnos cuenta de que el contratista no tenía buenas intenciones", manifestó el funcionario.

Asimismo, las autoridades judiciales de Dodoma allanaron en 2013 las instalaciones de CCCC, por presunta falta de pago de canon.

Según la nota publicada en el *Tanzania Daily News* por From Sylivester, la Agencia Nacional de Carreteras de Tanzania había contratado en 2013 a la firma china para construir una carretera de 260 kilómetros entre Dodoma e Iringa. Las leyes estatales exigían al contratista el pago de USD 100 mil en concepto de cánones al finalizar el proyecto, algo que CCCC no realizó.

Bolivia

Empresas chinas fueron acusadas de ejecutar obras con presos traídos del país asiático.

La noticia, aparecida en el programa televisivo *Cabildeo* de la destacada e influyente periodista Amalia Pando, se hizo eco de la denuncia del ingeniero Antonio Angulo. El profesional acusó a la empresa china Sociedad Accidental CCCC, que se adjudicó 140 kilómetros de la carretera San Borja – San Ignacio de Moxos.

"Esta firma utiliza mano de obra de presos con condena traídos de China, probablemente en condiciones de semiesclavitud y al margen de todo respeto de los derechos humanos y laborales que tampoco cumplen en Bolivia con los trabajadores nacionales", dijo el ingeniero.

En abril de 2022, esta obra también registró el bloqueo de camioneros que exigían el pago por el transporte de agregados adeudados desde diciembre de 2021, según informó el representante gremial Eduardo Churqui.

Filipinas

Antes de la fusión, China Road and Bridge Corp tuvo un grave revés. Producto de irregularidades en la ejecución de un contrato de obra en Filipinas, fue puesta en 2009 en la lista negra del Banco Mundial acusada de prácticas fraudulentas. El Proyecto de mejora y gestión de carreteras nacionales de Filipinas había sido concluido siete años antes.

Guinea Ecuatorial

El año en que entró en vigencia la prohibición del Banco Mundial, la misma China Road and Bridge Corp pagó presuntamente USD 19 millones a Teodorin Nguema, un hijo del presidente de Guinea Ecuatorial para ganar un contrato de una carretera. Teodorin fue condenado en ausencia el 27 de octubre de 2017 por la Justicia francesa por apropiarse de decenas de millones de euros de fondos púbicos de su país e intentar blanquear este dinero en Francia.

Malasia

Desde enero de 2023 se investiga si CCCC hizo un cobro excesivo por un ferrocarril que une Kuala Lumpur con las ciudades de la costa este, y si parte de ese dinero se destinó a pagar las deudas contraídas por el fondo de desarrollo gubernamental Malasia Development Bhd.

Los documentos en estudio describirían un plan propuesto por los funcionarios malayos con las empresas estatales chinas para construir dos grandes proyectos con financiamiento de bancos chinos. Uno, el East Coast Rail Link de USD 16.000 millones, es un ferrocarril a través de Malasia que conecta dos puertos y según una estimación de una consultora de Malasia su costo real sería de USD 7.250 millones.

Sivarasa y el sitio web Sarawak Report, con sede en Londres, afirman que el elevado precio del proyecto ferroviario ha suscitado dudas sobre si parte de los fondos se han destinado a compensar las fuertes obligaciones de financiación de Malaysia Development Berhad (MDB), un fondo estatal malayo al que las autoridades estadounidenses y suizas acusan de haber blanqueado miles de millones de dólares. Por ejemplo, en la Corte de Arbitraje Internacional de Londres, International Petroleum Investment Co, un fondo soberano de Abu Dhabi, reclama USD 6.500 millones a MDB, según informa el medio *MLex*.

Los hechos ocurrieron durante la administración del ex primer ministro Najib Razak (2009-2018), quien enfrenta juicio por cargos de corrupción.

Pakistán

En 2022, las autoridades del país clausuraron la central hidroeléctrica Neelum-Jhelum tras detectar grietas en un túnel que transporta agua a través de una montaña para impulsar una turbina.

De acuerdo a la información aparecida en *The Wall Street Journal*, el director del ente regulador de la electricidad del país, Tauseef Farooqui, dijo ante el senado pakistaní que le preocupaba que el túnel pudiera colapsar, a solo cuatro años de la puesta en operaciones de una central que genera 969 MW. "Sería desastroso para un país ya golpeado por el aumento de los precios de la energía", dijo Farooqui. El cierre de la central, en julio de 2022, le cuesta a Pakistán unos USD 44 millones mensuales por el aumento de los costos energéticos, señaló el ente regulador.

Uganda

El mismo *The Wall Street Journal*, en un artículo de investigación titulado "Los megaproyectos globales de China que de a poco se desmoronan", destaca que la empresa de generación eléctrica dijo haber detectado más de 500 defectos en una central hidroeléctrica construida por China en el río Nilo que genera 183 MW y sufre fallas regulares desde su puesta en funcionamiento en 2019.

China International Water & Electric Corp., que lideró la construcción de la central hidroeléctrica de Isimba, no construyó una barrera de contención flotante para proteger de plantas acuáticas y otros restos a la represa, lo que generó obstrucciones en las turbinas y cortes del suministro eléctrico. También se produjeron filtraciones en el techo de la central, donde están situados los generadores y las turbinas. La construcción de la central costó USD 567,7 millones y fue financiada principalmente a través de un crédito de USD 480 millones del Banco de Exportación e Importación de China.

Bangadesh

Una publicación hindú informó que en 2011 los tribunales dictaminaron que China Harbour Engineering Compan (CHEC), del grupo CCCC, pagó sobornos al hijo del ex primer ministro, Khaleda Zia, quien luego fue sentenciado en ausencia a seis años de prisión.

Siete años después, en enero de 2018, CHEC también fue acusada de ofrecer USD 60.000 como soborno a un funcionario en relación con un acuerdo establecido entre los gobiernos de ambos países para la ampliación de la autopista Dhaka-Sylhet. El gobierno colocó a CHEC en la lista negra e indicó que la empresa había ofrecido el soborno no para obtener un nuevo trabajo, sino para robar proyectos en curso.

Panamá

Bnamericas publicó en 2019 el informe "Irregularidades rodean contrato de puente sobre Canal de Panamá".

Panamá Cuarto Puente, consorcio compuesto por China Communications Construction Company y CHEC, ambas de CCCC, se adjudicó un contrato de USD 1.420 millones para el diseño y la construcción de un cuarto puente sobre el Canal de Panamá.

Entre las supuestas irregularidades está la adjudicación misma del contrato: el Gobierno panameño le dio la obra aun cuando el puntaje que obtuvo el consorcio chino en la evaluación técnica fue considerado relativamente bajo y su oferta fue mayor que la de su competidor más cercano.

"Los resultados de la investigación arrojan que la adjudicación del contrato no cumplió con las regulaciones vigentes y que el proceso pudo haberse realizado de manera que beneficiara al participante menos calificado de la licitación", destacó el diputado Roberto Ábrego de la Asamblea Nacional de Panamá.

De todos modos, el proyecto siguió adelante, arrancó el 2 de mayo de 2019 y el cronograma establecía fecha de entrega para junio de 2023. Estos plazos no se cumplieron en absoluto y ya se habla de una finalización de obra para 2027.

"Hace meses que el proyecto avanza a ritmo lento y que el contratista está llevando a cabo algunas obras preliminares financiadas con un pago inicial de USD 67,9 millones que el consorcio recibió en mayo de 2019 del Gobierno de José Carlos Vartela", reconoció públicamente el ministro de Obras Públicas, Rafael Sabonge.

Debido a este retraso, el ministro de Economía y Finanzas, Héctor Alexander, reconoció que este emprendimiento había quedado desfasado y propuso su actualización.

Ecuador

El edificio Senescyt en el campus de la Universidad Yachay Tech se adjudicó sin concurso a la empresa del grupo CCCC, Road and Bridge Corporation CRBC Ecuador. La misma se presentó como consorcio con la firma privada Sevilla Martínez Ingenieros (Semaica).

Conforme una investigación periodística del diario *El Comercio*, se autorizó la contratación bajo régimen especial, es decir, sin concurso y dirigido a empresas públicas. Este cambio se hizo sin considerar el Plan Anual de Contrataciones (PAC). Siete días después del llamado, se le adjudicó el contrato por USD 10 millones.

La Contraloría señala en su informe que los gerentes incumplieron los arts. 4 y 99 de la Ley de Contratación Pública al no establecer la conveniencia y viabilidad técnica y económica de esta modalidad de contratación.

Si esto no fuera suficiente, la construcción debió detenerse más de dos años por deflexiones y fisuras en vigas, losas y escaleras.

Esto motivó a que la Contraloría determinara responsabilidades penales y en 2018 girara el caso a la Fiscalía para que se inicie una investigación por perjuicio al Estado. Asimismo, obligó a que las infraestructuras fueran deshabitadas hasta que se corrigieran estas deficiencias y así salvaguardar a sus pocos ocupantes.

En su discurso durante la 49a. Conferencia sobre las Américas en abril de 2019, Kimberly Breier, subsecretaria de la Oficina de Asuntos del Hemisferio Occidental, denunció el caso de la represa de Coca Codo Sinclair en la selva ecuatoriana.

"La represa, construida por una empresa estatal china, debía solucionar las necesidades energéticas de Ecuador. Ahora funciona a la mitad de su capacidad. El proyecto incluyó préstamos del Gobierno chino. China recibió además el 80% del petróleo de Ecuador a un precio de descuento, y luego lo revendió con ganancias. Casi todos los máximos funcionarios ecuatorianos implicados en la construcción de esta obra están encarcelados o han sido condenados por soborno en la Justicia ecuatoriana. Ecuador ahora busca asistencia para cancelar o comprar la deuda china", destacó la funcionaria.

En su exposición, Breier marcó la diferencia entre las empresas chinas y norteamericanas que operan en el extranjero.

"Las nuestras están siempre alcanzadas por la Ley sobre Prácticas Corruptas en el Extranjero. No aparecen con bolsas de efectivo y falsas promesas de grandes proyectos de infraestructura a bajo costo. Nuestros tribunales de justicia exigirían que los transgresores respondan por esas acciones. Tenemos sólidas instituciones, sólidos veedores y una sociedad civil que exige que los funcionarios y el sector privado rindan cuentas. Las empresas chinas sencillamente no observan los mismos estándares de conducta".

Chile

Carolina Pizarro y Miriam Leiva, en su artículo titulado "El lado B de la arremetida China en Chile", publicado en *La Tercera*, destacaban en 2018 que, en Chile, "la única experiencia negativa que se conoce hasta ahora fue la vivida por CHEC, la segunda mayor constructora de ese país".

La firma estaba construyendo el embalse Las Palmas, impulsado por el Ministerio de Obras Públicas con una inversión de USD 171 millones, "pero en 2014 estuvo a cargo de la construcción de un muelle en el puerto de San Vicente -obra que marcó su ingreso al país- y donde se les acusó de malas prácticas laborales".

Según trabajadores de la terminal marítima, la firma mantenía a 80 trabajadores chinos viviendo en el recinto al interior de un contenedor y trabajando de lunes a domingo de 8.00 a 22 horas. Si bien la situación causó revuelo, es hasta ahora el único caso que se ha conocido.

La llegada de contenedores con operarios cuyas condiciones laborales y remuneraciones son desconocidas es un tema que destaca el senador José Miguel Insulza (PS), quien recuerda que en el Caribe ya enfrentaron un problema parecido.

"Ellos (China) están invirtiendo en el mundo y enhorabuena, pero tienen su problema por la traída de trabajadores. En

Chile hay un límite a la cantidad de extranjeros; una obra de infraestructura construida por trabajadores chinos no es una cosa que a nosotros nos interese. Si en Bahamas fueron capaces de decírselo, no creo que nosotros no podamos hacerlo", manifestó el legislador.

Sri Lanka

En 2006, China prestó a Sri Lanka USD 1.080 millones para construir el puerto de Hambantota, sobre su costa meridional. La condición fue la misma de siempre: que lo construya el Grupo CCCC.

Todos los estudios de factibilidad determinaban que el puerto no funcionaría. No obstante, el presidente Mahinda Rajapaksa tomó el millonario préstamo y contrató a CHEC para su construcción. Luego, en 2014, sumó otro proyecto en la ciudad de Colombo. Las autoridades investigaron más tarde por qué la firma china transfirió USD 8,1 millones de sus fondos a miembros del personal de Mahinda Rajapaksa casualmente durante las seis semanas previas a las elecciones de enero de 2015, cuando éste se postuló para un tercer mandato.

Los pronósticos de las consultoras se confirmaron, y a pesar de estar el puerto en una de las rutas más demandadas para el negocio marítimo, solo recalaron 34 buques en todo el año 2012.

Como lo que mal comienza, mal acaba, en 2017 el Gobierno de Sri Lanka dejó de pagar los préstamos chinos.

La réplica de Pekín fue inmediata, ejecutó la hipoteca y se hizo cargo de las operaciones del puerto con un contrato de arrendamiento de 99 años.

Como señala Lauren Frayer en su artículo "Por qué la llegada de un barco chino a Sri Lanka ha causado alarma en India y Occidente", los críticos de Pekín llevan mucho tiempo presentando a Hambantota como el ejemplo clásico de lo que denominan una trampa de la deuda china. "Ahora, con Sri Lanka en bancarrota y políticamente inestable, lo señalan como un ejemplo preocupante de cómo China podría utilizar esa infraestructura con fines militares".

Sus temores aumentaron cuando un buque de reconocimiento chino atracó en el puerto. Si bien desde China aseguraron que se trata de un buque de investigación científica, la nave logró que salten las alarmas en Occidente y en la vecina India, que mantiene tensas relaciones con Pekín.

"Los críticos dicen que lo que China haga en Hambantota con este barco puede ser una señal de lo que planea hacer con todos los puertos, autopistas, puentes y otras infraestructuras que ha construido en todo el mundo en las últimas décadas, en uno de los mayores esfuerzos de construcción de la historia de la humanidad. Temen que esta colosal red de infraestructuras se convierta en una red de bases militares sin precedentes, ocupando partes de países en los que China nunca ha tenido bases militares en el extranjero", escribió Frayer.

Otro proyecto cuestionable, y contra la opinión de todos los expertos, fue la construcción del Aeropuerto Internacional Mattala Rajapaksa en 2008. La obra también estuvo a cargo de CHEC y contó con el financiamiento del Exim Bank of China por USD 200 millones.

El aeropuerto, que carecía del tráfico aéreo necesario para sostenerse, dejó finalmente de operar con fines comerciales.

Colombia

En una notable investigación de Luisa Reyes y Santiago Villa bajo el título: "El poder de China en la infraestructura colombiana", referida al caso del Metro de Bogotá se relata un hecho que "generó suspicacias en la ciudadanía": tanto el alcalde Enrique Peñalosa como el presidente de Colombia viajaron a China meses antes de la adjudicación del contrato al consorcio chino.

"Probar una colusión es muy complicado. En la visita del presidente se anunciaron acuerdos para venderle a China banano, aguacate y flores, entre otros, pero realmente lo que él fue a negociar fue el metro", aseguró Juana Afanador, líder de la Veeduría Ciudadana al Metro.

Estas conjeturas podrían acercarse a la realidad toda vez que Apca, el grupo que ganó esta licitación, está compuesto por CHEC, pero también tiene a Xi'an Metro Company, cuyos directivos protagonizaron un escándalo de proporciones.

El sitio web Chinese Judicial Documents publicó en abril de 2017 la sentencia penal en primera instancia contra Chen Dongshan, directivo de Xi'an Metro Company, por aceptar sobornos, revelando detalles de los ilícitos que cometió durante cinco años.

El tribunal chino determinó que el acusado "utilizó la conveniencia de su cargo para aceptar ilegalmente bienes ajenos en relación con su participación en licitaciones y solicitudes de empresas de construcción".

El 6 de diciembre de 2018, el Tribunal Popular Intermedio de la ciudad de Xianyang, provincia de Shaanxi, dictaminó que Chen Dongshan era culpable de aceptar sobornos y lo condenó a diez años de prisión y una multa de USD 80.000; los bienes obtenidos ilegalmente del acusado Chen Dongshan fueron confiscados y entregados al tesoro público.

Al mismo tiempo, en un artículo publicado en un blog de anuncios en línea titulado "¿Te atreves a viajar en la línea 3 del metro?", una persona que decía ser empleado de Shaanxi Aokai Cable Co Ltd afirmaba que la empresa había utilizado materiales de mala calidad en la producción de los cables de la línea de metro, lo que "ponía en grave peligro la vida de los pasajeros".

El autor, que permaneció anónimo, también alegó que el gerente de la empresa "ofreció sobornos en múltiples ocasiones a la oficina de supervisión de calidad para que los cables fueran acreditados como calificados".

Volviendo al artículo de Luisa Reyes y Santiago Villa, allí también se abordan las condiciones laborales, manejo medio ambiental y estándares de calidad en la construcción de la Autopista al Mar 2, por parte de CHEC.

Una persona que trabajó en dicha firma china y que prefirió el anonimato indicó que no había colombianos ni mujeres en puestos de liderazgo y que el trato hacia los empleados chinos era muy distinto: "los esclavizaban mucho, horrible. Ellos trabajaban 24 horas, había campamentos en los que usaban una cama para dos o tres personas, por turnos. Usted iba al campo y veía que se quedaban dormidos del cansancio". Además, no tenían vacaciones, "los jefes iban una vez al año a China, los otros no. Conozco chinos que desde que llegaron (hace dos o tres años) no han salido".

Respecto del manejo ambiental, la ex empleada de CHEC comentó que "no respetan el medioambiente. Si por ejemplo había un derrumbe, lo descargaban directamente en la quebrada. Las zonas de disposición de residuos eran muy mal manejadas", y ante la pregunta de qué hacían las autoridades ambientales al respecto, la respuesta fue: "ellos todo lo solucionan con dinero. Llegaban las entidades y los atendían, les daban regalos, entonces les tapaban".

En cuanto a la calidad, indicó que había muchas inconformidades, que a veces los directivos llegaban a la obra y pedían hacer cambios que no tenían sentido, pero no podía contradecírseles, cosa que hacía que muchos profesionales renunciaran.

"Mucha gente no se aguantaba eso, decían 'yo tengo mi ética' y se iban, había profesionales que se demoraban uno o dos días. Allá semanalmente sale un ingeniero", dijo.

Otro ejemplo de las fallas que se han presentado en la obra, según la fuente consultada, son algunos de los túneles. Según su testimonio, dos de ellos colapsaron durante la excavación.

México

En diciembre de 2018, cuando asumió la presidencia de México, Andrés López Obrador hizo 100 promesas: la 68 fue la construcción del Tren Maya, pero la 78, que no se permitiría ningún proyecto económico, productivo, comercial o turístico que afectara el medio ambiente. Los dos juramentos se muestran incompatibles de cara al proyecto del llamado Tren Maya que es severamente cuestionado por las comunidades locales y por ambientalistas.

A fines de abril de 2020, se supo que el ganador de la licitación para la construcción del primer tramo del Tren Maya era el consorcio compuesto por Mota-Engil México, CCCC, Grupo Cosh, Eyasa y Gavil Ingeniería. La inversión propuesta se calculó en USD 630 millones.

Pablo Hernández, en su artículo "La empresa china a cargo del Tren Maya tiene un historial de corrupción" publicado en *Dialogo Chino* en junio de 2020 cita a Sergio Madrid, director del Consejo Civil Mexicano para la Silvicultura Sostenible (CCMSS).

El directivo de esta institución que colabora con organizaciones campesinas en la defensa de su territorio, señaló que este proyecto en la Península de Yucatán "está acompañado de un proceso de despojo de tierras a las comunidades indígenas mediante diferentes mecanismos que al final terminan por expulsar a la población de sus territorios".

Los temores se concretaron en agosto de 2022, cuando se anunció la expropiación de terrenos en Quintana Roo, para destinarlos al Tren Maya.

La nota de Pablo Hernández también cita a Salvador Anta Fonseca, responsable del área forestal de la organización Política y Legislación Ambiental (POLEA), quien consideró que "el tren en sí mismo me parece que no es lo más complicado del proyecto, sino lo que está detrás que son varias poblaciones nuevas con un diseño de ciudades medias que van a generar una presión fuerte sobre algunos sitios que todavía tienen una importancia en biodiversidad".

La reserva de la Biosfera de Calakmul es uno de esos sitios de relevancia ambiental a la que se refiere este experto, un parque nacional que alberga una de las ruinas mayas más emblemáticas de Centroamérica, que es un modelo de conservación gestionado por comunidades locales.

Varias organizaciones ambientalistas también acusaron a la obra por afectar la red de cenotes en el sur del país. Las quejas derivaron en la presentación de numerosos recursos legales para impedir el avance del tramo 5 de la obra, que va de Playa del Carmen a Tulum, Quintana Roo.

En mayo de 2022, el Juzgado Primero de Distrito de Yucatán concedió la suspensión definitiva de las obras del Tramo 5 Sur, aunque luego el Gobierno de López Obrador consiguió los amparos para continuar la obra.

Los costos del proyecto también asustan. El Tren Maya gastó en 2022 un 185% más de lo presupuestado por la Cámara de Diputados.

El presupuesto autorizado por el Congreso fue por USD 3.434 millones para 2022, pero al terminar el año, el gasto ascendió USD 9.804 millones, revelan datos del cuarto informe trimestral de la Secretaría de Hacienda y Crédito Público (SHyCP).

Ante esta realidad, el mismo López Obrador se vio obligado a reconocer que el costo total de la obra sería de entre USD 15 mil millones y USD 20 mil millones, lo que significa un aumento de alrededor de USD 14 mil millones con relación al presupuesto original.

Etiopía

En 1978, el país adoptó el modelo marxista leninista, el que recién abandonaría en 1991, tras la caída del Muro de Berlín. Pero lo hizo para abrazar de inmediato el modelo propuesto por el Partido Comunista Chino.

La fachada etíope es la de una democracia parlamentaria, aunque en realidad siempre existió un único partido, el Frente Democrático Popular de Etiopía (ERPDF). Lo lideró varios años Meles Zenawi, quien se desempeñó como primer ministro desde 1995 hasta su fallecimiento en 2012.

Este escenario, tierra fértil para las ambiciones chinas, fue testigo de numerosos proyectos de infraestructura para CCCC, siempre financiados desde Pekín.

Uno de ellos, la hidroeléctrica "Gran Presa del Renacimiento Etíope" elevada sobre el río Nilo Azul, genera gran preocupación entre los países vecinos.

Desde que comenzó su construcción en 2011, la obra es considerada como una espada de Damocles sobre la estabilidad regional en el noreste africano.

Para los egipcios se trata de una amenaza colosal porque el curso se resentirá durante el tiempo de llenado de la represa, y porque el agua experimentará una mayor tasa de evaporación.

Egipto depende del Nilo para cerca del 96% de su consumo hídrico, y El Cairo teme que la presa reduzca drásticamente su caudal de agua dulce disponible en las próximas décadas.

Con este cúmulo de inversiones, la dependencia de Etiopía con China se hizo evidente y se refleja en cifras concretas. En 2007, la deuda con el régimen de Xi Jinping representaba el 9% de su PBI. Una década más tarde había trepado al 17%.

Gloria Sicilia Lozano, en su estudio "La resiliencia del modelo económico exterior de China: Sri Lanka y Etiopía, dos países test del modelo", destaca que Etiopía resulta ser fundamental para proteger los intereses de China en su país vecino, Yibuti, que efectivamente forma parte de la Nueva Ruta de la

Seda, así como para la defensa de la libre circulación marítima por el mar Rojo, entrada al Canal de Suez, y donde China ha construido su primera base militar de ultramar".

La autora también aclara que "Etiopía es un país estratégico para la penetración y el control del noreste y el centro de África. Además de su situación privilegiada, es el segundo país más poblado del continente, alberga la sede de la Unión Africana y cuenta con una historia de independencia y africanidad".

País de Gales

En 2015, la empresa china de ingeniería CHEC ganó la licitación para un contrato de USD 460 millones destinado a la construcción de un dique en Tidal Lagoon Swansea Bay. La obra contendrá el primer lago artificial del mundo donde funcionará una planta de energía mareomotriz.

Luego de arduas negociaciones, CHEC ha acordado con las autoridades británicas que solo la mitad del importe del contrato se gastaría contratando trabajadores y proveedores británicos, mientras que la otra mitad estaría abierta para contratar a empresas y trabajadores chinos.

Angola

Una década después de haber sido inaugurado, los propietarios del colosal proyecto inmobiliario Kilamba Kiaxi, situado en los alrededores de Luanda, expresaron sus quejas por el agrietamiento de las paredes, el moho de los cielorrasos y la baja calidad de las construcciones.

Según informó *The Epoch Times*, la obra, realizada por el grupo chino CITIC a un costo de USD 2.500 millones, fue financiada al comienzo por el Banco Industrial y Comercial de China. Más tarde, el Banco de Desarrollo de China debió acudir para refinanciar el préstamo.

Venezuela

Jeanfreddy Gutiérrez, en su artículo "La inversión china en la red eléctrica no logra evitar apagones en Venezuela" del 16 de enero de 2020, destaca que una parte importante de los USD 5.691 millones que China se comprometió en 2014 a invertir en Venezuela debían haber fortalecido el sistema eléctrico del país. Aunque comenzaron varios de esos proyectos, tanto en energía hídrica como térmica, pocos venezolanos parecen estar viendo sus beneficios.

Cuando la Asamblea Nacional conformó una comisión especial de diputados para el estudio de la crisis eléctrica, que finalmente arrojó un desfalco por USD 26 mil millones, se convocaron a todos los contratistas privados de las obras levantadas desde el año 2000.

El 4 de mayo de 2016, Julio Peng Wei asistió en nombre de la empresa China CAMC Engineering para explicar detalles sobre los cambios en el presupuesto de la termoeléctrica Luis Zambrano.

En su informe final de enero de 2017 se reveló que, según Peng Wei, el costo total del proyecto fue de USD 1.045 millones, debido a la inclusión de una línea de transmisión de 56kv, al uso de tecnologías más avanzadas y al encarecimiento de las obras de construcción por las condiciones geográficas de la zona montañosa de instalación.

Ante los legisladores, el ejecutivo chino también admitió que la termoeléctrica no tenía entrada de gas, a pesar de que así constaba en el diseño original, por lo que usaba diésel y requería mantenimientos más frecuentes. La Comisión encontró un sobreprecio del 60% en la obra, equivalente a USD 317 millones.

Otro interesante artículo periodístico, escrito por Roberto Deniz, Sol Borja en octubre de 2017 en *Diálogo Chino* explica que esta misma empresa china mostró irregularidades en 2003 en la construcción del Acueducto Bolivariano del Estado Falcón. Se observaron deficiencias en la planificación y en los procesos administrativos, lo que trajo aparejada la disminución del alcance de la obra y costos adicionales. Esto se reflejó en el retraso de 352 días en su culminación y en omisiones en las cláusulas contractuales.

El portal de periodismo de investigación *Armando.info* detalló la gran cantidad de contratos obtenidos por CAMC Engineering desde 2003. Por lo visto, sus repetidas fallas técnicas, tener solo 20 empleados y una pequeña oficina en Caracas, no le impidieron conseguir USD 3.000 millones en proyectos eléctricos, agrícolas e industriales, llegando incluso a ser parte de la lista de empresas certificadoras de reservas mineras a pesar de no poseer ninguna experiencia en el área.

La agencia Reuters también se ocupó del tema, al sacar a la luz un juicio que se sigue en Andorra contra más de veinte personas de distintas nacionalidades, incluyendo una docena de venezolanos, por los pagos de sobornos millonarios realizados por Sinohydro y China CAMC Engineering para obtener los jugosos contratos públicos como la construcción de la planta termoeléctrica de Termocarabobo y la ampliación de la subestación La Cabrera, ambas ubicadas en la región central de Venezuela.

Según esta investigación, "los sobornos le eran pagados a Diego Salazar Carreño, un primo del expresidente de la estatal petrolera PDVSA y exministro de Petróleo, Rafael Ramírez".

Caso emblemático

Con la firma Shanghái Dredging CO., LTD (SDC), del grupo CCCC, podría escribirse el manual de lo que no hay que hacer.

Auto definida como "la empresa de dragado más grande del mundo", la firma luce un activo total de U$D 2.963 millones, con 22 grandes dragas de succión en marcha de tolva de última tecnología, 15 grandes dragas de succión con cortador, y 67 embarcaciones auxiliares.

"En la cancha se ven los pingos", es un refrán originado en el campo argentino según el cual los caballos (pingos) realmente buenos, demuestran su calidad en el momento de la carrera.

Este dicho podría utilizarse para las aventuras de Shanghái Dredging en Sudamérica.

A inicios de 2022, la dragadora china se presentó en la licitación convocada por el Gobierno argentino para el mantenimiento de la Vía Navegable Troncal del río Paraná, por donde circula el 80% de las exportaciones del país.

Por falencias de todo tipo en su presentación, Shanghái Dredging fue descalificada y quedó fuera del proceso de selección. Ante tal situación, la empresa publicó una solicitada de página completa en uno de los diarios más importantes de la Argentina, donde afirmó que la declaración de inadmisibilidad de su propuesta podría "dar lugar a la adjudicación de las obras al contratista actual (Jan De Nul) a un precio un 40% más alto del que se podría obtener".

Unos meses más tarde, en otra licitación, esta vez para el dragado del río Uruguay, en lugar de ser un 40% más barato que la belga Jan De Nul, su cotización terminó siendo un 40% más cara.

La apuesta de Pekín por la Vía Navegable Troncal comenzó en 2014, cuando la estatal China National Cereals, Oil & Foodstuffs (COFCO) compró el 51% de los paquetes accionarios de Nidera y de Noble Agri por USD 2.800 millones.

La adquisición de Nidera le garantizó a COFCO el acceso a una red de abastecimiento, almacenamiento y logística en regiones productoras estratégicas además de controlar a dos de las principales empresas cerealeras que actúan en el mundo.

Noble operaba dos puertos: uno en Lima, Buenos Aires, y otro en Timbúes, Santa Fe, donde también poseía una planta de procesamiento de soja y elaboración de biodiesel. A ellas se le agregan las plantas de acopio en Piquete Cabado, Salta, y una división de fertilizantes con tres terminales: Timbúes, Santa Fe, Necochea, Buenos Aires, y Río Paraná, Santa Fe. Esta infraestructura le permite a COFCO controlar directamente el 14,5% del volumen de las exportaciones de granos y posicionarse entre las primeras exportadoras de granos, harinas y aceites de Argentina

En este rubro clave, la empresa multinacional Syngenta, originaria de Suiza y que está radicada en Argentina desde hace más de dos décadas, también fue adquirida por la colosal suma de USD 43.000 millones en 2016. La compró China National Chemical Corporation (ChemChina), que luego se fusionó con SynoChem para cotizar en la Bolsa de Shanghái.

Si además de controlar la producción y el embarque de cereales, China logra hacerse de la propia vía navegable, tendrá bajo su puño a uno de sus principales proveedores. A su vez, y como ya lo hizo en otras partes del mundo, podría circular con mayor tranquilidad y seguridad por estas aguas con sus buques de guerra en "tareas de reconocimiento".

En su afán por tomar el control de la Vía Navegable Troncal, Shanghái Dredging apeló a todas las herramientas a su alcance, aun si ello implicaba desnudar una serie de desprolijidades.

Por ejemplo, en abril de 2022, el fiscal Guillermo Marijuan ordenó secuestrar documentación en la Administración General de Puertos (AGP), el ministerio de Transporte de la Nación y en empresas de dragado. La medida judicial tuvo por finalidad investigar si el embajador argentino en China, Sabino Vaca Narvaja, ejerció tráfico de influencias a favor de la firma Shanghái Dredging.

La acusación fue presentada ante el juzgado a cargo de Julián Ercolini por los diputados nacionales Mariana Zuvic, Paula Oliveto, Juan Manuel López, Maximiliano Ferraro y Marcela Campagnoli.

Los denunciantes presentaron a la Justicia una carta en la que Shanghái Dredging "describe lo que serían los puntos sobre los que repercutirá la resolución favorable a la empresa china de la licitación: Influencia política; cooperación multilateral por beneficio compartido y ahorro en divisas para el Gobierno argentino".

Los legisladores definieron al hecho como "un escándalo que no solo confirma el rol de lobista de Vaca Narvaja defendiendo los intereses de China, sino que perjudica las frágiles relaciones internacionales, ubicándonos como una nación servil y sometida al régimen chino".

La historia de la dragadora china en la zona no es la mejor.

En 2015, la Comisión Administradora del Río de la Plata (CARP) convocó a los privados para recuperar los estratégicos Canales a Martín García por un período de un año renovable.

La licitación fue ganada por la Unión Transitoria de Empresas (UTE) de capitales chinos, integrada por Shanghái Dredging Corporation y Servimagnus S.A., SDC do Brasil, Servicios Marítimos LTDA. Suc. Argentina, la que se hizo cargo de la obra en noviembre del 2015.

El consorcio adjudicatario recibió los canales con un calado promedio de 30 pies, y ocho meses después del inicio de las tareas, las condiciones no habían mejorado. Incluso podía decirse que el mismo estaba en peor situación.

Como la propuesta inicial del grupo chino, minimizaba los metros cúbicos a remover, el equipo técnico aportado no tenía la producción diaria adecuada para el requerimiento. El pliego preveía una segunda draga que jamás llegó a entrar en producción porque se encontraba trabajando en el mantenimiento del Canal de Acceso a Buenos Aires y allí continuó.

Visto que el consorcio no cumplía lo comprometido, ya que se trataba de un contrato de dragado por objetivo y con plazo determinado, a los ocho meses, Argentina, y Uruguay como Estados contratantes exigieron una compensación por mayores volúmenes, la cual fue rechazada por la concesionaria china.

Tras una serie de negociaciones, los gobiernos solo le reconocieron el monto equivalente al gasto de combustible. Lo que se buscaba y en definitiva se logró fue la rescisión del contrato sin reclamos mutuos y sin prácticamente costo para los Estados.

En su momento, el concesionario chino, adujo que la profundidad no se alcanzó por la crecida y sedimentación extraordinaria atribuible al fenómeno El Niño. Sin embargo, en esa misma fecha, Jan De Nul, a cargo del dragado de la red troncal del río Paraná, realizaba una inversión extra estimada en USD 60 millones para contrarrestar esta situación. Su flota normal de seis dragas se vio por entonces reforzada por dos unidades adicionales de última tecnología y de tamaño nunca visto en Argentina. Jan De Nul movilizó la ultra moderna draga de succión en marcha Pedro Álvares Cabral con capacidad de cántara de 14.000 m3. Este solo equipo quintuplicaba la capacidad de la draga Hang Jun 3001, que utilizaba el consorcio chino en Martín García. Jan De Nul también trajo la draga de corte y succión construida en 2011 Niccolo Machiavelli, con una potencia total instalada de cerca de 25.000 kw. Sumadas estas dos dragas a la Alvar Núñez Cabeza de Vaca, Niña, Vespucci, James Ensor, Sanderus y Capitán Núñez operó con un total de ocho equipos para mantener seguridad a la navegación y un servicio que garantizó el calado navegable de 34 pies que posibilitó una eficiente exportación de la cosecha.

Tampoco es bueno el recuerdo que dejaron los chinos en Colombia.

En julio de 2021, Shanghái Dredging fracasó en su trabajo de profundizar el canal de acceso al puerto de Barranquilla y su incapacidad puso en jaque a la logística colombiana.

El consorcio Shanghái-Ingecon, integrado por la firma china CCCC Shanghái Dredging Co (propietaria del 70%) y la colombiana Ingecon S.A. (30%), se había comprometido a dragar 1.865.000 de metros cúbicos de sedimentos en el canal de acceso del puerto de Barranquilla para alcanzar un calado mínimo de 31 pies. Para tal fin, la terminal portuaria colombiana, a través de Cormagdalena, desembolsó USD 9,5 millones, pero a casi dos años de iniciadas las obras, la profundidad no alcanzaba los 20 pies, por lo que la actividad portuaria se encontraba absolutamente comprometida.

El gerente del Puerto de Barranquilla, René Puche, denunció entonces que "la draga china a cargo del Consorcio Shanghái-Ingeco no cumple con el contrato y se está burlando del Gobierno Nacional". Tras señalar que los responsables de la draga manifiestan que no realizan los trabajos debido a las fuertes brisas, el funcionario aseguró que "hay horas del día que no se presentan vientos fuertes y tampoco la draga realiza trabajos".

Ante las duras quejas de gremios, operadores y dirigentes políticos para quienes el consorcio chino no cumplió con el contrato y frente a la eventual parálisis de uno de los puertos más importantes de Colombia, Jaime Alberto Pumarejo Heins, Alcalde Distrital de Barranquilla, sancionó el Decreto

0135 de 2021 que estableció "la calamidad pública por la crisis del canal de acceso".

De inmediato, Cormagdalena convocó de urgencia a la compañía Jan De Nul, quien de inmediato envió desde Jamaica la draga Taccola para ponerse al frente de la obra y prontamente puso el canal en condición operativa.

En la otra punta del mundo, los que sí lograron frenar las actividades de Shanghái Dredging fueron los funcionarios de Tailandia. En aquel país, bloquearon un controvertido proyecto chino de dragado del cauce del Mekong para permitir la navegación de grandes buques de carga.

Para justificar la decisión, el Gobierno tailandés resaltó que "las autoridades chinas no habían facilitado un plan de financiación para llevar a cabo nuevas investigaciones sobre los trabajos a realizar".

No obstante, una razón clave llegó del lado ambiental. El lema "Río compartido, futuro compartido", difundido desde Pekín por los medios de prensa amigos, chocó con la intransigencia de las organizaciones ecologistas según las cuales se podrían poner en peligro los hábitats de especies submarinas. No más recordar que, junto con el Amazonas, el lecho de este río alberga la biodiversidad acuática más importante del mundo, con 1.300 especies de peces.

Por su parte, Pianporn Deetes, de la ONG International Rivers. adelantó que "esta pequeña sección del río Mekong desempeñará un papel importante en la conservación de la parte baja de la cuenca aguas arriba".

Otros grupos de activistas medioambientales y referentes de la población local también acusaron a Pekín de haber transformado profundamente el Mekong con la construcción de varias represas hidroeléctricas en China y Laos para abastecer a una población y una economía en rápida expansión. A su juicio, estas obras de infraestructura impactan de forma directa en el curso de agua, un recurso alimentario esencial para casi 60 millones de habitantes del sudeste asiático

Desde el punto de vista geopolítico o incluso desde el punto de vista de sus ambiciones militares, la medida significó un golpe difícil de digerir para el Partido Comunista Chino.

Desde hace años, Pekín persigue el dragado de los casi 100 kilómetros del Mekong en el lado tailandés para permitir la circulación de grandes naves mercantes, pero sobre todo buques de guerra. Para ello, es imprescindible unir por vía fluvial la provincia china de Yunnan con las disputadas aguas del Mar de China Meridional, logrando un tránsito sin interrupciones ni contratiempos a través de la propia Tailandia, pero también de acceso directo hacia Birmania, Laos, Camboya y Vietnam.

Zona de conflicto

Sin embargo, el trabajo más preocupante de Shanghái Dredging es la recuperación de terreno en el Mar de China Meridional.

Este programa de dragado impulsado desde Pekín ya creó media docena de nuevas islas en dicho mar y cuenta con puertos de aguas profundas, playas de arena y al menos una pista de aterrizaje desde donde pueden operar aviones de combate.

Desde esta pista de tres kilómetros situada en el Arrecife Fiery Cross, China asienta su reclamo sobre el espacio aéreo.

Para el año 2015, ya se habían recuperado unos 8.000 metros cuadrados, más de lo que hicieron en 60 años otros países que reclaman territorios, como Vietnam, Malasia y Filipinas. Por entonces, las imágenes tomadas por satélite analizadas por la consultora de defensa IHS Jane's reflejaban cómo se excavaba arena del fondo marino para la creación de estas islas artificiales. La empresa a cargo de gran parte de estas taras es Tianjin Dredging, una de las tres filiales de CCCC Dredging, que opera la mayoría de las enormes barcazas que han estado excavando arena del fondo del mar.

La draga insignia para estas obras es la "Tian Jing Hao" de 127 metros de eslora. Considerada como la más grande de Asia y construida por los astilleros del Grupo China Merchants, a un costo de USD 130 millones, está en capacidad de extraer 4.500 metros cúbicos de arena por hora.

Para afianzar su actividad, CCCC anunció en marzo de 2022 que estaba integrando sus tres activos de dragado en una nueva empresa, CCCC Dredging, que cotizaría en el extranjero en el futuro. La entidad fue configurada en la Zona de Libre Comercio de Shanghái.

En agosto de 2020, el Departamento de Estado de Estados Unidos impuso restricciones de visa a "individuos de la República Popular China responsables o cómplices de la reclamación, construcción o militarización a gran escala de puestos de avanzada en disputa en el mar del Sur de China". Por su parte, el Departamento de Comercio norteamericano sumó a 24 empresas estatales chinas a su Lista de Entidades, incluidas varias subsidiarias de CCCC, como Shanghái Dredging.

La acción forma parte de los esfuerzos de Washington para presionar a Pekín por su mayor presencia militar en áreas del

Mar de China Meridional donde la soberanía es disputada por varios países.

"No se debe permitir que la República Popular China use a CCCC y otras empresas estatales como armas para imponer su agenda expansionista. Los Estados Unidos tomarán medidas hasta que veamos que Pekín detenga su comportamiento coercitivo en el mar del Sur de China, y apoyaremos a nuestros aliados y socios para resistir esta actividad desestabilizadora", señaló el Departamento de Comercio en un comunicado.

Como respuesta, desde Pekín insisten en que la construcción de estas islas tiene fines pacíficos.

Otra acción de EE.UU. para frenar esta avanzada fue la de respaldar o incitar las protestas de los demás países ribereños como Filipinas, Vietnam, Indonesia, Malasia, Brunei y Taiwán sobre este mar que China considera casi un lago interior. Al mismo tiempo, mantiene de manera provocativa la actividad de su VII Flota en la zona y despliega sus baterías antimisiles THAAD en Corea del Sur. El fin primordial es defender la zona contra un eventual ataque de Corea del Norte, pero de paso sirven para neutralizar dispositivos nucleares en China continental.

CAPÍTULO VI

Collar de puertos

Desde hace 30 años soy periodista especializado en temas de puertos, transporte marítimo y logística. Es lógico que trajera este rubro geopolítico clave a las páginas del libro.

Un primer dato: casi el 30% de todo el tráfico mundial de contenedores registrado en 2022 recaló en algún momento en uno de los puertos operados total o parcialmente por empresas con sede en Pekín, Shanghái o Hong-Kong.

China tiene actualmente 95 puertos, 6 de ellos figuran en el ranking de los 10 mayores del mundo.

China Ocean Shipping Company (COSCO) es propiedad del Gobierno chino y está basada en Pekín. La compañía es gestionada por la Comisión de Supervisión y Administración de Activos Estatales, que a su vez depende directamente del Consejo de Estado chino, por lo que está bajo el control del Partido Comunista. Sus inversiones son decididas y validadas por Pekín y, por lo tanto, se considera una extensión del poder chino en el mundo.

Con el fin de convertirse en la tercera naviera más grande del mundo, COSCO se fusionó con China Shipping Group en febrero del 2016 y adquirió Orient Overseas Container Line (OOCL) en julio del 2018.

Se dedica principalmente a servicios de transporte marítimo de contenedores nacionales e internacionales y negocios relacionados, como el sector comercial principal del grupo.

La naviera posee más de 1.100 buques, y opera 332 rutas marítimas nacionales e internacionales, que cubren 254 puertos en 79 países y regiones de todo el mundo. De forma sigilosa al comienzo, pero luego a cara descubierta, el Gobierno chino fue armando un collar de puertos alrededor del mundo.

También actúan en el sector portuario otras empresas estatales vinculadas con los líderes del Partido Comunista de China. Tal el caso de la firma de construcción de infraestructura Communications Construction Company (CCCC); y China Merchants, corporación estatal china, que administra 36 puertos en 18 países.

Quien asimismo responde a Pekín es Hutchison Ports, la división de puertos y servicios relacionados de CK Hutchison Holdings Limited (CK Hutchison). Se trata del principal inversor y desarrollador mundial con una red de 52 puertos que abarca 26 países de Asia, Oriente Medio, África, Europa, América y Australia.

The Economist estima que, en los últimos diez años, China destinó USD 20 mil millones a los puertos extranjeros.

En un principio se pensó que la estrategia de invertir en varios de los principales nodos de comunicación marítima del planeta tenía fines exclusivamente comerciales, para disputar la hegemonía norteamericana. El tiempo sin embargo fue demostrando que todos sus puertos podrían servir de bases militares ante un futuro despliegue de la marina china.

En África

Un caso puntual se da con la pesca en el continente africano, donde China es propietaria u operadora de 58 puertos en 27 países.

En Mauritania, la National Bureau of Asian Research (NBR) y el Center for Strategic and International Studies (CSIS) relevaron tres instalaciones portuarias construidas, financiadas o proyectadas por capital chino. Además de la ampliación de la dársena de Nuakchot y la de minerales de Nuadibú, está la ejecutada por Fuzhou Hong Dong (Poly Hongdong) en esta última ciudad.

"Se trata de un inmenso terraplén con muelle privado que sirve de base para cerca de 170 barcos chinos. Es solo suyo, para ellos solos", constata el directivo de una pesquera de Vigo, en nota publicada por el sitio *Faro de Vigo*.

Luego de esta inversión, estimada en USD 300 millones, el Gobierno de Mauritania informó que la pesca de pulpo estaba sobreexplotada, y expulsó a 21 buques gallegos del caladero. Sin embargo, autorizó a las naves chinas a seguir pescando y vendiendo el producto a Europa desde Poly Hondgong.

El de Mauritania es solo un ejemplo más. Hoy podría afirmarse que la pesca africana está en manos de capital chino. Gambia, Liberia, República del Congo, Benín, Somalia son los únicos territorios libres, de momento, de esta expansión desbocada impulsada desde Pekín.

Con el objetivo cumplido, viene el segundo paso, el del asentamiento militar.

"El éxito indiscutible de China en la obtención de contratos para construir, financiar u operar los puertos marítimos de

África amplifica su influencia económica y político-militar en el continente", destaca el investigador Rahul Karan. De hecho, buena parte de los puertos son propiedad de empresas públicas o paraestatales como China Merchants Group Limited, controlada por el ministerio de Transportes de Xi Jinping.

Otra voz interesante es la de Isaac Kardon, profesor en la China Maritime Studies Institute y autor del informe especial de la National Bureau of Asian Research, divulgado en mayo de 2022.

"Incluso si Guinea Ecuatorial finalmente no llegara a un acuerdo para albergar una base militar china en la ciudad de Bata, donde ya gestiona un puerto pesquero y de mercancías, otros países africanos sí podrían hacerlo en un futuro. La estrategia de China es dar un paso consecuente hacia la competencia estratégica directa con los Estados Unidos en África".

Ya fuera del rubro pesquero, Costa de Marfil finalizó en noviembre de 2022 la construcción de una segunda terminal de contenedores en su principal puerto de Abiyán.

Según las autoridades portuarias, el proyecto se realizó con una inversión de USD 953 millones financiada en un 85% por el Eximbank de China y en un 15% por el Estado marfileño.

La nueva terminal de contenedores puede ahora recibir grandes buques procedentes de Asia, Europa y América que antes tenían que desembarcar mercancías en Sudáfrica y transferirlas a buques más pequeños para llegar a África Occidental.

El tiempo dirá si en el futuro este puerto sigue en manos de los marfileños o pasa a las chinas.

Esta afirmación se relaciona con lo que sucede en Kenia, donde costosos proyectos ferroviarios estarían avalados con un puerto.

Peter Fabricius, director del Instituto Africano de Estudios de Seguridad (AISS), destacó que "al parecer, el gobierno ofreció el puerto como garantía para el préstamo de China para construir el ferrocarril Mombasa-Nairobi, denominado Ferrocarril de Vía Estándar (SGR), en 2014".

Por su parte, el Fondo Monetario Internacional (FMI) también expresó su preocupación porque la gran deuda de Kenia con China pueda llevar al acreedor a hacerse con el control de dos activos clave: el ferrocarril de ancho estándar entre Mombasa y Nairobi y el puerto de aguas profundas de Mombasa.

La estrategia china ya había sido denunciada por el presidente norteamericano Donald Trump, quien se refirió a la "diplomacia de la deuda", que permite a los chinos condicionar sus préstamos a garantías basadas en la cesión de infraestructuras estratégicas.

Un exhaustivo informe elaborado por el Centro de Recursos e Información sobre la Inteligencia Económica y Estratégica (IE por sus siglas en francés) bajo el título de "Los puertos africanos, codiciados por Pekín", reseña el caso del puerto de Doraleh, en Yibuti. Tras dos décadas de inversiones, China posee el 70% de la deuda de Yibuti, lo que reduce el margen de maniobra política de este pequeño país.

El antiguo operador del puerto, DP World, tuvo que padecer la rescisión unilateral del contrato de concesión por parte del Gobierno yibutiano, para ceder su operatoria a China Merchants Bank, accionista minoritario del puerto. De nada sirvió la decisión de un tribunal británico que falló a favor de DP World al considerarlo el principal accionista de la terminal de contenedores.

Para Pekín, el puerto de Yibuti es la llave para acceder y

abastecer a Etiopía, país de gran dimensión y población que carece de acceso marítimo y depende principalmente de Yibuti para sus importaciones. La riqueza natural del país y sus numerosos recursos, principalmente gas y minerales, atraen al pulpo chino, que sigue invirtiendo masivamente.

Sin embargo, su principal objetivo es el militar. Ubicado en el llamado "Cuerno de África", y como parte del Canal de Suez, una de las rutas marítimas más transitadas del mundo, Yibuti posee un enclave estratégico privilegiado.

Siempre hay una excusa para el desembarco chino. Según sus autoridades, la instalación de su base militar en el extranjero tiene por finalidad la lucha contra la piratería, tanto en las costas de Somalia y el propio Golfo de Adén, como en el resto del océano Índico. También desde esta posición se fortalecerá el combate contra el terrorismo internacional.

En su momento, el vocero del Ministerio de Exteriores de China, Geng Shuang, describió la base como parte de los esfuerzos en curso para llevar paz y seguridad a la región.

La realidad es que próxima al puerto de Doraleh, con una superficie de 360.000 metros cuadrados, y un muelle de 600 metros de longitud, la base diseñada por la ingeniería china fue inaugurada oficialmente en el mes de agosto del año 2017. Tiene asignada un escuadrón del Ejército Popular de Liberación de China (EPL) con capacidad máxima para 400 infantes de marina. Posee asimismo un helipuerto, pista de aterrizaje corta, depósitos para municiones y armamento, y oficinas administrativas.

Las últimas noticias refieren la posibilidad de que se construya en la zona una base de lanzamiento espacial, con aval de la empresa china Hong Kong Aerospace Technology con cerca de USD 1.000 millones de inversión.

El Centro de Estudios Estratégicos e Internacionales (CSIS por sus siglas en inglés) publicó su estudio "Influencia e infraestructuras: Lo que está en juego en los proyectos exteriores", donde identifica 46 terminales portuarias del África subsahariana que tienen vínculos con China.

"Estos puertos están situados a lo largo de todas las costas, proporcionando a China acceso a las principales rutas marítimas y puntos de paso. Hay indicios de que Pekín planea utilizar estas inversiones portuarias para aumentar su alcance militar y político", subrayó Judd Devermont, director del Programa de África del CSIS.

El Centro de Estudios destacó en su informe que "al menos seis puertos que figuran en estos datos fueron visitados por buques de guerra chinos, o son puertos de doble uso civil y militar. A su vez, siete de los once puertos gestionados por empresas chinas son de aguas profundas, lo que los hace capaces de recibir grandes buques comerciales, pero también de guerra".

Kevin Rudd, del Instituto Político de la Sociedad Asiática (ASPI por sus siglas en inglés), resalta en el informe el "apetito aparentemente insaciable de China por los puertos de todo el mundo", dice que "las sospechas concretas se refieren a puertos de tamaño aparentemente excesivo, pero infrautilizados, en importantes rutas comerciales del océano Índico. Estos puertos parecen más adecuados para posibles bases navales que para operaciones comerciales".

Si hay un caso emblemático, si existe un "modelo terminado" de la estrategia china, ese es el del puerto de Hambantota en Sri Lanka.

Desde el principio, se objetó la decisión de construir un segundo gran puerto en un país del tamaño de Gran Bretaña y con una población de 22 millones de habitantes. Más aún cuando el principal puerto de la capital estaba creciendo y tenía espacio para expandirse.

Gran parte de los problemas económicos que hoy padece la antigua Ceilán se explican con la construcción de este puerto que todos condenaron anticipadamente al fracaso. Todos menos el financista y principal impulsor: el Gobierno de China.

Los presagios se cumplieron, el puerto resultó un fracaso, la deuda creció hasta volverse impagable y China se cobró con el puerto, el que le fue cedido por un período de 99 años junto con 607 hectáreas linderas para la construcción de una zona industrial.

La transferencia le otorgó a China el control del territorio a solo unos cientos de kilómetros de las costas de la India, uno de sus rivales, y un punto de apoyo estratégico a lo largo de un canal comercial y militar crítico.

Aunque funcionarios y analistas chinos insisten en que el interés de China en el puerto de Hambantota es puramente comercial, las recientes visitas de buques de guerra a sus muelles indican todo lo contrario.

Cuesta creer, por ejemplo, que la llegada del "Yuan Wang 5", repleto de antenas y parabólicas, sea, como dice China, un "buque de investigación y científico". Varios expertos coinciden en que se trata de una de las naves de seguimiento espacial de última generación, capaz de vigilar los satélites, y los lanzamientos de cohetes y misiles balísticos intercontinentales. Se especula que lleva una flota de drones submarinos y que es, en otras palabras, un formidable equipo de vigilancia.

La recalada de esta nave en Sri Lanka desoyó las protestas de India y Occidente sobre las ambiciones chinas en el océano Índico.

Oficialmente, el "Yuan Wang 5" atracó en Hambantota para cargar combustible y abastecerse de otros suministros, aunque Sri Lanka, que está en bancarrota, tiene muy poco de todo ello.

Conscientes de lo mal que terminó esta aventura, el Gobierno de Myanmar decidió reducir drásticamente la envergadura de un proyecto portuario financiado por China en la bahía de Bengala. Los funcionarios explicaron que existe un alto riesgo de que el país caiga en una deuda insostenible.

El objetivo es reducir el tamaño del desarrollo portuario, originalmente concebido en USD 7.300 millones, a USD 1.000 millones.

En la otra punta del mundo, puede estar madurando una situación similar.

Desde abril de 2021, la Terminal 5 del puerto de Buenos Aires, en Argentina, no recibe buques ni tiene un solo movimiento de carga. No obstante, la concesionaria Buenos Aires Container Terminal Services S.A. (Bactssa), controlada por la operadora china Hutchinson Ports, sigue abonando los sueldos de sus 500 trabajadores y los cánones a la Administración General de Puertos además de mantener la infraestructura de grúas y muelles.

Aun con esta situación de pérdida económica, China dispuso de toda su artillería de lobby para mantenerse en este enclave ubicado en el corazón de la capital argentina.

Su contrato de concesión finalizaba el 15 de mayo de 2021, pero consiguieron una medida cautelar ante el Juzgado Contencioso Administrativo Federal N° 1, que rápidamente hizo lugar al pedido de prórroga del plazo.

Ese fallo fue luego ratificado en segunda instancia por la sala IV de la Cámara Nacional de Apelaciones en lo Contencioso Administrativo Federal.

Frente a este escenario, el Ministerio de Transporte dictó la Resolución 193/2022 que extendió el plazo de concesión de la Terminal N° 5 hasta el 31 de mayo de 2024, fecha en la que también caducan las concesiones de sus competidoras, Terminales Río de la Plata (Dubai Ports) y la Terminal 4 (APM Terminals).

La pregunta es por qué China realizó semejante movida por un puerto que solo le genera gastos.

Con USD 17.000 millones, la Argentina es el 4° país de América Latina con más financiamiento chino. Esto surge de la base de datos de China con información del Banco de Desarrollo, el Banco de Exportaciones e Importaciones y el ICBC. A esta cifra deben sumarse los cerca de USD 20.000 millones del canje de monedas del Banco Central con China, que a su vez explican cerca de la mitad de las reservas internacionales brutas del país.

Tampoco es casual que sean justamente Sri Lanka y Argentina dos de los tres mayores receptores de los préstamos de rescate de China junto con Pakistán, con USD 32.830 millones desde 2017.

La posibilidad de que se repita en Argentina la historia de Sri Lanka y su puerto de Hambantota podría estar a la vuelta de la esquina: China condona una parte de la abultada y casi impagable deuda de Argentina y en contraprestación obtiene la concesión por 99 años de la Terminal 5.

Quién sabe si en poco tiempo no se verá la silueta de los buques militares chinos, que Pekín dirá que son de investigación científica, en el puerto de Buenos Aires.

Viejo Mundo

En Europa, el desembarco de la República Popular se produjo en el puerto del Pireo, en Grecia, hace más de una década.

En los años 90, el armador estatal chino COSCO había comenzado sus inversiones en las terminales de este puerto que por entonces era una escala marginal.

En 2009, mientras Grecia transitaba una dura recesión económica, COSCO aprovechó para comprar en oferta un importante paquete de acciones. Con solo desembolsar USD 393 millones, se hizo con el 67% del capital y tomó el control del puerto.

El escenario fue entonces el ideal para esta primera incursión. Situado más próximo a Pekín que los puertos del norte, el sur europeo presenta mejores condiciones para sus operaciones logísticas.

Todo cambió a partir de ese momento. El Pireo pasó a ser su cabecera de playa en el Mediterráneo, nodo de distribución de los productos chinos que llegan del Mar Rojo y centro logístico al interior de Europa.

Su súbito crecimiento trajo consigo un supuesto daño ambiental que ya provocó acciones legales por parte de organizaciones ecologistas locales contra COSCO. Las quejas se dirigen al dragado descontrolado del lecho marino y la contaminación tóxica, así como el aumento del tráfico tanto por mar como por tierra.

"Esto no beneficia a El Pireo. Beneficia a otras personas que no viven aquí", resaltó la abogada Anthi Giannoulou a la BBC.

De todos modos, fue a partir de El Pireo que China comenzó a tejer una red de puertos secundarios, pero siempre con alto valor estratégico, en una paciente avanzada.

Vecino a Grecia, en Italia, COSCO, en sociedad con la terminal portuaria china de Qingdao, adquirió el 49,9% de las acciones del puerto italiano de Vado Ligure, en Savona. En este caso el paso fue significativo, toda vez que se trata de la más importante terminal frigorífica del Mediterráneo. Luego China ampliaría su presencia en el puerto de Trieste, clave para acceder a los países balcánicos sin litoral. En Génova, donde COSCO ya poseía una porción de sus muelles en concesión, un acuerdo suscripto en 2019 en el marco de la Nueva Ruta de la Seda potenció su actividad.

Con la compra del 51% de las acciones de Noatum Ports en 2017, COSCO se adueñó del control de los puertos de Valencia y Bilbao, en España.

En Barcelona, Hutchinson Ports pasó a ser único accionista de la Barcelona Europe South Terminal (BEST).

La República Popular también anduvo de compras por Francia. La compañía estatal China Merchants Port Group, accedió en 2013 al 49% de las acciones de capital de Terminal Link, operador de las terminales de contenedores de Marsella, Malta-Marsaxlok, Tánger-Med y Casablanca.

China Merchant también posee un 25% de participación en Eurofos, a cargo del puerto de Fos-sur-Mer, desde 2018.

En Bélgica, casi el 90% de la empresa de manipulación de contenedores CSP Zeebrugge Terminal es propiedad de COSCO. La naviera estatal china es también accionista del 20% de la Terminal Gateway de Amberes.

China Merchants Port Holding (CMP), otra empresa controlada por el Partido Comunista Chino, también participa en la mencionada terminal de Amberes con el grupo naviero francés CMA CGM. Asimismo, es accionista desde hace varios años de Maersk Container Industry, con operación en los puertos belgas. A su vez, la china Hutchison Ports opera en la terminal del puerto interior de Willebroek.

De todos modos, y conforme la opinión expresada en *Trends* por Cind Du Bois, profesor, de la Royal Military School, "no debemos exagerar el curso de los acontecimientos. En el puerto griego del Pireo, los chinos están al volante. Sin embargo, los accionistas minoritarios chinos de la terminal de Amberes no pueden interferir activamente en su gestión ni dirigir los flujos comerciales. Tampoco es el caso en Zeebrugge".

Por su parte, CCCC también tiene participaciones en numerosos puertos franceses como Dunkerque, Le Havre, Marsella, pero también en Marsaxlokk, Malta, y Estambul.

Todas las alarmas sonaron a mediados de 2022 cuando China expresó su deseo de desembarcar en Tollerort, una de las tres terminales de la empresa logística HHLA en Hamburgo, el principal puerto comercial de Alemania y el tercero de Europa, por detrás de Rotterdam y Amberes.

Conocido como "la puerta de China a Europa", Hamburgo es responsable del 40% del tráfico entre Asia y el Viejo Mundo.

Lo que en un momento pareció ser una operación de compra más de China en Europa, se transformó en un verdadero dolor de cabeza para la administración alemana que lidera el Canciller Olaf Scholz.

La dura y a la vez cercana experiencia de depender demasiado del gas ruso cambió la actitud de la opinión pública y de muchos políticos respecto a las inversiones estratégicas extranjeras. El Gobierno crujió en su propio seno y el Ministerio de Asuntos Exteriores estaba tan molesto por la aprobación que redactó una nota sobre la reunión de gabinete en la que se documentó su rechazo, según informaron a Reuters dos fuentes gubernamentales.

"Esta amplia y desproporcionada inversión ampliará la influencia estratégica de China en las infraestructuras de transporte alemanas y europeas, así como la dependencia de Alemania de China. Son considerables los riesgos que surgen cuando elementos de la infraestructura de transporte europea son influenciados y controlados por China, mientras que la propia China no permite que Alemania participe en los puertos chinos", resalta el documento, dado a conocer por Reuters.

Otros cinco ministerios federales como Economía, Interior, Defensa, Finanzas y Transportes también emitieron dictamen desfavorable a esta cesión. Y ni hablar de los servicios de inteligencia y contraespionaje, que también se mostraron reacios a aceptar la venta, según informaron las cadenas NDR y WDR.

Legisladores de dos de los partidos gobernantes de Alemania se sumaron a las protestas, criticaron los planes de COSCO, y advirtieron que los mismos "representan un riesgo para la seguridad nacional".

Marcel Emmerich, diputado del Partido Verde, declaró

que "nuestra infraestructura crítica no debe convertirse en un juguete para los intereses geopolíticos de otros" y acusó a Scholz de querer "llevar partes del puerto de Hamburgo a China, cueste lo que cueste".

Desde el otro lado del Atlántico, el ex comandante del Ejército de los Estados Unidos en Europa dijo que "los puertos son más importantes para la OTAN que los sistemas de misiles Patriot", al tiempo que advirtió sobre el peligro que implican las inversiones de China en la infraestructura crítica de Europa.

Ni bien se enteró de la intención china, la Comisión Europea emitió una advertencia a Alemania. Según informó a la Agencia France-Presse una fuente cercana al expediente, el Ejecutivo europeo expidió un dictamen negativo al considerar que podría transmitirse a China información sensible sobre la actividad portuaria. Desde la invasión rusa a Ucrania, la UE hace más hincapié en la protección de las infraestructuras críticas.

Finalmente, Alemania decidió autorizar la controvertida inversión, pero limitando la parte vendida en un intento de apaciguar a los críticos de este proyecto que dividió profundamente a la mayoría de Olaf Scholz.

COSCO solo fue autorizado a adquirir una porción "inferior al 25%" en esta terminal, en lugar del 35% previsto, lo que impedirá una participación estratégica", informó el ministro de Economía germano bajo la invocación de la protección de "la seguridad y el orden público".

Esto no es todo. COSCO tampoco podrá ejercer control sobre las operaciones de la terminal portuaria, ni podrá ejercer el derecho de veto sobre decisiones estratégicas o de personal. Su participación, en concreto, se reduciría a ser exclusivamente financiera, según el comunicado del Gobierno alemán.

Henry Ford decía que "el mejor acuerdo es el que deja a las dos partes disconformes por igual". Y esto parece ser lo que sucedió en este caso.

El Canciller Scholz no consiguió apaciguar las aguas en Alemania ni en la Unión Europea. Tampoco pudo evitar el enojo del régimen de Xi Jinping, con quien mantiene estrechos vínculos comerciales.

"Esperamos que las partes implicadas consideren la colaboración pragmática entre China y Alemania de forma racional y dejen de hacer alharacas sin fundamento", expresó Wang Wenbin, vocero del Ministerio de Asuntos Exteriores de Pekín.

"Es mejor vender el 24,9% que más del 30%, pero la decisión es equivocada", dijo Anton Hofreiter, presidente de la Comisión Parlamentaria de Asuntos Europeos.

Quien también calificó de "equivocada" a la decisión fue Friedrich Merz, líder de la oposición conservadora de Alemania.

Latinoamérica

Un estudio del Centro para una Sociedad Libre y Segura (SFS por sus siglas en inglés), del último trimestre de 2022, indicó que unos 40 puertos en Latinoamérica desde Perú hasta México, combinados con 11 estaciones terrestres satelitales en Argentina, Brasil, Bolivia y Venezuela, conceden a China ubicación estratégica en el hemisferio occidental.

Muchas de las empresas estatales chinas involucrada en los

proyectos de inversión y desarrollo de esas infraestructuras tienen nexos con el Ejército Popular de Liberación de China (EPL), dice SFS, con sede en Estados Unidos.

Eleanor Hadland, de la consultora internacional Drewry, opina en una nota de BBC Mundo que, si bien las operaciones de empresas chinas en Latinoamérica han aumentado, están muy por debajo de lo que ha sido el fenómeno en otras partes del mundo.

"Las terminales de contenedores estuvieron entre la primera ola de privatizaciones de puertos a fines de la década de 1990 y principios de la de 2000", señala la experta.

Quien jugó fuerte en la región fue Hutchison Ports, con varios activos en los puertos latinoamericanos. Luego ingresaron COSCO y China Merchants, pero de forma más prudente y tomando a América Latina como un mercado secundario.

Las nuevas privatizaciones portuarias impulsadas en Brasil pueden ser un espacio interesante para los operadores chinos. Lanzadas durante la administración de Jair Bolsonaro (2019 – 2023), ahora el presidente Luiz Inácio Lula da Silva anunció su deseo de estudiar cada caso en particular. Quedará ver si pesa más el lazo económico y hasta ideológico de Lula con China o sus principios pro Estado que son contrarios a las privatizaciones.

Entre los grandes puertos con inversiones chinas que operan en Latinoamérica y el Caribe están los de Ensenada, Manzanillo, Lázaro Cárdenas y Veracruz, en México.

En Bahamas, Freeport; en Jamaica, Kingston; en Panamá, Balboa y Colón; en Brasil, Paranaguá; y en Argentina, Buenos Aires.

Asimismo, operan con capitales chinos varias terminales

privadas como las de Nidera y de Noble Agri sobre el río Paraná, en Argentina. En ambos casos, el 51% del capital accionario fue adquirido por la empresa estatal china China National Cereals, Oil & Foodstuffs (COFCO) por USD 2.800 millones.

Uno de los puertos donde China invierte con fuerza es la Terminal Portuaria Multipropósito de Chancay, en Perú.

Situada a 80 kilómetros al norte de Lima, esta mega infraestructura planea convertirse en un centro de intercambio y distribución en la región, para movilizar una gran cantidad de mercancías en tránsito hacia y desde el Pacífico, con preponderancia de productos mineros.

La construcción de este puerto, a cargo de COSCO, consolidará la ya sólida presencia china en Perú, y la proyectará a toda Latinoamérica. Conforme los proyectos de ingeniería en curso, contará con cuatro sitios de atraque con la posibilidad de extenderlos a 15 en un futuro. Por su profundidad natural, sobre el Pacífico, estará en capacidad de recibir a los buques porta contenedores más grandes del mundo.

El desembolso es colosal: USD 3.600 millones, según las proyecciones oficiales, para desarrollar una compleja obra de ingeniería ya en curso con la que el Gobierno peruano espera atraer alrededor de un 50% de los cerca de USD 580.000 millones que mueve cada año el comercio entre China y América del Sur.

Guillermo D. Olmo, corresponsal de BBC News en Perú, en su artículo "Chancay, el megapuerto estratégico para el comercio con Asia que China construye en Perú" resalta que tan ambicioso proyecto está, sin embargo, envuelto en la polémica. Sus promotores, principalmente el Gobierno chino y el peruano, aseguran que impulsará el desarrollo de la zona, el empleo y los intercambios, pero sus detractores alertan de su impacto social y denuncian daños al medio ambiente.

Una de las críticas más importantes tiene que ver con la demolición de uno de los cerros de la zona costera central del Perú. También inquieta el túnel de casi dos kilómetros que se perfora bajo el centro poblado de Chancay, para conectar el puerto con la cercana Carretera Panamericana. Tendrá tres carriles para circulación de vehículos, dos cintas para el transporte de carga a granel sólida y tuberías para los líquidos.

En 2018, un grupo de organizaciones presentó un recurso contra el estudio de impacto ambiental realizado por la empresa COSCO.

El informe, confeccionado por el biólogo marino alemán Stefan Austermühle, denunció que la construcción del puerto causaría daños irreparables al humedal de Santa Rosa. En este paraje vecino de 77 hectáreas tienen su santuario cerca de un centenar de especies de aves, ahora afectadas por las voladuras y el trajín de camiones y maquinaria pesada.

El estudio también critica la erosión de las costas a causa de los inmensos corrimientos de tierras y el impacto en la fauna marina del intenso tráfico de buques de gran calado que traerá consigo el puerto.

Míriam Arce, presidenta de la Asociación en Defensa de las Viviendas y el Medio Ambiente del Puerto de Chancay, también denunció que "muchos vecinos han visto cómo aparecían grietas en sus casas y hay barrios enteros que tienen que ser evacuados a diario por las voladuras".

Por la Antártida

En el extremo sur del continente, China busca desde hace años, y por diferentes caminos, la posibilidad de hacerse de un puerto que proyecte su ambición territorial sobre la Antártida.

Ya afianzada en el Ártico, Pekín hizo saber con hechos concretos su deseo de ampliar sus dominios en la Antártida. No contenta con las cuatro bases científicas en el continente austral, dos permanentes y otras dos operativas durante el verano, en 2022 construyó su quinta instalación, esta vez en el mar de Ross, con lo que igualó la presencia de los Estados Unidos en la zona.

Un reporte llevado a cabo en la Universidad de Navarra titulado "China aumenta su presencia en la Antártida" resalta que desde la llegada al poder de Xi Jinping en 2013, la República Popular busca crear una Zona Antártica Especialmente Administrada, para la protección del medioambiente en torno a la base de Kunlun, algo a lo que se resisten sus vecinos regionales, puesto que daría a Pekín dominio sobre las actividades que allí se llevan a cabo. Esta es la base china con mayor protagonismo, esencial para sus estudios en materia astronómica y, por ende, para el desarrollo del BeiDou, sistema chino de navegación satelital, fundamental para la expansión y modernización de sus fuerzas armadas y que rivaliza con los sistemas GPS (Estados Unidos), Galileo (UE) y Glonass (Rusia). A este respecto y en vista de las implicaciones militares que posee la Antártida, el Tratado estableció la posibilidad de que cualquier país realice inspecciones a cualquiera de las bases allí presentes, como una forma de asegurar el cumplimiento de las disposiciones del acuerdo (artículo VII). Sin embargo, la peligrosidad y el costo de estas inspecciones han hecho que se reduzcan considerablemente, por no mencionar que la base de Kunlun se encuentra en una de las regiones climatológicamente más hostiles del continente.

China cuenta actualmente con dos rompehielos, el Xue Long I y el Xue Long II, este último construido íntegramente en territorio chino con la asistencia de la finlandesa Aker Arctic. Los expertos consideran que Pekín podría estar cerca de la construcción de rompehielos de propulsión nuclear, algo que actualmente solo lleva a cabo Rusia y que tendría consecuencias de alcance global.

El problema para el régimen de Xi Jinping es que la Antártida está lejos de China continental, por lo tanto, precisa socios en el área. Primero pensó en Australia, pero los deteriorados vínculos entre Pekín y Canberra le hicieron girar su mirada a la Argentina.

Ushuaia, la ciudad más austral del mundo, conocida como "la puerta de entrada a la Antártida", es el objetivo que viene persiguiendo.

Construir un puerto en la zona sería ideal para sus proyectos expansionistas, aunque hasta la fecha no logró avances significativos.

El primer intento se promovió en 2022, cuando China Shaanxi Chemical Industry Group propuso la construcción de un puerto multipropósito en Río Grande, Tierra del Fuego. La tarea quedaría a cargo de HydroChina Corp., "una empresa controlada por supuesto por el Estado chino, y que está representada en Argentina por Shuiping Tu, un burócrata del Partido Comunista Chino", señaló a *Infobae* un especialista con acceso a información sensible sobre el proyecto, en estricto off the record.

De inmediato, el portal francés *Intelligence Online*, especializado en temas estratégicos, afirmó que el fin último de esta propuesta era construir una base naval para proyectar a China hacia la Antártida, controlar el paso entre los océanos Atlántico y Pacífico, y monitorear las comunicaciones en toda Sudamérica.

En diciembre de 2022, el gobernador de Tierra del Fuego, Gustavo Melella, firmó un memorándum con China Shaanxi Chemical Industry Group para la construcción de un puerto con una capacidad anual de 600 mil toneladas de amoníaco sintético, 900 mil toneladas de urea y 100 mil toneladas de glifosato.

A diferencia de lo sucedido con un anterior convenio suscripto en septiembre de ese año con Powerchina, esta vez Mellea no difundió el acuerdo portuario en sus redes sociales porque seguramente intuía negativas repercusiones.

No se equivocó el gobernador en su clarividencia. A pesar del visto bueno de la Casa Rosada y de la presión constante de Sabino Vaca Narvaja, embajador argentino en Pekín y principal lobista del Gobierno chino, las críticas se hicieron escuchar.

Durante su exposición en el Congreso Nacional, al momento de dar detalles del Presupuesto 2023, el ministro de Economía y hombre fuerte del Gobierno argentino Sergio Massa descartó el proyecto por completo.

Dijo en dicha oportunidad: "Estamos incorporando un dato adicional que entendemos que es una reafirmación de soberanía. Es la inversión en materia antártica de la construcción de la Base Naval Ushuaia para que sea de soberanía argentina tanto el desarrollo del Polo Logístico Antártico como el desarrollo del funcionamiento de nuestras Fuerzas en materia antártica", manifestó Massa en el mes de septiembre de 2022.

"El Presupuesto prevé además la recuperación de la Base Petrel. Son USD 125 millones para llevar adelante la construcción del muelle, instalaciones y las viviendas del servicio del personal. Obviamente se va a seguir con la inversión de radarización porque entendemos que hace al espacio aéreo".

Es posible que China se haya movido a destiempo con esta iniciativa. Entre 2010 y 2020, el despliegue de las Fuerzas Armadas argentinas se orientó más a la frontera norte, apuntando a combatir los vuelos irregulares y el avance del narcotráfico. Hoy sin embargo el eje prioritario es el sur.

Según escribe Mariano De Vedia en el diario *La Nación*, la creación de más unidades en el sur se suma a la proyectada Base Naval Integrada en Ushuaia y al Polo Logístico Antártico, que favorecerán la posibilidad de prestar servicios de asistencia a otros países. Y en mayo de 2022 se puso en marcha en Río Grande el radar táctico de defensa aérea RPA-170M, desarrollado por el Invap, de mediano alcance y de última generación, para potenciar la capacidad de vigilancia y control del espacio aéreo en el Atlántico Sur.

Hoy para la Argentina, Río Gallegos y Ushuaia son consideradas localizaciones estratégicas, dado que cada una de esas ciudades se encuentra a 670 kilómetros de distancia de Malvinas. Si bien el Ejército participa de las campañas en la Antártida, nunca había tenido una guarnición en Tierra del Fuego.

Como parte de la estrategia para fortalecer la presencia en el Atlántico Sur, el Comando Conjunto Marítimo lleva adelante desde junio de 2021 el control y vigilancia del Mar Argentino, especialmente para combatir el ingreso irregular de embarcaciones y la pesca ilegal. A ello se suma el Comando Conjunto Antártico, que conduce las operaciones argentinas en las bases antárticas.

Por supuesto que las quejas y presiones en contra también vinieron de los Estados Unidos. En 2021 el entonces jefe del Comando Sur, almirante Craig Faller en su visita a Argentina viajó especialmente a Ushuaia. En esa oportunidad, el gobernador Melella se inventó un viaje para evitar recibirlo.

Desde el sector pesquero también pegaron el grito en el cielo. El director Ejecutivo de la Cámara de Armadores de Poteros Argentinos (CAPA), Darío Sócrate, cuestionó la construcción del puerto en Río Grande porque "podría servir de asistencia y amarre de la flota de embarcaciones de bandera china que pescan calamar en el discutido e irrespetado límite de la milla 201".

Mediante una nota enviada al subsecretario de Pesca y Acuicultura, Carlos Liberman, seis de las principales cámaras empresariales de la actividad señalaron que "llama la atención que se transformen en amigos a quienes debemos atender y prestarle servicio para que puedan operar más cómodamente. Se trata de empresas que no cumplen con la normativa argentina en materia pesquera y que efectivamente compiten con los productos argentinos en los mismos mercados, en muchos casos con situaciones de trabajo esclavo, incumplimiento de normas internacionales y generales".

En opinión de los empresarios, con la construcción de este

puerto, "estaríamos fomentando una especie de usurpación del aprovechamiento de los recursos marinos argentinos, ya que esos buques en muchos casos operan con licencias otorgados por el ilegítimo Gobierno británico de Malvinas".

En declaraciones el medio *Pescare*, Sócrate afirmó que "la supuesta intención de Río Grande va a favorecer a la pesca ilegal y dará servicio a los ladrones, no es ni más ni menos que eso. Fomentar una pesca en contra de nuestros intereses, que atenta contra la actividad dentro del mar argentino con normativa argentina".

Otro comunicado oficial, esta vez de la Cámara Argentina Patagónica de Industrias Pesqueras (CAPIP), destacó que el proyecto de construir un puerto en Río Grande favorecerá la "presencia en aguas adyacentes a la Zona Económica Exclusiva nacional de una flota de 350 a 450 buques extranjeros, principalmente integrada por buques de bandera china, que opera sin ningún tipo de regulación ni consideración a elementales normas de conservación, demostrando un total desprecio por los intereses y derechos pesqueros argentinos, así como por los principios de pesca responsable y sustentable".

En el mismo sentido, Cesar Augusto Lerena, en una columna de opinión publicada en el sitio *Serindustria* resalta que "la fama de China en la actividad pesquera es reconocidamente mala y se le atribuye pesca ilegal en innumerables Estados ribereños. Una docena de países han protestado contra la pesca ilegal de los buques chinos subsidiados: Ecuador, Chile, Perú, Colombia, México, Costa Rica, Corea del Sur, Vietnam, Mauritania, Senegal, Guinea, Sierra Leona, son solo algunos y, este país, ha dejado claro su interés en el Pacífico y el Atlántico Sur, después de haber depredado el mundo. A

China no se le puede abrir el mar por su asimetría económica y porque sus embarcaciones no respetan el derecho del mar y las demás normas internacionales vigentes".

Para el experto en Atlántico Sur y Pesca, y autor de 25 libros, "China no viene a desarrollar Uruguay o Argentina, ¿por qué lo haría?, viene por nuestros recursos naturales, por las materias primas de bajo valor agregado y, aún más grave, a instalar una base de operaciones del gigante asiático en la cabecera del Atlántico Sur. Tan inocente, como la compra de plantas de procesamiento de alimentos, mineras o campos de explotación agraria en Argentina o la instalación de una Estación Espacial de China en Neuquén, que depende de los altos mandos del Ejército Popular, un territorio de soberanía china, a cargo de funcionarios chinos e inaccesible a los argentinos".

A juicio de Armando Cabral, reconocido periodista de investigación basado en Tierra del Fuego, "tener el puerto en Río Grande podría abrirle a China una gran entrada a todo lo que tiene que ver con lo económico en Antártida, todo lo que se puede hacer más allá de lo científico. La intervención de capitales chinos o rusos en el puerto, por un tema de soberanía nos complica y nos hace ruido porque permanentemente se habla de la soberanía en un lugar como éste particularmente, donde Malvinas está a 600 kilómetros y Antártida que es estratégica e híper importante porque forma parte de nuestra provincia".

CAPÍTULO VII

Viaje a las estrellas

En el año 2014, el Gobierno de Argentina rubricó un acuerdo que le permitió a China la instalación y construcción de una estación espacial, la primera fuera de su territorio, en la provincia de Neuquén, más precisamente en Bajada del Agrio, a 40 kilómetros del pueblo de Las Lajas, de 7.000 habitantes.

Su ubicación no es casual. Está a menos de 100 kilómetros de Vaca Muerta, la formación geológica de shale situada en la cuenca neuquina. A su potencial para la obtención de gas (308 TCF), se suman los colosales recursos de petróleo que alcanzan los 16.200 millones de barriles, lo que significa multiplicar por diez las actuales reservas de la Argentina.

La Ley 27.123, de solo dos artículos, sancionada al efecto, establece "la construcción, el establecimiento y la operación de una estación de espacio lejano de China… en el marco del Programa Chino de Exploración de La Luna, celebrado en la ciudad de Buenos Aires, el 23 de abril de 2014".

Este Programa crea lisa y llanamente un enclave soberano de China en Argentina.

La base, establecida sobre un predio de 200 hectáreas cedidas gratuitamente, está exenta de tributos y cargas aduaneras incluyendo los impuestos nacionales al consumo como el IVA por un período de cincuenta años prorrogables.

Se garantiza trámite acelerado y preferencial de las visas

de migraciones para los ciudadanos chinos que trabajen en la base y también se permite el uso de frecuencias de comunicación del espectro radioeléctrico nacional para que funcione su gigantesca antena.

Otorga en favor de China una zona de exclusión que abarca un radio de 100 kilómetros a la redonda de la base para las bandas por debajo de 10 GHz y de 50 km para las superiores a los 20 GHz.

Asimismo, se asegura la protección contra distintos dispositivos de radiocomunicaciones, tales como aparatos domésticos, dispositivos automotrices, resultantes de zonas cercanas y se detalla a cuánto deben ascender los niveles de "interferencias para radiofrecuencias.

Para ingresar se requiere una autorización expresa del Gobierno chino, "mediante solicitud escrita remitida, como mínimo, con tres meses de anticipación". De hecho, desde 2017, cuando terminó la construcción de la base, no hay ningún argentino en el predio, solo 30 miembros del personal chino que trabajan y viven en la estación espacial".

Los trabajadores que provengan de China se regirán por las leyes laborales de aquel país a pesar de prestar servicios en Argentina.

La Argentina también renuncia a su jurisdicción y soberanía cuando se señala que "toda controversia relativa a la interpretación del presente acuerdo o que surja durante la ejecución del mismo, se dirimirá amigablemente a través de los correspondientes canales diplomáticos".

La contraprestación que Argentina obtuvo por ceder tanto es irrisoria: los científicos de la Comisión Nacional de Actividades Espaciales (CONAE) pueden visitar la estación con previo aviso y obtener datos de la antena durante 1 hora y 40 minutos diarios.

¿Civil o militar?

No obstante, el principal cuestionamiento respecto a esta base pasa por el uso cívico-militar de sus capacidades orientadas al dominio del espacio extraterrestre.

Camilo Gioffreda, en su estudio titulado "La estación espacial china y su incidencia en la defensa nacional argentina", destaca que, si bien las autoridades chinas argumentan que sus fines son pacíficos, inquieta que la misma se encuentre bajo la órbita del Ejército Popular de Liberación (EPL). Al respecto, cabe la posibilidad de plantearnos si acaso las infraestructuras de esta base son parte del complejo Intercontinental Ballistic Missile (ICBM) de la República Popular China. De ser así, el gigante asiático tendría una capacidad decisiva en la escala de proyección de poder global.

Por otra parte, la existencia de una gigantesca antena de 35 metros de diámetro, 16 pisos de altura y 450 toneladas, le otorga a la potencia asiática la capacidad de monitorear no solo los cuerpos celestes del espacio, sino también la ubicación y trayectoria de los satélites norteamericanos que recorren el hemisferio sur, interceptar comunicaciones sensibles de otros países e incluso enviar mensajes encriptados.

La realidad es que, a pesar de que Argentina tenga la voluntad, no puede probar fehacientemente que la estación espacial sea de uso militar, sencillamente porque tiene un acceso por tiempo limitado, se requiere una autorización explícita de las autoridades chinas y el empleo de las instalaciones no debe interferir con el de la base. Asimismo, al no existir un mecanismo de verificación por parte de las autoridades políticas argentinas, solo queda confiar en la buena voluntad de quienes operan la base para ser invitados a ingresar, monitorear y verificar las actividades que se realizan dentro de ella. Por extensión, todas las conclusiones a las cuales se arriben sobre sus fines estarán siempre basadas en un cierto grado de especulación e incertidumbre.

En un intento por frenar las críticas nacionales e internacionales, la CONAE manifestó que este proyecto es similar al que se firmó con la Agencia Espacial Europea (ESA), que opera desde 2012 una base en la localidad mendocina de Malargüe y también cuenta con una poderosa antena, la Deep Space 3.

En el informe público, la CONAE explicó que, al igual que en el caso de la antena utilizada por la ESA en Mendoza, se trata de una tecnología que permite realizar observaciones de forma remota.

La CONAE se olvidó sin embargo de exponer un tema que no es menor: mientras la base de la UE reporta de una organización civil, la de Bajada del Agrio depende directamente del Ejército Popular de China.

La CONAE informó asimismo que las emisiones de radio de la estación fueron monitoreadas, pero los expertos de radioastronomía aseguran que los chinos podrían ocultar fácilmente los datos ilícitos en estas transmisiones o agregar canales encriptados a las frecuencias acordadas con Argentina.

La agencia argentina señaló que no tenía personal con base permanente en la estación, pero que hicieron viajes periódicos sin especificar la frecuencia de los mismos.

Preocupación

Para los altos funcionarios de defensa de Washington, la instalación de la base es otra mancha más que oscurece las ya complejas relaciones bilaterales.

"La estación terrestre de la Patagonia, acordada en secreto por un gobierno corrupto y financieramente vulnerable hace una década, es otro ejemplo de acuerdos chinos opacos y depredadores que socavan la soberanía de las naciones anfitrionas", sentenció Garrett Marquis, portavoz del Consejo de Seguridad Nacional de la Casa Blanca.

En una sólida exposición en el Capitolio, el almirante Craig Faller, por entonces líder del Comando Sur de Estados Unidos, alarmó a los legisladores sobre la expansión acelerada de China en América Latina.

"Pekín podría estar violando los términos de su acuerdo con Argentina para realizar solo actividades civiles y podría tener la capacidad de monitorear y potencialmente atacar las actividades espaciales de Estados Unidos, aliados y socios. China no solo apoya a los regímenes autocráticos en Venezuela, Cuba y Nicaragua y emplea prácticas de préstamos abusivos en toda la región, sino que también está invirtiendo en infraestructura clave como una instalación de rastreo en el espacio profundo en Argentina", destacó Faller.

Más específica fue la general norteamericana Laura Richardson en ocasión de la visita realizada a la Argentina.

"Yo lo veo así: son instalaciones de un gobierno autoritario, que no deja que los argentinos accedan a ellas, excepto si van de visita. ¿En qué andan? Ellos no tienen las mismas preocupaciones que nosotros en términos de libertad y de un hemisferio occidental libre, seguro y próspero. Me preocupa. Y está manejado por una empresa del Estado y del Ejército Popular de China. ¿Para qué están usando eso?", destacó en una entrevista con *Infobae*.

Pedido de informes

Fue tal el impacto de esta declaración que de inmediato el senador Julio Martínez presentó un proyecto de comunicación para que el Poder Ejecutivo Nacional informe en qué consiste el acuerdo firmado con la República Popular China.

El legislador detalló seis puntos sobre los que le exige al Gobierno más detalles del acuerdo:

— Cuál es la evaluación del Poder Ejecutivo Nacional acerca de las implicancias geopolíticas a nivel internacional que genera el citado Acuerdo de Cooperación, y los beneficios de carácter geopolítico, científicos, tecnológicos y/o económicos que genera este acuerdo para la República Argentina.

— Qué certezas y/o garantías tiene el Poder Ejecutivo Nacional acerca de que la tecnología utilizada (red de telemetría, seguimiento y control) es o no de uso dual (civil y militar), y si desde la antena a instalar pueden realizarse o no tareas de seguimiento de misiles.

— Si la Cancillería argentina ha intentado establecer alguna adenda al Acuerdo estableciendo mecanismos de supervisión constatar el uso civil y pacífico de la tecnología utilizada en la Estación.

— Qué cantidad total de personal emplea la Estación, detallando en cada caso si es argentino o chino, y si es militar o civil.

— Si entre las cuestiones migratorias a facilitar mediante el Artículo 40 de dicho Acuerdo se considera incluido personal militar, cuyo ingreso al país debe estar sujeto al régimen especial establecido en la ley 25.580 de ingreso y egreso de tropas.

— Detalle del uso realizado por la CONAE del mínimo de 10% del tiempo de uso de la antena de la Estación, indicando quiénes son los científicos intervinientes, cantidad de horas utilizadas por cada uno y proyectos a los que se reportan dichas observaciones.

Algunos expertos en radioastronomía dijeron que las preocupaciones de Estados Unidos sobre espionaje eran exageradas y que la estación era probablemente lo que se anunciaba, una empresa científica en Argentina, incluso si el disco de 35 metros de diámetro de la estación podía espiar satélites extranjeros.

Mientras tanto, trascendió que el Gobierno argentino le ofreció a su par chino la construcción del gasoducto San Jorge. La obra, valuada en USD 200 millones, podría transportar unos 60 millones de metros cúbicos diarios de gas adicionales desde Tratayén, en Neuquén, a Saliqueló, en la provincia de Buenos Aires.

A esto se suma la posibilidad construir el tren para conectar el puerto de Bahía Blanca con el yacimiento de Vaca Muerta con un desembolso de USD 1.500 millones, más el financiamiento para la represa Chihuido I.

Por lo visto, los intereses son muchos y los dólares cotizan alto frente a un país dispuesto a ceder soberanía para conseguirlos. Hay China para rato en esas 200 hectáreas donde mandan y deciden.

Programa espacial

Desde el siglo III a.C., cuando lanzaron los primeros cohetes de pólvora, los chinos se convirtieron en pioneros de la carrera al espacio.

El programa espacial de China se lleva a cabo a través de la Administración Espacial Nacional China (CNSA). La entidad estatal dio sus primeros pasos en 1956, pero recién en 1999 consiguió lanzar al espacio un cohete que se desintegró en marzo de 2000. En octubre de 2003, la nave Shenzhou-5 se convertía en el primer vuelo chino tripulado. En 2007 se lanzaba el Chang'e-1, y el 27 de septiembre de 2008 Zhai Zhigang rondaba durante 15 minutos por el espacio.

En septiembre de 2011 se puso en marcha el módulo orbital Tiangong-1, y el 16 de junio de 2012 despegó la nave Shenzhou-9, con Liu Yang, la primera astronauta china a bordo.

Uno de los proyectos más ambiciosos de China es el de exploración lunar. Se trata de un programa integrado por exploración robótica y misiones tripuladas, y gestionado por la CNSA. Para la exploración robótica contarán con orbitadores lunares, robots lunares y sondas, que llevarán muestras del suelo lunar a la Tierra. Para las misiones tripuladas tienen intención de utilizar la nave espacial Shenzhou, que será lanzada con una adaptación del cohete Larga Marcha 3A.

Actualmente China mantiene en órbita la estación espacial Tiangong 1 (TG-1) desde 2011. Construida en varias etapas, pesa cerca de 70 toneladas y se espera que funcione durante unos 15 años orbitando a unos 400 kilómetros de la superficie terrestre.

Varias naves chinas ya han visitado este laboratorio espacial, la Shenzhou 8, no tripulada, la Shenzhou 9, con tres astronautas, y la nave tripulada Shenzhou.

El problema es que los lanzamientos de los últimos dos módulos de la estación espacial trajeron riesgos de reentrada en la Tierra: un cohete cayó en el océano Índico el 8 de mayo de 2021 y otro se desintegró sobre Malasia, Indonesia y Filipinas el 30 de julio de 2022.

En 2022 el Long March 5B cayó sin control sobre la Tierra y amenazó vidas humanas y daños a la propiedad.

La nave, con la misma altura que un edificio de 10 pisos y un peso de 21 toneladas, se había utilizado para enviar la tercera y última sección de estación espacial Tiangong 1. El problema fue que ni la propia agencia espacial china conocía por dónde haría su reingreso en la atmósfera, por lo que la amenaza se cernía sobre las grandes ciudades de los cinco continentes.

La principal crítica que en su momento efectuaron las distintas agencias espaciales del mundo fue que la mayoría de las etapas de los cohetes deben descender con los motores encendidos para dirigirlos hacia alguna parte remota del océano donde su caída no tenga consecuencias graves. El Long March 5B no contaba con este sistema indispensable para un reingreso controlado, situación que demuestra las falencias en el programa espacial chino.

Después de dar varias vueltas a la Tierra y sobrevolar España, situación que obligó el cierre de varios aeropuertos ibéricos, la nave cayó por suerte en el océano Pacífico, cerca de la isla Pagasa, controlada por Filipinas.

Los restos fueron avistados por un buque de la Armada filipina comandado por el vicealmirante Alberto Carlos, quien dio la orden de remolcarlos. Sin embargo, la nave fue interceptada por un guardacostas chino que fue acusado de "recuperar por la fuerza" el objeto flotante.

El vicealmirante declaró que el buque chino bloqueó su rumbo dos veces, antes de apoderarse finalmente del objeto.

Las autoridades chinas nunca respondieron a las acusaciones.

Para la NASA, el programa espacial militar de China tiene como objetivo primordial apoderarse de la Luna.

"Debemos estar muy preocupados de que China vaya a aterrizar en la Luna para decir: ahora es nuestra y tú quédate fuera", dijo Bill Nelson, director de la agencia estadounidense, en una reciente entrevista al diario alemán *Bild*.

A juicio de Nelson, comenzó una nueva carrera espacial para llegar a la Luna, pero esta vez con China.

Estados Unidos tiene previsto un viaje a la Luna para 2025 y por primera vez viajará una mujer. Pekín va más allá y espera tener una base lunar operativa en 2035.

Preguntado por los fines de la presencia china en el espacio, Nelson respondió enardecido: "Bueno, ¿qué crees que está pasando en la estación espacial china? Allí aprenden a destruir los satélites de otros".

En concreto, Nelson advirtió que China lleva años investigando tecnología para "atrapar satélites con brazos robóticos o redes o hacer que se estrellen, supuestamente para limpiar sus propios deshechos espaciales, pero también podría utilizarse para atacar a otros países".

Incluso el directivo fue más allá cuando afirmó sin tapujos que "el programa espacial de China es un programa espacial militar. China es buena, pero China también es buena porque roba ideas y tecnología de otros".

En los últimos años, el programa espacial chino logró alunizar la sonda Chang'e 4 por primera vez en la cara oculta de la Luna. También llegó a Marte, y se convirtió en el tercer país, luego de Estados Unidos y la extinta Unión Soviética, en alcanzar el planeta rojo.

CAPÍTULO VIII

Demonios imaginarios

China tiene a veces la virtud de poner de acuerdo a norteamericanos y europeos. Los dos bloques que componen lo más potente del mundo occidental coinciden en que si China tomara Taiwán por la fuerza se produciría un sacudón global de tamañas proporciones. Esto es así porque el estrecho de Taiwán es una vía marítima crítica que, de verse afectada, no solo complicaría a la región, sino también a gran parte del mundo.

Hasta tal punto coinciden que recientemente el director del FBI, Christopher Wray, y su par británico del MI5, Ken McCallum, realizaron una inédita presentación conjunta para alertar al mundo sobre esta amenaza.

La respuesta de Pekín no se hizo esperar. Zhao Lijian, vocero del Ministerio de Asuntos Exteriores de China, le aconsejó al titular del MI5 que "echara fuera los demonios imaginarios".

El director del FBI también recibió su réplica. "Está exagerando la amenaza china para desprestigiar y atacar a China con una mentalidad de Guerra Fría. Le pido que se deje de hacer comentarios irresponsables".

Una provocación, según los chinos, se produjo en junio de 2021 cuando un grupo de senadores estadounidenses voló a Taiwán en un avión militar para anunciar una importante donación de vacunas contra el Covid-19.

La realidad es que cada señal de Washington hacia Taipéi recibe invariablemente una expresión de Pekín, como cuando Nancy Pelosi, por entonces presidenta de la Cámara de Representantes de los Estados Unidos, viajó a Taiwán el 2 de agosto de 2022. Lo hizo como parte de una gira por Asia con escalas breves en Singapur, Malasia, Corea del Sur y Japón.

Si bien la Casa Blanca no apoyó oficialmente la visita, la agencia de noticias china *Xinhua*, anunció que el país realizaría una serie de operaciones militares con fuego real en las cercanías de la isla. Solo durante el 3 de agosto, China invadió cerca de veinte veces el espacio aéreo de Taiwán.

De este ejercicio militar también participaron buques de guerra y aviones caza que ejecutaron simulacros en aguas cercanas a Taiwán con el lanzamiento de al menos 11 misiles de la serie Dongfeng.

La novedad fue que esta vez las fuerzas del Ejército Popular de Liberación (EPL) cruzaron la "línea media", el punto límite entre Taiwán y China continental que hasta la fecha constituía una frontera de control informal pero estrictamente respetada por ambas partes.

El Ejército taiwanés, en respuesta, colocó en estado de alerta a las fuerzas de patrulla aérea, barcos de la marina y sistemas de misiles en tierra. Así rastrearon cohetes de larga distancia y disparos de municiones en islas periféricas como Matsu, Wuqiu y Dongyin.

"Nuestros ejercicios incluyeron fuego real, y fue la primera vez que sobrevolamos Taiwán", dijo Meng Xiangqinq, profesor de la Universidad de Defensa Nacional, afiliada al Ejército, a la televisión estatal china CCTV.

La versión coincide con lo informado por el Ministerio de Defensa de Japón: de los nueve misiles detectados, "cuatro habrían sobrevolado la isla principal de Taiwán".

El ministerio japonés confirmó que ellos también sufrieron los embates. Durante los simulacros, cinco misiles balísticos chinos cayeron por primera vez en su zona económica exclusiva al este de Taiwán. Los analistas interpretaron eso como una doble advertencia que alcanza a Estados Unidos y a Japón sobre lo que pueden esperar si deciden socorrer a Taiwán en caso de un conflicto.

China viene dando muestras de su poderío desde hace tiempo. En mayo de 2022 envió su tercera mayor salida de aviones de guerra hacia Taiwán, con 29 unidades, incluidas 6 bombarderos H-6 y una aeronave de recopilación de inteligencia electrónica.

Las cifras anuales asustan por su envergadura. Durante 2022 China envió 1.727 aviones a la zona de identificación aérea, según una base de datos de la Agencia France-Presse (AFP) fundada en actualizaciones diarias divulgadas por el ministerio de Defensa de Taipéi.

Se entiende cómo, frente a una amenaza china de invasión que se ha vuelto más obvia, el Gobierno de Taiwán haya decidido extender el servicio militar obligatorio de cuatro meses a un año. Esta medida afectará a los varones taiwaneses nacidos a partir de enero de 2005.

En vista de todas estas señales, toma aún mayor valor la palabra del presidente de Estados Unidos, Joe Biden, quien aseguró que su país respondería militarmente si China intervenía en Taiwán.

Esta línea de acción es apoyada por el Congreso de Estados Unidos, donde tramita la llamada "Ley de Política de Taiwán de 2022". De sancionarse, la norma facilitaría USD 4.500 millones en asistencia de defensa a Taiwán durante los próximos cuatro años. También designaría a Taiwán como un importante aliado no perteneciente a la OTAN y establecería un "amplio régimen de sanciones" para penalizar a China por cualquier acción hostil contra la isla, incluidas las desarrolladas en el estrecho de Taiwán.

Este conflicto bélico en potencia existe porque para Pekín, Taiwán forma parte inalienable de su territorio y porque las aguas del estrecho de Taiwán no son internacionales.

"Una sola China" es una posición política según la cual existe una sola nación-Estado en el mundo, por lo que China continental, Hong Kong, Macao y Taiwán son parte de una única entidad nacional indivisible.

Considerada entonces como una provincia separatista, Taiwán, situada a solo 130 kilómetros de China, vive desde hace años bajo el miedo de ser atacada, y la invasión de Rusia a Ucrania avivó aún más los temores.

En septiembre de 2022 la primera reunión en Uzbekistán entre Vladimir Putin y Xi Jinping desde el inicio de la invasión rusa a Ucrania y el primer viaje del líder chino al exterior desde el inicio de la pandemia, generó no pocas sospechas. Más aun cuando en este encuentro Putin declaró que "por nuestra parte, nos adherimos al principio de una sola China. Condenamos la provocación de Estados Unidos y sus satélites en el estrecho de Taiwán".

China nunca apoyó públicamente la invasión rusa, sin embargo, las acciones concretas de Pekín para estrechar sus vínculos económicos y estratégicos con Moscú desde que inició el conflicto, dan a pensar acerca de la existencia de un doble discurso.

Atento a esto, el Ministerio de Asuntos Exteriores de Taiwán advirtió que los lazos entre China y Rusia constituyen una seria amenaza para la paz mundial.

La Cancillería de Taipéi condenó a Moscú por "seguir al gobierno expansionista autoritario de Xi Jinping", a quien acusó de "hacer declaraciones en instancias internacionales que degradan la soberanía del país".

En un comunicado que cita la AFP, desde el ministerio destacaron además que Rusia "llama provocadores a quienes mantienen la paz y el statu quo, lo que demuestra en gran medida el daño que la alianza de los regímenes autoritarios chino y ruso causa a la paz, la estabilidad, la democracia y la libertad internacional".

También inquietan en Taipéi las ambiciones nucleares de China. Históricamente, Pekín no igualaba el arsenal de Estados Unidos ni el de la Unión Soviética, los dos grandes actores de la Guerra Fría. Además, nunca fue parte de los regímenes de control de armas que durante las últimas décadas normaron la relación nuclear entre norteamericanos y rusos, un hecho que desde Taiwán insisten en que debe remediarse en el futuro.

La propuesta taiwanesa, ya receptada por los Estados Unidos, es avanzar en un tratado que evite la proliferación nuclear en el que se debieran incorporar las armas que actualmente no se consideran estratégicas.

Antecedentes

Para entender esta compleja situación es inevitable recurrir al pasado.

La isla de Taiwán perteneció históricamente a China y su población siempre fue étnicamente de esta nación. Pero una serie de eventos bélicos que marcaron a China durante la primera mitad del siglo XX hicieron que se alejara del poder de Pekín hasta la actualidad.

En 1912, mientras Taiwán estaba bajo gobierno japonés, una revolución en China derrocó a la dinastía Ming y fundó una república. Se sepultaban de tal modo miles de años de gobierno imperial en el gigante asiático.

Al frente de la novel república se instauró el Kuomintang, que creó un régimen de partido único con claros componentes autoritarios.

El conflicto civil entre el Kuomintang y el Partido Comunista Chino no tardó en estallar. En la década que transcurre entre 1927 y 1937, los comunistas fueron derrotados. Durante la Segunda Guerra Mundial se consiguió un cese de las hostilidades para que todas las fuerzas chinas unidas pudieran repeler la invasión japonesa. Pero, inmediatamente después de expulsar a los nipones, se reanudó la guerra hasta 1949, cuando los comunistas liderados por Mao Zedong y con el apoyo de la Unión Soviética tomaron el poder que mantienen hasta hoy.

Durante toda esta extensa y cambiante guerra civil, la isla de Taiwán parecía quedar muy lejos de todo. Llevaba más de 30 años bajo poder japonés y así seguiría hasta 1945, pero con el tiempo el enfrentamiento entre nacionalistas y comunistas sería vital para entender lo que es hoy Taiwán.

Esto es así porque en 1949, cuando los miembros nacionalistas del Kuomintang fueron derrotados, se refugiaron en Taiwán, y es desde entonces que la isla funciona de forma independiente de Pekín.

A pesar de la derrota militar en el continente, Estados Unidos fue firme a la hora de defender a sus aliados del Kuomintang y desplegó a su Armada en el estrecho de Taiwán con el objetivo de disuadir al precario Ejército Rojo de Mao. El líder comunista chino logró conquistar todo el territorio continental pero no pudo con Taiwán.

Los caminos desde entonces se bifurcaron. Mao creó la República Popular China y Chiang Kai-shek declaró su poder sobre la República China desde Taiwán con el objetivo de volver algún día a retomar el continente, algo que finalmente nunca ocurrió.

Durante los primeros años, la comunidad internacional reconoció como la única China a la basada en Taiwán bajo el poder del Kuomintang. Para Estados Unidos o Naciones Unidas, el Gobierno de Mao en Beijing era ilegítimo. Chiang Kai-shek, por ejemplo, firmó la adhesión de China a la ONU y ocupó asiento como miembro permanente del Consejo de Seguridad de esta organización.

Durante las décadas de los 60 y los 70 la isla se reindustrializó enfocada hacia la tecnología. Estos años fueron testigos de un rápido y notable desarrollo económico y comercial que dio en llamarse el "milagro de Taiwán". En esos años fue el país de mayor crecimiento económico después de Japón.

Su desarrollo económico se apalancó en el boom de las exportaciones, aunque a mediados de la década de 1980, la apreciación de su moneda obligó a Taiwán a abandonar la fabricación barata y sustituirla por industrias con alto contenido de capital y tecnología.

El panorama cambió radicalmente a partir de 1971. Estados Unidos y la República Popular China de Mao unificaron fuerzas para neutralizar el poder de la Unión Soviética, al que consideraban un adversario común. No es casual que ese mismo año Naciones Unidas reconociera únicamente como el representante legítimo de China a la República Popular de Mao y no a la República China de Chiang Kai-shek.

Este proceso de aislamiento se acentuó en 1979, cuando Washington reconoció al Gobierno de Pekín como el único legítimo. No obstante, y por cuerda separada, Estados Unidos nunca dejó de apostar a la relación comercial y militar con Taipéi. Y en todo encuentro bilateral mantenido con Pekín, advirtió que cualquier intento de invasión de parte de China sería visto como un grave desafío a los intereses estadounidenses.

A imagen de lo que sucediera con Hong Kong y Macao, China intentó en los años 80 desarrollar con Taiwán el modelo "un país, dos sistemas" pero se encontró con la férrea negativa de Taipéi.

Durante este período y con la muerte del líder del Kuomintang, Chiang Kai-Shek, se unificó toda la oposición al régimen. Durante la década de los 80 se fueron promoviendo reformas políticas y sociales hasta que, a principios de los 90, se celebraron las primeras elecciones en el país.

En 1997 Taiwán pasó a ser una democracia y tan solo tres años después, el Kuomintang, partido que aún se consideraba chino, perdió las elecciones contra el Partido Progresista

Democrático. La línea política triunfante promueve un alejamiento de Pekín e impulsa el principio de la autodeterminación del pueblo de Taiwán como nación.

Pasaron los años, y las nuevas generaciones de taiwaneses ya no se sienten chinos, luego de tanto tiempo alejados de Pekín.

Hoy Taiwán, con 23 millones de habitantes, es una República semi presidencialista, su PBI es el 21º del mundo y posee un alto índice de desarrollo humano que lo sitúa en el puesto 27, a un mismo nivel que los principales países de Europa.

Los números no dejan de sorprender y reflejan la pujanza económica de la isla. Entre enero y junio de 2022, compañías de diversos puntos del mundo, con preponderancia de Finlandia, Australia, Singapur y Holanda, invirtieron más de USD 9.000 millones. Estas cifras representan un crecimiento interanual en inversión extranjera del 276%. En 2021 el PBI creció el 6,57% y 2022 cerró con un 3,85%. En cuanto al índice de precios al consumidor (IPC), 2022 culminó con un 2,67% anual.

Electa en 2016 y reelecta en 2020, la actual presidenta Tsai Ing-wen se niega enfáticamente a reconocer que la isla y el continente forman parte de "una sola China". De hecho, en una carta enviada al papa Francisco en enero de 2023, la jefa de Estado taiwanesa afirmó que la guerra con China "no es una opción" y que "una relación constructiva con Pekín dependerá del respeto a nuestra democracia autónoma".

Todo esto enfurece a los chinos, acostumbrados desde siempre a aplastar cualquier situación que amenace al régimen y al Partido Comunista gobernante.

La actitud beligerante de Pekín es también un boomerang

que lesiona sus propios intereses económicos.

Solo durante el primer semestre de 2022 los empresarios taiwaneses que permanecían desde hacía años en China decidieron retornar a su país por el enfriamiento de aquella economía y porque las garantías con que se manejaban ya no eran las mismas. Se fueron con sus familias, pero también con sus empresas y sus ahorros. Se calcula que esta diáspora repatrió a Taiwán unos USD 35 mil millones. Una significativa sangría monetaria y de generación de mano de obra para el continente.

"China no puede permitir que su economía continúe mostrando síntomas de debilitamiento y una guerra podría ser catastrófica internamente. Aunque finalmente gane, Beijing necesita que su producción bruta permanezca en números históricos de crecimiento, algo que parece cada vez más lejano a partir de las recientes políticas de Cero Covid que impuso el régimen y hoy está ahuyentando millones en capitales", esbozó el ex almirante taiwanés Lee Hsi-min en una columna de opinión en *The Economist*.

A los Estados Unidos, hay que decirlo, una posible invasión de China a Taiwán lo pondría en una situación por demás incómoda. Llegado el caso, habría que ver si Washington acude en socorro de un territorio que no reconoce como nación independiente.

Mientras tanto, Pekín teje sus redes en todo el mundo para que cada vez sean menos los países que reconozcan la autonomía de Taiwán. A billetera abierta y utilizando todos los medios a disposición, va avanzando en su objetivo. Poco importa si lo hace aprovechándose de la debilidad o desesperación de tal o cual gobierno, como sucedió por ejemplo durante la pandemia, cuando Nicaragua, a cambio de recibir 200.000 vacunas contra el Covid-19, le dio la espalda a su relación de 31 años con Taiwán y se abrazó con Pekín.

En 2017, El Salvador, Panamá y República Dominicana figuraban entre los 18 países que reconocían la soberanía de Taiwán. Unos años más tarde, y a costa de generosos préstamos y proyectos de infraestructura, los tres Estados centroamericanos rompieron relaciones diplomáticas con Taipéi.

La estrategia parece estar dando resultado. Taiwán, o República de China, llegó a ser reconocida por 71 países, número que ha descendido hasta 14 en 2022. Ellos son: Belice (1989), Guatemala (1960), Haití (1956), Honduras (1965), Paraguay (1957), San Cristóbal y Nieves (1983), Santa Lucía (1984-1997, 2007), San Vicente y Las Granadinas (1981), Suazilandia (1968), Ciudad del Vaticano (1942), Islas Marshall (1998), Nauru (1980-2002, 2005), Palaos (1999), y Tuvalu (1979).

A pesar de no reconocer a Taiwán, la Unión Europea y otros 47 países mantienen relaciones diplomáticas no oficiales con Taipéi. Lo hacen a través de oficinas económicas, comerciales o culturales que funcionan, de facto, como embajadas y consulados. Es así, por ejemplo, que el Instituto Americano de Taiwán cumple, en la práctica, las funciones de una embajada estadounidense en suelo taiwanés.

Aunque haya perdido su asiento en la ONU, bajo distintas denominaciones Taiwán es miembro de instituciones internacionales como la Organización Mundial del Comercio (OMC), el Foro de Cooperación Económica Asia-Pacífico (APEC, por sus siglas en inglés), el Banco Asiático de Desarrollo (BAD) y el Comité Olímpico Internacional (COI).

La pregunta del millón es si finalmente China se animará a desafiar al mundo occidental y tomar por la fuerza la isla.

Cuándo y cómo

Informes de los servicios secretos estadounidenses, que por otra parte acertaron con la invasión rusa a Ucrania, destacan que el régimen chino podría atacar Taiwán en los próximos años. Así lo anticipó William Burns, jefe de la CIA, en una entrevista con la cadena PBG. El funcionario insinuó en la oportunidad que "Xi Jinping se está preparando para una guerra" y que "en su ambición de unificar la isla al territorio chino habría dado instrucciones a su cúpula militar para que esté preparada en 2027 para iniciar una eventual ofensiva. La pregunta no es si invadirá sino cuándo y cómo".

Philip S. Davidson estuvo sobre el terreno de los hechos, en 2018 fue jefe del Comando Indo-Pacífico. A su entender, China estaría en condiciones de invadir Taiwán en 2024.

El Center for a New American Security (CNAS) fue otro de los que se expidió al respecto. En su informe, "La estrategia de la rana envenenada" de octubre de 2021 Chris Dougherty, Jennie Matuschak y Ripley Hunter auguran que, en 2025, el Ejército chino podría invadir el atolón Dongsha, una isla en disputa en el mar de China Meridional, donde podría establecer una base militar.

Otras voces más moderadas señalan que China ha decidido ejercer más presión y coerción sobre Taipéi. El plan pasaría entonces por dificultarle la vida a los taiwaneses más que por una acción militar concreta.

"La principal opción militar de China en la actualidad es realizar una guerra de zonas grises para obligar a Taiwán a capitular. En primer lugar, esto implica el bloqueo naval chino de las vías marítimas de comunicaciones de Taiwán. La idea sería privar a la economía taiwanesa de comercio e importaciones de energía con la esperanza de asegurar un acuerdo favorable", señaló a *El Confidencial* el analista político y profesor universitario Wen-Ti Sung, especializado en las relaciones cruzadas entre China, Taiwán y EE.UU.

Según el experto, "el riesgo es que Taiwán se encuentra en el corazón de las vías marítimas internacionales de comunicación que conectan el noreste de Asia con el sudeste de Asia, así como de China a Estados Unidos. Un bloqueo de Taiwán afectará a la mayoría de las principales economías del Indo-Pacífico. Al dañar la economía de Taiwán, Pekín también dañará las economías de muchos otros países al mismo tiempo. Los retrocesos diplomáticos y económicos resultantes serían muy difíciles de manejar para Pekín".

Queda claro entonces que este conflicto geopolítico abarca la totalidad del llamado mar de China Meridional, desde Singapur al estrecho de Taiwán. Son 3,5 millones de kilómetros cuadrados, un mar por el que circula el 30% del tráfico marítimo mundial. Además, es un área que posee importantes yacimientos de petróleo y gas, y un 10% de los recursos pesqueros mundiales.

En este teatro de operaciones se muestran China, Taiwán, Estados Unidos, Indonesia, Vietnam, Filipinas, Corea del Sur y Japón con acciones en reclamo de determinados islotes claves desde donde proyectar un crecimiento de sus zonas económicas exclusivas.

Hasta tal punto llega esta disputa, que a China no le ha temblado el pulso para construir islas artificiales sobre arrecifes o directamente en el mar para estacionar bases de explotación de hidrocarburos o incluso bases de misiles. Para ello, cuenta con el soporte de empresas dragadoras estatales dentro del Grupo China Communications Construction Company (CCCC).

Para afianzar su posición hegemónica y tras el objetivo de un dominio completo sobre el mar de China Meridional, zona en la que existen disputas territoriales irresueltas, Pekín invierte con solidez en su marina de guerra. Prueba de ello es la botadura de su tercer portaaviones, el Fujián, que ya presta servicios en el Indo-Pacífico.

En 2017, la inauguración de su primera base naval en el extranjero, en Yibuti, fue otro llamado de atención. No la construyó en cualquier parte, lo hizo en el estratégico Cuerno de África. A su vez, negocia con Guinea Ecuatorial por la instalación de una segunda para tener acceso a la costa atlántica africana.

Ucrania

El conflicto bélico en Ucrania es otro elemento de análisis o hasta de disuasión para Pekín.

No cabe duda de que Xi Jinping sigue de cerca el desarrollo de esta invasión y que está aprendiendo de los muchos errores cometidos por Rusia y el impacto de las sanciones económicas producto de su desenfreno expansionista.

La moneda está en el aire y habrá que ver de qué lado cae.

Como señalara el ex secretario general de la OTAN Anders Fogh Rasmussen, "parecería cierto que la derrota de Rusia en Ucrania en la actual guerra sería un importante elemento de disuasión contra una agresión china sobre Taiwán. Pero si Rusia consigue ganar territorio y establecer un nuevo statu quo por la fuerza, sentará un precedente. En todas partes, los dictadores comprenderán entonces que, en última instancia, las agresiones militares funcionan".

El ciberespacio es otro campo en el que China se mueve como pez en el agua. Según información provista por el Departamento de Estado de EE.UU. pululan innumerables actores cibernéticos apuntalados por Pekín cuya misión es atacar las eventuales vulnerabilidades informáticas de Taiwán. Se enfocan sobe todo en sus dispositivos de red y enrutadores de empresas que realizan millonarias operaciones comerciales. La mira se ajusta para dar en el blanco de las firmas privadas en las que el Estado deriva rubros clave como telecomunicaciones, como forma de acceder a información vital del gobierno y de las Fuerzas Armadas. La metodología aplicada es infiltrarse mediante códigos de explotación y así embestir contra los servicios de redes privadas virtuales (VPN) sin servirse de sus conocidos programas de malware ya identificados y neutralizados.

La tecnología de punta se observa también a nivel del armamento. Un caso a considerar es el de las armas hipersónicas, entre las que se incluyen el dron de reconocimiento WZ-8 y el misil DF-17, también llamado "Viento del Este". Otros logros de Pekín son el nuevo sistema de seguimiento preciso de blancos en movimiento, y el de bombardeo orbital fraccionado, más conocido como FOBS. Se trata de una versión de vanguardia de los misiles balísticos intercontinentales, pero con mayor alcance y velocidad. Navega en una órbita muy baja y cuando ubica su objetivo impacta a una velocidad que es 27 veces la del sonido y 9 veces más rápida que la de cualquier jet de combate.

Con un presupuesto de unos USD 230.000 millones, el régimen de Pekín luce el segundo mayor gasto militar del planeta. Si bien la cifra representa menos de un tercio del presupuesto de Defensa estadounidense, que asciende a los USD 800.000 millones, China apunta a ser líder global para 2049, año del centenario de la República Popular.

Esteban Mercatante, en su escrito "China y el imperialismo: elementos para el debate", señala que hay terrenos como el arsenal de ojivas nucleares donde EE.UU. tiene una superioridad abrumadora, con 6.800 ojivas nucleares contra menos de 200 en el caso de China. Pero en otros, China ha construido rápidamente ventajas considerables.

De acuerdo a un informe reciente de *El País*, China desarrolló "una industria armamentística y naval de primer orden". Los fabricantes chinos de armamento "destacan en el ámbito de la inteligencia artificial y en la producción de drones y misiles". Pekín lleva desplegados al menos 2.000 misiles terrestres, convencionales o nucleares, de alcance intermedio (de entre 500 y 5.500 kilómetros), según cálculos de servicios de inteligencia occidentales.

El autor destaca también que Pekín registra fuertes avances con su Armada. Y cita un informe del Servicio de Investigación del Congreso (CRS) de EE.UU., según el cual la Armada de China es "de lejos, la más grande de cualquier país de Asia del Este, y en los últimos años superó a la estadounidense en cantidad de embarcaciones de combate". De acuerdo a este mismo reporte, la Oficina Naval de Inteligencia sostiene que para fines de este año China tendrá 360 naves de combate, comparadas con las 297 de EE.UU. De acuerdo al documento, la Armada de China "plantea un desafío de envergadura a la capacidad de la Armada de EE.UU. de alcanzar y mantener el control de las áreas de agua oceánica del Pacífico occidental". Es la primera vez que esto ocurre desde el fin de la Guerra Fría.

El poderío naval chino es clave toda vez que desde el punto de vista logístico militar, Taiwán se favorece por su posición insular.

Las opciones de China pasan por una guerra anfibia en el estrecho de Taiwán para luego intentar salvar las defensas costeras naturales de la isla.

A esto se suma el factor climático: las dos temporadas de monzones limitan las ventanas viables de invasión militar a solo unos pocos meses del año.

Lin y Joel Wuthnow, académicos especializados en Asia y temas de defensa, publicaron un artículo en *Foreign Affairs Bonny* donde revelaron ciertas debilidades en el Ejército Popular de Liberación.

A juicio de los expertos, una de las más destacadas es la falta de experiencia en combate. El país no ha librado una guerra desde 1979 y carece de experiencia en operaciones conjuntas modernas. Por ello pone tanta importancia en los ejercicios militares.

"Por ahora, Xi parece entender que China aún no está preparada para ser la potencia militar que desea. Pero esa cautela y moderación pueden no durar indefinidamente, sobre todo si los leales de los que se ha rodeado, incluidos los militares, están más dispuestos a complacer a su líder que a informar honestamente de las deficiencias de China", aseguraron los especialistas.

La conjunción de todos estos factores alcanzaría para explicar la posición de una China que está más cerca de cumplir con los preceptos del refrán que dice: "perro que ladra, no muerde". Pero estamos hablando de China, del Partido Comunista, y de Xi Jinping, por lo cual todo es posible de imaginar, aun lo inimaginable. De hecho, se observa que poco le importa a China que su estrategia aislacionista para con Taiwán produzca desbarajustes geopolíticos regionales.

En 2019, el Gobierno de las Islas Salomón, histórico socio estratégico de Australia, varió su política exterior al abandonar su alianza con Taiwán para reconocer a China. El tiempo diría que el acuerdo alcanzado iba mucho más allá. En marzo de 2022, los dos países anunciaron un entendimiento macro que abarca sensibles temas de defensa para la región del Pacífico.

Con ubicación estratégica, estas islas se sitúan a 2.000 y 3.755 kilómetros, respectivamente, de Australia y Nueva Zelanda.

Conforme lo pactado, China podrá enviar buques de guerra y equipos de seguridad a estas islas del Pacífico. Asimismo, policías armados chinos están autorizados a "ayudar a mantener el orden social" en las Islas Salomón, a solicitud de sus autoridades. Estas fuerzas también podrán "proteger la seguridad del personal chino" y la de los "grandes proyectos en las Islas Salomón".

Quien primero pegó el grito en el cielo fue la entonces

primera ministra de Nueva Zelanda, Jacinda Ardern, para alertar que este acuerdo de seguridad abre la puerta para que Pekín tenga una base naval en las Islas Salomón y que esto supondría la militarización de esta estratégica región del Pacífico.

Fue más allá el primer ministro australiano, Anthony Albanese, cuando advirtió que su país responderá con firmeza a los movimientos que está realizando China con el fin de aumentar su influencia en el Pacífico.

"Debemos responder a esto porque China intenta aumentar su influencia en la región del mundo donde Australia ha sido el socio de seguridad elegido desde la II Guerra Mundial", dijo Albanese en una entrevista en la televisión estatal ABC.

Los temores del premier australiano tienen fundamento. China lanzó una ofensiva diplomática y económica de proporciones en vistas a ofrecerse como alternativa a la Estrategia Indo-Pacífica desplegada por Estados Unidos.

Mientras la administración de Joe Biden intenta avanzar con estructuras conceptuales como la "Cuadrilateral", con Australia, India y Japón o el "Marco Económico Indo-Pacífico para la Prosperidad", China suma voluntades con acciones concretas.

El ministro de Asuntos Exteriores chino, Wang Yi, por ejemplo, consiguió que Tailandia se comprometa a analizar nuevamente la obra de infraestructura propuesta de un enlace ferroviario de alta velocidad que una al país con China a través de Laos a un costo de USD 5.200 millones.

China también manifestó su predisposición de ayudar en la construcción de un nuevo puente para el proyecto, a unos

30 metros del Puente de la Amistad entre Tailandia y Laos.

Xi Jinping recibió a Ferdinand Marcos Jr. en su primera visita tras asumir el cargo de presidente de Filipinas y le expresó su voluntad de inaugurar una "edad de oro" en las relaciones bilaterales.

El líder chino propuso colaborar con el desarrollo agrícola y rural, y prometió inversiones en las áreas de infraestructura e interconectividad, como telecomunicaciones, macrodatos y comercio electrónico. No quedaron afuera de la agenda la reanudación de negociaciones sobre la exploración de petróleo y gas, y la cooperación en energías verdes como la fotovoltaica y eólica.

"China se encuentra en disposición de ampliar continuamente la importación de productos agrícolas y pesqueros de alta calidad de Filipinas y apoya a las empresas chinas para que inviertan y hagan negocios en Filipinas", destacó el Ministerio de Relaciones Exteriores de la República Popular China en un comunicado.

El canciller chino también asistió a una cumbre regional en Myanmar, donde manda una dictadura militar que accedió al poder en febrero de 2021 tras derrocar a un gobierno civil en un golpe de Estado.

Desde entonces, según la Asociación de Asistencia a los Presos Políticos, las fuerzas de seguridad asesinaron a más de 1.500 civiles y detuvieron a otros 12.000, aunque esto no alcanzó para reprimir los focos insurgentes activos en las zonas urbanas y rurales.

Este es sin dudas el mejor escenario para China. La dictadura militar en Myanmar recibió sanciones económicas por parte de Estados Unidos, Reino Unido, Canadá, Corea del

Sur, Japón, Nueva Zelanda y Australia, entre otros.

Pekín aparece entonces como el salvador del régimen dictatorial con quien ya está acordando el desarrollo de un Corredor Económico China-Myanmar, que incluye oleoductos y gasoductos, carreteras y enlaces ferroviarios por valor de USD 22.000 millones. A esto se suma el estratégico puerto de aguas profundas que se construirá en Kyaukphyu, en la costa occidental de Myanmar, con un valor estimado de USD 7.000 millones.

Bryan Keogh, redactor jefe de Economía y Empresa del medio *The Conversartion*, destaca que "la influencia de China en Myanmar podría inclinar la balanza hacia la guerra en el mar de China Meridional".

El periodista señala que un Myanmar antidemocrático no sirve a los intereses de nadie excepto de China, que está consolidando su influencia económica y estratégica en su vecino más pequeño con el fin de obtener su ansiada "puerta trasera" al océano Índico.

Desde el golpe de Estado, China ha sido la principal fuente de inversión extranjera en Myanmar. Esto incluye USD 2.500 millones en una central eléctrica de gas que se construirá al oeste de la capital, Yangón, y que será propiedad de empresas chinas en un 81%.

El poder desplegado por Pekín para apoyar al régimen militar no es solo económico. En mayo de 2022 utilizó su derecho de veto en el Consejo de Seguridad de Naciones Unidas para impedir una declaración en la que se expresaba preocupación por la violencia y la creciente crisis humanitaria en Myanmar.

"En 2020, antes del golpe de Estado, el auditor general de

Myanmar, Maw Than, advirtió del creciente endeudamiento con China, donde los prestamistas chinos cobraban intereses más altos que los del Fondo Monetario Internacional o el Banco Mundial. En aquel momento, alrededor del 40% de la deuda externa de Myanmar, de USD 10.000 millones, se debía a China. Es probable que ahora sea mayor. No hará sino aumentar cuanto más tiempo permanezca en el poder una dictadura militar, con pocos apoyos o fuentes de dinero extranjero, arrastrando a la economía de Myanmar", señala Bryan Keogh.

El especialista informa además que "el ahora presidente vitalicio Xi Jinping comunicó al Ejército Popular de Liberación que se prepare para la guerra. Un Myanmar sumiso y endeudado con un puerto de aguas profundas controlado por intereses chinos inclina la balanza hacia que eso ocurra".

Está claro que, desde el ascenso de Xi Jinping al poder, la ampliación del "círculo de amigos" de China se convirtió en una prioridad absoluta para la diplomacia de Pekín.

Usando todos los medios al alcance, y sin preguntar orientación política o legitimidad del gobierno de turno, se busca convencer a la mayor cantidad de países para que apoyen las posiciones de China, tanto a nivel individual como colectivo en el ámbito multilateral, en diversas cuestiones de interés fundamental, como Xinjiang, Hong Kong y otros asuntos relacionados con los derechos humanos.

Por el lado de los Estados Unidos, se está tomando conciencia del error cometido durante el último tiempo por enfriar la relación que históricamente se mantuvo con esta región. Al igual de lo que sucediera en Latinoamérica, comprueban que el vacío que dejó su alejamiento fue rápidamente cubierto por China.

"Reconocemos que, en los últimos años, es posible que las islas del Pacífico no hayan recibido la atención y el apoyo diplomáticos que merecen. Así que hoy estoy aquí para decirles directamente que vamos a cambiar eso", aseguró en julio de 2022 la vicepresidenta estadounidense, Kamala Harris, en el Foro de las Islas del Pacífico, según *Europa Press*.

Además de abrir dos nuevas embajadas en Tonga y en Kiribati, se triplicarán los fondos estadounidenses para el desarrollo económico y la resiliencia de los océanos para las islas del Pacífico.

A escasos 2.100 kilómetros de Taiwán, Japón es un vecino preocupado por la escalada beligerante.

A caballo de la amenaza china, el primer ministro nipón, Fumio Kishida, y Natsuo Yamaguchi, líder del partido Komeito y su socio en la coalición gobernante, consiguieron duplicar el presupuesto militar. De tal forma, pusieron fin a la antigua restricción según la cual el gasto militar no podía exceder el 1% del PBI. Este desembolso representa USD 296.300 millones para el período 2023 a 2027. De esa cifra, la reciente compra de 500 misiles de crucero Tomahawk de fabricación estadounidense ya se llevó USD 38.000 millones.

Si bien la información oficial dice que se están dotando de "capacidades de contraataque", para contrarrestar "instalaciones militares enemigas consideradas como una amenaza para la seguridad nacional", la realidad es que, con la compra de este armamento, Japón abandona la imagen de un país puramente defensivo desde lo militar.

Junto a Estados Unidos planifica construir en Okinawa, en el sur del país, una base que sea asiento de uno de los tres nuevos regimientos de litoral marino imaginados para defender la cadena de islas Nansei, que se corre desde Kyushu hasta Taiwán, y bloquearles el camino a los barcos chinos.

El desafío es ver cómo solventar el mayor gasto militar. Todas las opciones que sondea la coalición gobernante produjeron confusión y críticas desde dentro y fuera del partido gobernante. No es para menos toda vez que las opciones propuestas son suba de impuestos a empresas y del impuesto al tabaco, recortes de otras partidas o emisión de nuevos bonos de deuda.

Para China, Asia sigue siendo su gran apuesta por proximidad geográfica e identidad poblacional. No es casualidad que su megaproyecto de la Nueva Ruta de la Seda haya debutado en el continente asiático, para luego extenderse a todo el mundo.

Bajo este ambicioso emprendimiento, Pekín encarna sus ambiciones de liderazgo político, tecnológico y de seguridad, y ya que está le echa la culpa a la OTAN por "desestabilizar la región".

"Asia-Pacífico no es un campo de batalla para la competencia geopolítica, y la confrontación y la mentalidad de la Guerra Fría no son bienvenidas en la región. La presencia de la Alianza merecería una gran vigilancia de parte de los países asiáticos", destacó la vocera del Ministerio de Relaciones Exteriores, Mao Ning.

La OTAN, resaltó Ning, "debería considerar seriamente el papel que ha jugado en el mantenimiento de la seguridad europea: por un lado, afirma que su posición como alianza regional y defensiva no ha cambiado y, por otro, continúa para ir más allá de su patio trasero tradicional, fortalece continuamente los lazos de seguridad militar con los países de

Asia-Pacífico y exagera la amenaza china".

Sus vecinos japoneses también tuvieron lo suyo. Les aconsejó que "aprendan seriamente las lecciones de la historia, seguir un camino de desarrollo pacífico y no hacer cosas que socaven la confianza mutua de los países ni dañen la paz y la estabilidad de la región".

Globo espía

El 4 de febrero de 2023, un avión de combate norteamericano derribó un globo frente a la costa de Carolina del Sur, sobre el océano Atlántico. El artefacto, que había cruzado gran parte del país, sobrevoló áreas donde Estados Unidos guarda misiles nucleares en silos subterráneos y bases de bombarderos estratégicos como la Base Malmstrom de la Fuerza Aérea en Montana.

El general Pat Ryder, vocero del Pentágono, comentó en conferencia de prensa que el globo voló a una altura de 18.300 metros sobre el centro del territorio continental de EE.UU.

Se trataba de una unidad del tipo dirigible, era maniobrable y, debajo de su dispositivo de vigilancia, contaba con un gran espacio de carga cuyo contenido no precisó.

Luego se supo que, además, estaba equipado con paneles solares lo suficientemente grandes como para producir la energía necesaria para operar múltiples sensores activos de recopilación de inteligencia.

China reconoció de inmediato que el globo era suyo, pero que se trataba de un equipo que no es utilizado para espiar.

La vocera del Ministerio de Exteriores chino, Mao Ning,

afirmó que China "no tiene la menor intención de violar el territorio y espacio aéreo de ningún país soberano" y exhortó a la calma mientras se investigaban los hechos.

Según el régimen de Xi Jinping, se trata de un "dirigible civil con fines de investigación, principalmente por cuestiones meteorológicas", que el mismo "se desvió mucho de su rumbo previsto" y que "lamentaba lo sucedido".

Esta explicación pareciera no coincidir con los hechos: las imágenes captadas por los aviones espía estadounidenses U-2 cuando el globo sobrevolaba el país prueban que era capaz de recolectar inteligencia de señales con múltiples antenas y otros equipos para captar datos sensibles, así como paneles solares para energía.

Por otra parte, de la misma página web del fabricante de globos surge una relación directa con el Ejército Popular de Liberación chino.

Para el Departamento de Estado, este globo integra un proyecto que afecta la seguridad de más de 40 países en cinco continentes.

El analista David Pierson, en nota publicada en el *New York Times*, resalta que nadie sabe hasta qué punto el suceso era evitable, pero se produce cuando Xi supuestamente tiene más poder que nunca, tras haber roto todas las normas para asegurarse un tercer mandato, el año pasado, con el tema de la seguridad nacional como pilar de su gestión.

El incidente del globo viene a sumarse a otros aparentes errores de cálculo de Xi, incluido el abandono intempestivo de la política de "Cero Covid" por las protestas generalizadas contra las restricciones, y su acuerdo de una amistad "sin límites" con Rusia pocas semanas antes de la invasión de Ucrania.

"Lo que más perjudica a China en este incidente, tanto a nivel internacional como interno, es que suscita dudas sobre la competencia del Gobierno de Pekín y profundiza las dudas ya existentes sobre el liderazgo de Xi Jinping dentro de su propio gobierno", dice Susan Shirk, subsecretaria de Estado durante el Gobierno de Clinton y autora de un reciente libro sobre el auge de China.

Una semana después, el 11 de febrero de 2023, se derribaba en Canadá otro objeto aéreo no identificado, también de procedencia china.

"Ordené el derribo de un objeto no identificado que violó el espacio aéreo canadiense. Se movilizaron aviones canadienses y estadounidenses y un F-22 estadounidense disparó con éxito contra el objeto", comunicó en su cuenta de Twitter el primer ministro de Canadá, Justin Trudeau.

CAPITULO IX

La ciudad de las luces

Son pocos los lugares del planeta que se pueden distinguir desde el espacio. Uno de ellos es Las Vegas. La famosa "ciudad del pecado" se muestra como una luminosa marca en medio del oscuro desierto de Nevada, Estados Unidos. La gran cantidad de luces que la engalanan es tal que puede divisarse desde los 400 kilómetros de altura en los que se encuentra orbitando la Estación Espacial Internacional.

Otro de los sitios visibles se ubica en el límite del mar Argentino, en una región donde no hay asentamientos ni plataformas petroleras. Esta "ciudad de las luces" está formada por buques extranjeros, sobre todo chinos, que depredan el calamar, que es el recurso pesquero más preciado que tienen las aguas del Atlántico Sur. De todos modos, también arrasarán con merluzas y abadejos, rayas y tiburones, elefantes y lobos marinos.

En esta zona próspera, uno de los caladeros más importantes del mundo, el 70% de los buques situados en el límite de las 200 millas náuticas son chinos.

Un estudio publicado en marzo de 2022 en la revista *Science Advances* relevó los delitos relacionados con la pesca observados en los océanos del mundo entre 2000 y 2020. De los 6.853 eventos que informan delitos en 18 categorías relacionadas con la pesca, incluida la pesca ilegal, derechos humanos, abusos y contrabando, el informe encontró que al menos el 33% de todos los delitos registrados están asociados con 450 embarcaciones industriales y 20 empresas, la mayoría (59%) originarias de China.

La presencia china en estas lejanas aguas del océano Atlántico no es casual. Décadas de una pesca excesiva en sus mares empujaron a su flota pesquera cada vez más lejos. Los gobiernos latinoamericanos temen que este accionar impulse la pesca ilegal de especies en peligro y amenace incluso linajes abundantes como el calamar gigante.

Sustentado principalmente por subsidios gubernamentales, su crecimiento y actividades no son controladas, en parte porque la propia China históricamente tuvo pocas reglas que rijan las operaciones de pesca. El dominio y la ubicuidad global de esta flota plantea interrogantes más amplios sobre cómo China logró situar tantos barcos en el agua y qué significa esto para los océanos del mundo.

Con una población de más de 1.380 millones de habitantes, China es el mayor consumidor mundial de productos del mar y sus capturas globales han crecido en más del 20% en los últimos cinco años. Muchas de las poblaciones pesqueras más cercanas a las costas de China se derrumbaron debido a la sobrepesca y la industrialización, por lo que el Gobierno chino subsidia en gran medida a sus pescadores, que navegan por el mundo en busca de nuevas tierras.

Las flotas pesqueras de China representaron del 50 al 70% de los calamares capturados en altamar en los últimos años, según una estimación del Gobierno chino. A menudo, estos barcos pescan ilegalmente en aguas nacionales de otros países, de acuerdo al análisis de C4ADS, una firma de investigación marina. El mar de Japón incluye parches de agua en disputa donde los países circundantes –Rusia, Japón y las dos Coreas– no reconocen las fronteras marítimas de los demás. La incursión de los chinos en esta región solo ha intensificado las tensiones locales.

Lo cierto es que la flota pesquera de China es más que una simple preocupación comercial; actúa como una proyección del poder geopolítico en los océanos del mundo. A medida que la Marina de los Estados Unidos se fue retirando de las aguas de África Occidental y Medio Oriente, Pekín fue reforzando su presencia pesquera y naval. Y en lugares como el mar de China Meridional y la Ruta del mar del Norte del Ártico, China viene reclamando preciadas rutas marítimas, así como depósitos submarinos de petróleo y gas.

China tiene el peor puntaje del mundo en lo que respecta a la pesca ilegal, no declarada y no reglamentada (INDNR), según un índice publicado por Poseidon Aquatic Resource Management, una firma consultora de pesca y acuicultura.

"La escala y la agresividad de su flota ponen a China en posición de control. Pocos países extranjeros han estado dispuestos a hacerla retroceder cuando los barcos pesqueros de China incursionan en sus aguas nacionales", asegura Greg Poling, director de la Iniciativa de Transparencia Marítima de Asia en el Centro de Estudios Estratégicos e Internacionales. No es que la pesca en sí no sea importante. La flota también es una forma de obtener seguridad alimentaria para los millones de habitantes de China. Han disminuido muchas de las poblaciones marinas más cercanas a sus costas debido a la sobrepesca y la industrialización, por lo que los barcos se ven obligados a aventurarse más lejos para llenar sus redes. El Gobierno chino dice que tiene aproximadamente 2.600 embarcaciones pesqueras de aguas distantes, lo que, según un informe reciente del Stimson Center, un grupo de investigación de seguridad, la hace tres veces más grande que las flotas de Taiwán, Japón, Corea del Sur y España juntas.

Millonarios subsidios

"Durante las últimas dos décadas, Pekín desembolsó miles de millones de dólares para apoyar su industria pesquera", dice Tabitha Grace Mallory, profesora de la Universidad de Washington, que se especializa en las políticas pesqueras de este país. En 2018, se estimó que las subvenciones totales a la pesca mundial eran de USD 35.400 millones, y China representaba USD 7.200 millones. Esto incluye las ayudas para combustible y construcción de buques nuevos con el fin de aumentar el tamaño de su flota.

La República Popular también subsidia el costo para adquirir nuevos motores y cascos de acero más duraderos para los buques arrastreros.

Se sabe que muchos de sus barcos están registrados en empresas de otros países, pero operan subsidiados por el régimen comunista gobernante.

Un caso emblemático es el de Pingtan Marine, firma acusada de pescar ilegalmente en diversos mares del planeta como los cercanos a Sudáfrica, Timor Oriental, Ecuador e Indonesia. Posee la segunda flota extranjera más grande de China, sus acciones cotizan en el Nasdaq de los Estados Unidos, y en su puerto base de Fuzhou, frente a Taiwán, construyó una de las procesadoras de pescado más grandes del mundo.

Joshua Goodman, en su artículo titulado "El Gran Muro

de Luz: el poder marítimo chino en Sudamérica", asegura que "Zhou Xinrong, presidente y director ejecutivo de la compañía, parece haber construido el imperio pesquero gracias a enormes préstamos estatales, generosos subsidios y conexiones con el Partido Comunista". Y cita además a Susi Pudjiastuti, quien fuera ministra de pesca de Indonesia entre 2014 y 2019: "No es solo una empresa pesquera: es prácticamente un activo del Gobierno chino".

Cincuenta y siete de los barcos de Pingtan, incluidos tres buques refrigerados de transporte, todos de su propiedad directa o a través de una filial, fueron registrados en los últimos años para pescar en el Pacífico sur sin ningún problema según el C4ADS, una organización dedicada a proporcionar análisis basados en datos sobre conflictos globales y problemas de seguridad transnacional.

Pingtan, en su último balance, informó que tenía USD 280 millones en préstamos pendientes del Banco de Desarrollo de China y otros financistas estatales. Uno de los fondos de inversión estatales más grandes del país posee una participación del 8% en una de sus subsidiarias. Mientras tanto, los subsidios estatales de China para que construya barcos pesqueros totalizaron USD 29 millones en los primeros nueve meses de 2021, aproximadamente un tercio de todas sus compras de propiedades y equipos.

La ministra Susi Pudjiastuti les revocó las licencias a los barcos operados por dos filiales de Pingtan en Indonesia. Fue por una serie de presuntos delitos que van desde la falsificación de informes de pesca, transbordos ilegales y contrabando de especies en peligro de extinción.

Esas subsidiarias, PT Avona Mina Lestari y PT Dwikarya

Reksa Abad, son administradas y en parte propiedad de miembros de la familia inmediata de Zhou, informó la propia Pingtan en documentos presentados ante la Comisión de Bolsa y Valores de los Estados Unidos (SEC, por sus siglas en inglés).

En el fallo de una corte indonesia que ratificó la revocación de permisos contra las filiales de Pingtan, aparecen los duros testimonios brindados por miembros de la tripulación de uno de sus buques. Allí describieron cómo sus supervisores chinos los azotaron en grupo, los sometieron a torturas y los golpearon en la cabeza con una pieza de acero.

Asimismo, un buque de transporte con bandera de Panamá, el Hai Fa, cuyo propietario registrado es otra filial diferente de Pingtan con sede en Hong Kong, fue incautado en 2014 con 900 toneladas de pescado capturado ilegalmente, incluidos tiburones en riesgo de extinción. En este caso tuvieron más suerte porque un tolerante tribunal liberó al barco de la custodia tras el pago de la irrisoria multa de USD 15.000.

Por otra parte, los pescadores chinos tienen acceso a la información de la inteligencia pesquera dirigida por el Gobierno que les ayuda a encontrar las aguas más ricas.

"Sin sus esquemas de subsidios masivos, la flota pesquera de aguas distantes de China sería una fracción de su tamaño actual, y la mayor parte de su flota del mar del Sur de China no existiría en absoluto", advierte Poling.

Daniel Pauly, investigador principal del Proyecto Sea Around Us en el Instituto de Océanos y Pesca de la Universidad de Columbia Británica, comenta que estos subsidios no solo han aumentado las tensiones geopolíticas, al permitir que los barcos se adentren en regiones en disputa, "también juegan un importante papel en el agotamiento de las poblaciones de peces, ya que mantienen en funcionamiento buques que de otro modo serían dados de baja".

Mientras las flotas reciban asistencia financiera para la sobrepesca, los expertos dicen que es imposible la pesca sustentable. A la fecha, el 90% de las poblaciones de peces comerciales rastreadas por la organización de las Naciones Unidas para la Agricultura y la Alimentación (FAO) en todo el mundo, han sido sobrepescadas o explotadas por completo, lo que significa que superaron su capacidad para reponerse de manera sostenible, incluidas las 10 especies comerciales más importantes del planeta.

Los buques chinos fueron responsables de más del 39% de la captura mundial reportada en alta mar en 2019, más que cualquier otro país. En este escenario, los subsidios no son solo una de las principales razones por las que los océanos se están quedando rápidamente sin peces. Al poner demasiados buques en los mares del mundo, los subsidios también derivan en competencia desleal, disputas territoriales y pesca ilegal a medida que los capitanes se desesperan por encontrar nuevos caladeros de pesca más poblados.

"Para decirlo sin rodeos, esto es similar a pagarle a los ladrones para que roben la casa de un vecino", dice Peter Thomson, enviado especial del secretario general de la ONU para los océanos, sobre el papel que juegan los subsidios en el fomento de la pesca ilegal.

Ian Urbina es ex periodista de investigación del *New York Times* y director de The Outlaw Ocean Project, y posee una organización sin fines de lucro con sede en Washington, D.C. que se enfoca en informar sobre crímenes ambientales y de derechos humanos en el mar. Desde esta posición, elaboró un informe que destaca cómo con una clase media en rápido crecimiento y con poder adquisitivo para comprar más pescado, el Gobierno chino estimuló su industria de la acuicultura con más de USD 250 millones en subsidios entre 2015 y 2019 en un esfuerzo por reducir la dependencia del país del pescado capturado en la naturaleza.

Sin embargo, esa medida presenta un nuevo problema: para engordar sus peces, la mayoría de las factorías dependen de la harina de pescado, un polvo rico en proteínas elaborado principalmente a partir de pescado capturado en la naturaleza, en aguas extranjeras o internacionales. Además, la acuicultura requiere mucha harina de pescado: antes de que un atún cultivado llegue al mercado, por ejemplo, puede comer más de 15 veces su peso en pescado salvaje en forma de harina de pescado.

Los conservacionistas del océano advierten que la voraz producción de harina de pescado está acelerando el agotamiento de los océanos, contribuyendo a la pesca ilegal, desestabilizando la cadena alimentaria acuática y minando las aguas de los países más pobres de las fuentes de proteínas necesarias para la subsistencia local.

"Tiene poco sentido la captura de grandes cantidades de peces silvestres para alimentar una creciente demanda de peces de cultivo. En cambio, una fracción de esos peces silvestres podría usarse para alimentar a las personas directamente, con menos impacto en la vida marina", destaca Enric Sala, explorador residente de la National Geographic Society.

Para satisfacer la demanda de harina y aceite de pescado, las autoridades pesqueras chinas dijeron en 2017 que planeaban aumentar la cantidad de krill recolectado en las aguas antárticas de 32.000 a dos millones de toneladas métricas, aunque se comprometieron a permanecer fuera de las áreas "ecológicamente vulnerables". El krill es una fuente principal de alimento para las ballenas, y los ecologistas ya están en alerta por los efectos en cadena de una cosecha tan alta.

La pesca ilegal, no declarada y no reglamentada constituye la sexta economía criminal más lucrativa del mundo, con ingresos estimados de USD 15.000 a 36.000 millones, conforme un informe publicado por Global Financial Integrity en 2017.

Otros delitos

Según un reciente informe de la Secretaría de Marina (SEMAR) de México, los barcos pesqueros también se usan para encubrir el tráfico de drogas. En el mar del sur de México, carteles de drogas montaron falsas cooperativas de pescadores, cuyos buques reciben cocaína. Conformadas por miembros de los carteles y pescadores, las tripulaciones viajan unas 350 millas náuticas y permanecen en el mar hasta por diez días para recoger los estupefacientes.

De acuerdo a los reportes policiales, buques pesqueros chinos descargaron varios cuerpos muertos en el puerto de Montevideo. En 2021, el estudio sobre tráfico de personas, del Departamento de Estado estadounidense, llevó la cuenta de 17 muertes de tripulantes asociadas a barcos taiwaneses, chinos y de otras banderas extranjeras en aguas uruguayas entre 2018 y 2020. Antes de 2018, los observadores reportaron un promedio de 11 muertes de tripulantes anuales.

La tripulación muchas veces es sometida a prácticas de trabajo inhumanas, entre las que se cuentan la falta de pago de salarios, confiscación de documentos de identidad, abuso físico y encierro a bordo. Según ese informe, también hay relatos anecdóticos de homicidios en el mar.

En Brasil, las autoridades desmantelaron una red internacional de tráfico de cocaína que usaba barcos pesqueros industriales para transportar los cargamentos hasta aguas internacionales para realizar luego su transbordo a embarcaciones extranjeras. Éstas, que simulaban actividades de pesca industrial y contrataban tripulaciones especializadas en navegación marítima, traficaban hasta más de seis toneladas de cocaína hacia Europa y el sur de África.

Las poblaciones costeras de pescadores también han quedado atrapadas en medio de las disputas territoriales de las bandas de narcotraficantes. El pueblo de Posorja, en Ecuador, un importante punto de salida de cocaína hacia el Pacífico, padeció un aumento de la violencia. Les dispararon a los pescadores y les robaron sus barcos, mientras que otras embarcaciones incendiadas iluminaban el cielo nocturno.

Por su parte, el Departamento de Trabajo de EE.UU. afirma que la industria pesquera china en aguas distantes está utilizando trabajo forzoso para capturar el calamar y el atún, que se envía a China para el consumo interno y externo.

"La pesca INDNR también suele asociarse con muchas otras formas de delincuencia organizada transnacional, como la trata de personas, el tráfico de drogas y la piratería", asegura Tuesday Reitano, directora adjunta de la Iniciativa Global contra la Delincuencia Organizada Transnacional.

Milko Schvartzman, especialista en conservación marina que estudia desde hace años a la flota china que opera en el

Atlántico y el Pacífico Sur, revela otro grave aspecto asociado a la pesca ilícita de estas embarcaciones: las terribles condiciones de vida de los trabajadores a bordo.

Schvartzman, quien también es miembro de la organización argentina Círculo de Políticas Ambientales, asevera que el puerto de Montevideo en Uruguay, es el principal apoyo a la flota pesquera del Atlántico Sur.

El experto, deja claro que no está en contra de que Uruguay reciba barcos extranjeros y enfatiza la importancia del control estatal, porque no se están cumpliendo los acuerdos internacionales oportunamente ratificados.

"Ellos reciben barcos con reincidencia en abusos a los derechos humanos. Eso es gravísimo y todo esto lo dice el Departamento de Estado de Estados Unidos. La misma cancillería de Uruguay investigó el caso de los tripulantes africanos que tenían cadenas en los tobillos y que trabajaban esclavizados a bordo de un barco chino", aseguró Schvartzman.

"Es muy difícil conocer cuál es la proporción de participación del Estado chino en las empresas de pesca furtiva y abuso a los derechos humanos, porque hay un entramado legal perfectamente diseñado por las empresas para que no se sepa", comenta Schvartzman.

Además de las devastadoras consecuencias ambientales de la sobrepesca, tantos barcos en el mar significan más competencia por los caladeros, y esto puede desestabilizar las relaciones entre los países y provocar enfrentamientos violentos.

En 2016, la Guardia Costera de Corea del Sur abrió fuego contra dos barcos pesqueros chinos que habían amenazado con embestir a las patrulleras en el mar Amarillo. Un mes antes, los pescadores chinos embistieron y hundieron otra lancha rápida surcoreana en la misma zona. Ese mismo año, Argentina hundió un barco chino que, según afirmó, pescaba ilegalmente en sus aguas. Indonesia, Sudáfrica y Filipinas han tenido recientes enfrentamientos con las flotas pesqueras chinas. En la mayoría de estos casos, los barcos pescaban calamar, que representa más de la mitad de las capturas de su flota en alta mar.

Queda claro entonces que la colosal flota china tiene fines que van mucho más allá que la pesca. Como parte de la llamada milicia civil, estos buques se envían a zonas de conflicto en el mar para vigilar las aguas y, en ocasiones, intimidar y embestir a los barcos de pesca o de aplicación de la ley de otros países.

Además de los subsidios a la pesca, China impulsa un programa que incentiva a sus buques a operar en las aguas en disputa en el mar de China Meridional como una forma de hacer valer sus reclamos territoriales. Por tratarse de una zona que no es económicamente rentable para la pesca, los buques obtienen casi los mismos beneficios que la flota de aguas distantes, además de pagos puntuales en efectivo.

Más de 200 de estos barcos de pesca de la milicia ocupan las aguas alrededor de las disputadas Islas Spratly del mar de China Meridional, un área rica en peces, y posiblemente también en petróleo y gas natural, que reclaman China, Filipinas, Vietnam y Taiwán. Las imágenes satelitales muestran que los barcos de pesca chinos en el área pasan la mayor parte del tiempo anclados y en grupos. Nunca están pescando, pero dan cobertura mientras China construye sus instalaciones militares en algunos de los arrecifes en disputa, reforzando aún más sus reclamos sobre el territorio.

En primera persona

Por desplazarse en grupos y porque en la gran mayoría de las veces también lo hacen con seguridad armada, los buques pesqueros chinos suelen ser agresivos con los competidores o frente a amenazas percibidas. Ian Urbina lo constató en persona en 2019 cuando se embarcó en un buque pesquero de calamar de Corea del Sur que navegó rumbo al mar de Japón. Su objetivo era documentar la presencia de barcos de calamar chinos ilegales que operan en aguas de Corea del Norte.

Vamos a su relato en primera persona:

Nuestro capitán era un hombre bajo y enjuto, de unos 70 años, con ojos hundidos y piel curtida como un elefante. En la mañana de nuestra salida programada, la tripulación contratada le dijo al capitán que no trabajarían en el viaje. Dijeron que estaban demasiado nerviosos por estar asociados con cualquier informe relacionado con Corea del Norte y por acercarse a los barcos pesqueros chinos.

El capitán dijo que aun así podíamos hacernos a la mar solo con su primer oficial, pero que el barco sería difícil de manejar, estaría más sucio de lo normal y tendríamos que ayudarles cuando nos lo pidieran.

Oliendo a perro muerto y como si fuera una pista de patinaje resbaladiza por la captura anterior, la cubierta del barco de madera de 60 pies de largo era un desastre. Los cuartos de la tripulación estaban destrozados y el motor del barco estalló sobre nosotros a varios cientos de millas de la costa, lo que llevó a dos tensas horas hasta que se solucionó.

Poco después del anochecer de nuestro primer día en alta mar, apareció en nuestro radar la silueta de un barco. Corrimos para alcanzar lo que resultó ser no un solo bar-

co, sino casi dos docenas, todos en fila india desde aguas de Corea del Sur a aguas de Corea del Norte. Todos ondeaban banderas chinas y ninguno con los transpondedores encendidos, como se requiere en aguas de Corea del Sur. Al enviar una armada previamente invisible de barcos industriales para pescar en estas aguas prohibidas, China ha estado desplazando violentamente a los barcos más pequeños de Corea del Norte y encabezando una disminución en las poblaciones de calamar que alguna vez fueron abundantes. Cuando se le preguntó acerca de los hallazgos, documentados por una nueva tecnología satelital de Global Fishing Watch, y confirmados por mi excursión de 2019, documentada para NBC, el Ministerio de Relaciones Exteriores de China dijo en un comunicado que "hizo cumplir concienzudamente" las resoluciones del Consejo de Seguridad de la ONU sobre Corea del Norte y que "castigó sistemáticamente" la pesca ilegal, pero no confirmó ni negó la presencia de barcos chinos allí.

Seguimos a los barcos, los filmamos, documentamos sus números de identificación y, después de unos 45 minutos, pusimos un dron en el aire para verlos mejor. En respuesta, uno de los capitanes tocó la bocina, encendió las luces y luego se acercó abruptamente a nosotros en una maniobra de embestida: una advertencia. Mantuvimos nuestro rumbo, pero el barco chino continuó hacia nosotros. Cuando llegó a 30 pies de nosotros, viramos repentinamente para evitar la colisión.

Era todo lo que nuestro capitán quería arriesgar. Decidió que era demasiado peligroso continuar, dio la vuelta a nuestro barco y comenzó el viaje de ocho horas de regreso al puerto, durante el que se mostró inusualmente callado y un poco nervioso. "Son muy serios", seguía murmuran-

do, refiriéndose a los pescadores chinos, quienes, impertérritos, continuaron dirigiéndose hacia aguas norcoreanas.

Esfuerzos conjuntos

Estados Unidos, Japón, Australia e India impulsan una iniciativa marítima destinada a frenar la pesca ilegal en el Indo-Pacífico. Estos cuatro países resucitaron el Diálogo Cuadrilateral de Seguridad conocido como Quad, tras un paréntesis de una década.

El presidente norteamericano Joe Biden, y los demás líderes del Quad, los primeros ministros Fumio Kishida de Japón, Narendra Modi de la India, y Anthony Albanese de Australia relanzaron esta alianza estratégica con el objetivo de contrarrestar a China, que a su juicio es responsable por el 95% de la pesca ilegal en el Indo-Pacífico.

Japón, país que ocupa la presidencia rotativa del Quad, viene denunciando las continuos acercamientos e incursiones de navíos chinos en las aguas que rodean al archipiélago nipón, y en particular en torno a las islas Senkaku, administradas por Tokio, pero reclamadas por Pekín.

El sistema ofrecerá una "fotografía en tiempo casi real" de las actividades marítimas en las zonas pesqueras de los cuatro integrantes del Quad por medio de la combinación de métodos de identificación automática por radiofrecuencia, según explica un alto funcionario de la Casa Blanca.

Con esta tecnología satelital se podrán conectar los centros de vigilancia existentes en Singapur, India y el Pacífico para crear un sistema de seguimiento de la pesca ilegal desde el océano Índico y el sudeste de Asia hasta el Pacífico Sur.

El sistema permitirá a EE.UU. y sus socios monitorear la pesca ilegal incluso cuando los barcos pesqueros hayan apagado los transpondedores que normalmente se usan para rastrear embarcaciones marítimas.

Esto ampliará las capacidades de los socios para vigilar las aguas del Pacífico, el sudeste asiático y el océano Índico, y permitirá combatir la pesca ilegal y otras actividades clandestinas, así como mejorar el despliegue de ayuda en caso de desastres naturales o humanitarios, según los países integrantes del Quad.

El control de los dominios marítimos "es un requerimiento fundamental para la paz, la estabilidad y la prosperidad", destacan los Estados miembros del Quad en una declaración conjunta.

"Parece que nunca faltan las ideas que acaparan titulares. Son como la espuma del mar en el Pacífico o en el océano Índico: pueden llamar la atención, pero pronto se disiparán", dijo en 2018 el ministro de Relaciones Exteriores de China, Wang Yi, en tono irónico, sobre el Quad.

Más de cuatro años después, el Quad está lejos de disiparse. Por el contrario, creció en impulso, perfil e influencia.

Convocados bajo el lema de impulsar un "Indo-Pacífico libre y abierto", los cuatro países ya realizaron dos ejercicios navales desde 2020, y sus líderes se reunieron en tres ocasiones, incluyendo una cumbre en persona en la Casa Blanca.

En Sudamérica, también se impulsa un esfuerzo conjunto contra la pesca ilegal. Los Gobiernos de Chile, Ecuador, Perú y Colombia emitieron una declaración conjunta condenando dicha práctica fraudulenta y establecieron un compromiso para generar políticas que la combatan.

La coalición planteó la necesidad de un intercambio de información y la toma de medidas conjuntas para detener la pesca INDNR en sus zonas de explotación económica exclusiva, a través de la Comisión Permanente del Pacífico Sur (CPPS), un organismo regulador marítimo en el que los cuatro países tienen igualdad.

Desde la Asociación Interamericana para la Defensa del Ambiente (AIDA) valoran positivamente la iniciativa. "Es una problemática que afecta a la región en su totalidad y requiere de esfuerzos conjuntos y coordinados. Esta medida es un paso importante para procurar la gobernanza adecuada del océano" así como "avanzar en el manejo adecuado de los recursos marinos en la región", dijo a DW Magie Rodríguez Esquivel, abogada Junior del Programa de Biodiversidad Marina y Protección Costera.

Para que ello sea eficaz, Maximiliano Bello, de Mission Blue, apunta al esfuerzo colectivo de todos los países ya que hay que "cortar cualquier ayuda que permita a esas flotas seguir pescando, llenando sus bodegas o descargando en el mar, en el puerto o incluso consiguiendo combustible para que pesquen en esa zona". En este sentido, recuerda que "Perú y Uruguay siempre están dando apoyo o la posibilidad para que esos barcos puedan descargar en sus puertos".

En coincidencia, el director de Pesquerías de Oceana Perú manifiesta que "en los últimos años esta flota está recibiendo mantenimiento en puertos peruanos". El directivo pidió además que esta Declaración incluya entre sus acciones que "Perú modifique su política respecto a la frecuencia, la forma o la facilidad con que estas embarcaciones ingresan". No obstante, aclaró que el Gobierno peruano "ha dictado un Decreto Supremo que busca reducir eso, pero todavía faltan otros aspectos".

Ecuador y la Unión Europea propusieron en la última reunión de la Organización Regional de Ordenación Pesquera del Pacífico Sur (SPRFMO por sus siglas en inglés) medidas que requerirían que todos los barcos tengan monitores a bordo para el 2028, y autorizarlos a descargar su captura solo en los puertos en lugar de transferirla en el mar a gigantes barcos frigoríficos, herramientas clave para limitar la pesca ilegal, no declarada y no reglamentada.

Sin embargo, ninguna de las medidas propuestas fue adoptada durante la reunión a puertas cerradas, lo que frustró los esfuerzos de los ambientalistas y algunos importadores de productos del mar en los Estados Unidos y Europa que han estado presionando por restricciones a la pesca en alta mar que abarca aproximadamente la mitad del planeta.

Calamasur, un grupo integrado por representantes de la industria del calamar de México, Chile, Perú y Ecuador, que asistió a la reunión virtual celebrada durante cuatro días declaró estar "decepcionado con los resultados".

En Argentina

Si bien la presencia de la flota china en aguas internacionales del Atlántico Sur no es novedad, lo cierto es que preocupa porque en diversas ocasiones se han registrado casos de barcos chinos que ingresaron a las aguas jurisdiccionales argentinas para pescar ilegalmente en ellas.

En las más de dos décadas desde que se implementó el

patrullaje del mar Argentino, la Prefectura Naval capturó 80 embarcaciones que se encontraban infringiendo la zona de exclusión. Uno de sus máximos logros fue conseguir, en 2016, que Interpol detenga en un puerto indonesio al pesquero chino "Hua Li 8" que había atravesado la línea de las 200 millas.

Según los informes, el 29 de febrero de 2016 un buque guardacostas argentino detectó al buque Hua Li 8 de bandera china que pescaba sin permiso en la Zona Económica Exclusiva (ZEE). Luego de no obtener respuesta por parte de la tripulación a la advertencia de detener la actividad de pesca ilegal, se activó el protocolo que rige para los casos de desobediencia. Minutos más tarde, se efectuaron desde el buque patrullero disparos de fuego controlado como método persuasivo.

Los disparos destruyeron todo el sistema de comunicaciones del buque chino, no obstante, éste emprendió la fuga, por lo que la Justicia Federal argentina dictó el pedido de captura internacional. Finalmente, el buque fue capturado en aguas de Indonesia por las autoridades de ese país.

El cineasta Enrique Piñeyro invitó recientemente a un grupo de periodistas a sobrevolar en su avión particular la milla 200 del mar Argentino, es decir, el límite que divide el territorio marítimo del país con aguas internaciones, para ver la depredación desde el aire. Las fotografías de las luces de cientos de barcos pescando en medio de la noche circularon luego por distintos medios de comunicación y causaron un gran impacto.

En 2021, cerca de 350 barcos de bandera china han estado pescando frente a las costas argentinas, extendiendo su permanencia mediante trasbordos no regulados, una controvertida práctica en la que se transfiere la pesca a una nave nodriza que les permite a los barcos dar apariencia legal al pescado captado.

Un informe elaborado por la ONG conservacionista Oceana, señala que, entre enero de 2018 y abril de 2021, datos satelitales muestran que 400 barcos de bandera china —en su mayoría poteros que usan lámparas de luz intensa para atraer a los calamares a la superficie durante la noche— saquearon las aguas justo frente a territorio argentino durante más de 621.000 horas.

En más de 4.000 eventos, estas embarcaciones desaparecieron de los sistemas de vigilancia pública por más de 24 horas, y lo más seguro es que lo hayan hecho apagando su sistema de identificación automática (AIS) para evitar la detección. Esta práctica controvertida muchas veces esconde comportamientos ilegales como la invasión de aguas soberanas para pescar ilegalmente, según señala el estudio.

Este periodo de tres años incluye el mes de abril de 2020, cuando unos 100 barcos poteros, en su mayor parte de bandera china, fueron sorprendidos pescando ilegalmente en aguas argentinas, aparentemente con sus dispositivos de rastreo público apagados, como lo informó *Pesca Con Ciencia*.

Otro estudio interesante, de InSight Crime, enfatiza que la flota china representa una amenaza seria y permanente para la soberanía, la economía y la biodiversidad argentinas. Incluso un experto de esta entidad definió al conflicto de "guerra literal" por los miles de millones de dólares en exportaciones de pescado y por la supervivencia de ciertos hábitats marinos.

Carlos Liberman, subsecretario de Pesca y Acuicultura de la Nación, señala que "frente a la ZEE argentina, en la milla

201, donde las aguas son internacionales y libres, se posiciona una flota extranjera con preponderancia de buques chinos dedicada en general a la pesca del calamar".

Entre noviembre de 2020 y mayo de 2021, un total de 523 barcos pesqueros, en su mayoría chinos, fueron detectados en ese delicado límite en cercanías de la ZEE de 200 millas náuticas de Argentina, según datos satelitales analizados por Windward, una empresa de inteligencia marítima.

De esa cantidad, el 42% tenía apagados sus transpondedores de seguridad obligatorios al menos una vez.

En 2020 el Congreso argentino sancionó un proyecto de ley que endureció el esquema de penalidades. Con anterioridad, la multa máxima establecida era de AR$ 10 millones a los buques que pescaban ilegalmente en su mar territorial; el actual establece tres tipos de sanciones: multa de tres millones de litros de combustible, o de seis millones si el buque es reincidente. En segundo lugar, más allá de la multa, el buque que ingrese ilegalmente en la ZEE deberá pagar además el conjunto de todos los gastos en los que incurre el Estado para proceder a la captura y este no es un monto menor porque son millones los que se gastan en mover buques y aviones. En tercer lugar, se decomisa toda la captura que está en la bodega del buque.

El funcionario agrega que se añadió un cuarto buque patrullero oceánico. En estos dos años se han incorporado cuatro buques de última generación con gran capacidad de despliegue en el mar, los que son unas cuatro veces más rápidos que los buques pesqueros. A estos se suman dos aviones de la Prefectura Naval Argentina (PNA) que se adquirieron en 2014, y se toman 25 imágenes satelitales diarias con posición y ubicación. Toda esta información converge en las oficinas de PNA y la Armada, que todos los días informan a la sociedad a través de sus páginas web oficiales. Carlos Liberman recalca que 25 imágenes son muchas porque los buques se mueven a velocidad lenta.

"Un buque potero para pescar necesita prender las luces, porque el calamar se resguarda en el cono de sombra y ahí lo pueden capturar. Tiene que estar a velocidad cero. Cuando un buque de noche prende las luces, es captado clarísimamente por las imágenes satelitales. En 2020 cuando todavía estaba vigente la ley vieja capturamos tres buques extranjeros y esto representó la mayor captura en un solo año. Esto ocurrió en la milla 199 y causó gran impacto. Como acto seguido a través de la Cancillería, notificamos el cambio de la ley y afortunadamente no hemos tenido nuevos incidentes de esta naturaleza", resalta el subsecretario de Pesca y Acuicultura de la Nación.

En agosto de 2022, fui recibido por oficiales de la Prefectura Naval Argentina en el edificio Guardacostas, sede de la institución. En la oportunidad, me mostraron los modernos sistemas de rastreo por satélite y el patrullaje aéreo y marítimo que se realiza para combatir la pesca ilegal.

La información oficial que me brindaron destaca que en los últimos dos años no hubo intromisiones en el mar territorial argentino. Sin embargo, un informe de Oceana, que analizó a la flota china desde el 1 de enero de 2018 hasta el 25 de abril de 2021, revela que "más de la mitad de las embarcaciones tuvieron por lo menos un evento de pérdida de señal y que, además, este grupo específico navegó y pescó, sin transmitir su posición, durante más de 600.000 horas".

Esta visión coincide con las estimaciones de las organizaciones que buscan la conservación medioambiental, las que aseguran que se van alrededor de USD 2.000 millones anualmente de Argentina por la pesca ilegal.

Al Pacífico

La presencia de la flota china en Argentina es parte de un recorrido que se repite todos los años, por lo que se sabe que a partir de mayo los barcos comenzarán a cruzar, a través del estrecho de Magallanes, hacia el océano Pacífico. Una vez allí las naves navegarán hasta el límite del mar peruano donde se detendrán durante un tiempo a pescar otra especie de calamar, el Dosidicus gigas, para posteriormente trasladarse hasta los límites de la zona económica exclusiva de Galápagos, en Ecuador.

La cantidad de embarcaciones con bandera china abocada a la pesca del calamar gigante en el Pacífico Sur se multiplicó por diez en poco más de una década, de las 54 del 2009 a 557 en el 2020, de acuerdo con la Organización de Manejo de Pesqueras Regionales del Pacífico Sur, una organización intergubernamental de 15 países encargada de garantizar una pesca sustentable en la región. Su captura de peces pasó de las 70.000 toneladas del 2009 a las 358.000 del 2022. Hay quienes dicen que las organizaciones regionales que tratan de controlar la pesca no tienen forma de impedir que China registre embarcaciones asociadas con la pesca ilegal y los abusos.

La flota china puede pescar a veces por años porque descargan sus capturas en una red de gigantescas embarcaciones refrigeradas, capaces de transportar 15.000 metros cúbicos pescados (el equivalente a seis piscinas olímpicas). Enormes buques cisterna llevan combustible subsidiado por el Gobierno chino, lo que agrava el impacto en el medio ambiente. Los 12 barcos refrigerados activos en el Pacífico en julio de 2022 tuvieron al menos 196 encuentros con barcos pesqueros en ese período, según datos satelitales analizados por Global Fishing Watch, organización de Estados Unidos que apoya la pesca sustentable.

De 140 embarcaciones monitoreadas por la C4ADS, 133 (95%) pertenecen a China, cuatro (3%) a Taiwán y tres (2%) a Corea del Sur.

Informes de ubicaciones falsas y el uso de múltiples identidades de servicios móviles marítimos (MMSI) comprueban las operaciones irregulares en aguas lejanas de buques vinculados al régimen de Xi Jinping.

Según la investigación, la propiedad de las embarcaciones se concentra solo en 50 empresas donde prevalece una superposición adicional entre accionistas y beneficiarios reales. Incluso revela que 25 tienen vínculos con la cúpula estatal de Pekín y 16 de las embarcaciones están relacionadas a denuncias de tráfico ilícito e incluso trabajo forzoso y otros delitos.

Los biólogos advierten que el auge ha dejado al calamar de Humboldt, naturalmente abundante, llamado así por la corriente rica en nutrientes de la costa oeste de América del Sur, vulnerable a la sobrepesca, como ha sucedido en Argentina, México, Japón y otros lugares donde las poblaciones de calamares simplemente desaparecieron.

En Chile, un completo informe realizado por Vanesa Catanzaro para *Europaazul*, destaca que el país cuenta con la gran parte de las costas del Pacífico latinoamericano, por lo que sus recursos marítimos no escapan a la amenaza creciente de los buques chinos en mar internacional que cotidianamente traspasan su mar territorial para extraer la fauna marina que allí habita.

La pesca ilegal en Chile representa un costo estimado anual de USD 300 millones para el país, según un informe de 2020 de AthenaLab, un centro de investigación chileno de defensa y seguridad.

La Convención de las Naciones Unidas sobre el Derecho del Mar instituye que las naciones costeras tienen jurisdicción sobre los recursos naturales dentro de su ZEE, por lo que, si bien los buques chinos no pueden pescar en sus aguas, sí pueden navegar.

En diciembre de 2020, la Armada de Chile informó que un total de 432 buques pesqueros con bandera china y 17 naves de apoyo logístico navegaron frente a las costas del país.

"De los anteriores, 77 ya se encuentran en tránsito dentro del área de responsabilidad nacional, de los cuales solo 11 transitan por la ZEE, sin hacer uso de sus aparejos ni efectuar faenas de pesca", señala el comunicado, publicado en la revista digital *Diálogo*.

El incremento en los últimos años de la cantidad de navíos de bandera china en las costas chilenas avistados por la Armada del país, incrementa la preocupación por la pesca INDNR, lo que ha generado un punto de partida a nuevas políticas que tienen como objetivo regular, con mayor efectividad, la actividad pesquera internacional.

Las aguas peruanas cuentan con una de las especies más preciadas por los pesqueros chinos, el Dosidicus gigas, también conocido como calamar gigante, una especie altamente migratoria con una rápida tasa de crecimiento y una vida corta.

La pesquería de estos calamares gigantes es una de la más grande del mundo, y está regulada por la Organización Regional de Ordenación Pesquera del Pacífico Sur (OROP-PS), según informa *Global Fishing Watch*.

Los estudios indican que el número de buques pesqueros activos con bandera china que operan en zonas reguladas por la OROP-PS ha aumentado aproximadamente en un 400% en nueve años, con 104 registrados en 2010 y 516 en 2019.

En 2022 se autorizó bajo registro a un total de 707 embarcaciones de calamar de aguas distantes para pescar calamar gigante en alta mar, de estos, 516 se encontraban pescando y tenían bandera china, según el informe del Comité Científico de la OROP-PS.

Este número de buques poteros activos chinos capturaron un total de 305.700 toneladas en alta mar en 2019, en comparación con las 2.500 embarcaciones artesanales peruanas, de mucha menor envergadura, que capturaron en el mismo año 494.000 toneladas en aguas nacionales. Estas diferencias evidencian la alarmante capacidad arrolladora de los buques chinos para extraer recursos marinos.

Igualmente, una investigación periodística publicada en *Super Interessante* de Brasil, atestigua que, en Perú, la productividad promedio de los barcos pesqueros disminuyó en un 70% en los últimos cinco años como consecuencia de los pesqueros chinos, pues estos capturan buena parte de las 300.000 toneladas de calamar gigante que se pescan anualmente en ese país.

Uno de los casos que tramitó en los tribunales peruanos

fue el del buque Damanzaihao, al que se lo conoce como "El Sicario de los Mares" y que fue retenido por tres años en el puerto peruano de Chimbote. La nave, propiedad de la firma china Sustainable Fishing Resources, fue acusada de pesca ilegal de especies.

La mayor preocupación relacionada con la pesca INDNR apunta a la flota de calamar industrial que opera en alta mar. Algunos de los riesgos potenciales incluyen el reporte inexacto de la captura y la posible pesca no autorizada dentro de la ZEE del Perú.

Una de las últimas medidas que ha implementado Perú en 2020 para un control más eficiente sobre los buques extranjeros que navegan sus aguas, es la exigencia de la instalación de sistemas de monitoreo de buques (VMS) si desean utilizar puertos peruanos para labores de mantenimiento, reabastecimiento de combustible o cambio de tripulación.

La Reserva Marina de Galápagos en Ecuador alberga la mayor biomasa de tiburones del planeta, muchos de ellos en peligro de extinción, y son considerados un manjar preciado por China.

En 2020, 260 embarcaciones chinas pasaron varias semanas pescando calamares en los límites de la zona económica exclusiva de Galápagos, lo que preocupó a las autoridades ecuatorianas, no solo por el impacto ecológico al reducir esos recursos, sino por la amenaza sobre las especies en peligro de extinción.

"Hay mucha preocupación por el volumen de pesca. Estamos hablando de una flota gigantesca", dijo Luis Suárez, director de la ONG Conservación Internacional en Ecuador.

La pesca en aguas internacionales no es ilegal, incluso si

esas aguas se encuentran justo al lado de áreas de gran importancia ecológica, por lo que las flotas pesqueras que navegan en estas aguas donde la actividad carece de regulaciones y monitoreo, incrementan la amenaza para la vida de estas especies, que no conocen de fronteras marítimas y muchas veces traspasan las líneas demarcadoras.

En 2017, un antecedente encendió las alarmas. El buque frigorífico chino Fu Yuan Yu Leng 999 fue perseguido y abordado por las autoridades ecuatorianas dentro de la Reserva Marina de Galápagos, y en él encontraron un espantoso botín de 6.000 cadáveres de tiburones congelados, según el informe de *ABC News*.

En julio de 2019, más de 340 barcos pesqueros chinos aparecieron en las afueras de la reserva marina de Galápagos, biodiversa y ecológicamente sensible. Muchos de los navíos estaban vinculados a empresas asociadas con la pesca ilegal, según la firma de investigación de conflictos C4ADS. Tres años antes, una flotilla china de tamaño similar llegó a estas mismas aguas, y un barco fue detenido con unas 300 toneladas de pescado capturado ilegalmente, incluidas especies en peligro de extinción, como tiburones martillo.

Con una fuerte voluntad política para terminar con esta depredación, en 2021 el Gobierno ecuatoriano consiguió que la flota china aceptara una franja de distancia de 50 millas náuticas alrededor de las Galápagos y de 200 millas de su costa continental. Para tal fin, el Ministerio de Relaciones Exteriores y la Armada de Ecuador llevaron a cabo negociaciones puntuales con Pekín. Los resultados están a la vista: la flota depredadora china está por ahora respetando esa distancia acordada.

"La Argentina se encuentra altamente endeudada con China, pero Ecuador también; no existen justificaciones para la inacción ante el avasallamiento de su soberanía ambiental, económica, y geopolítica que lleva 20 años. No tenemos una política de Estado definida y continua; el problema de la sobrepesca en el Atlántico Sur empeora y puede llevar al ecosistema a un colapso ambiental y social", señaló Milko Schvartzman en una columna de opinión publicada en el diario *Clarín* de Argentina.

En el mar de Japón

Muchos tipos de peces y criaturas marinas están desapareciendo a un ritmo insostenible debido al cambio climático, la sobrepesca y la pesca ilegal de las flotas industriales.

A medida que estas poblaciones marinas disminuyen, la competencia crece y los enfrentamientos en altamar entre las naciones pesqueras se vuelven más comunes. Los países amantes de los mariscos, como Japón y Corea del Sur, están siendo superados por las crecientes flotas de Taiwán, Vietnam y, sobre todo, China

El mar de Japón es actualmente un escenario de conflictos. La zona posee parches de agua en disputa donde los países vecinos como Rusia, Japón y las dos Coreas, no reconocen las fronteras marítimas de los demás.

La presencia cada vez más fuerte de los chinos en esta región solo intensificó las tensiones locales. Es así como en 2022, los buques chinos ilegales, que suelen ser hasta 12 veces más grandes que los de Corea del Norte, capturaron la mayor parte de los calamares que Japón y Corea del Sur combinados: unas 195.000 toneladas, con un valor de más de USD 490 millones anuales. Los investigadores marinos temen un colapso total de esta colonia de calamares, que ha disminuido en un 67% promedio en aguas de Corea del Sur y Japón, respectivamente, desde 2008.

"La flota china es el principal culpable de esta caída precipitada porque, al apuntar a las aguas de Corea del Norte, estos barcos industriales capturan los calamares antes de que crezcan lo suficiente como para procrear", certifica Jaeyoon Park, científico del Global Fishing Watch.

Dado que las autoridades chinas no hacen públicas sus licencias de pesca, Global Fishing Watch remarca que no hay forma de verificar que todos los barcos que ingresan a las aguas de Corea del Norte sean autorizados por el Gobierno chino. Sin embargo, la organización corroboró que los buques eran de origen chino a través de varias otras fuentes de información.

Esta situación deriva también en penosas consecuencias sociales. La mayoría de los hombres mayores de 40 años de la isla Ulleung, ubicada a unas 75 millas al este de la Península Coreana, son pescadores de calamar, pero un tercio de ellos está desempleado debido a la disminución de las existencias. Que una actividad vital en la cultura local pueda llegar a desaparecer está sacudiendo a esta comunidad, cuya identidad durante siglos está definida por la pesca de calamar.

"En ciertas épocas del año, cuando arrecian las tormentas, una legión compuesta por centenares de buques chinos de calamar llegan simultáneamente a nuestro puerto para guarecerse. Arrojan aceite, tiran basura, encienden sus ruidosos generadores de humo toda la noche y al salir arrastran sus anclas y destruyen las tuberías de agua dulce de la isla. El mundo exterior necesita saber qué está pasando aquí", ilustra Kim Byong, alcalde de la isla Ulleung.

En los polos

Por los efectos del cambio climático, el mar Ártico ve disminuida la cantidad de hielo polar y esto deriva en un aumento en el interés de la extracción y transporte comercial de recursos.

La mayoría de los expertos consultados coincide en que ésta será la próxima zona de conflicto a observar.

"Los chinos están muy interesados en potenciales fuentes de proteína, en el stock pesquero en el Ártico", dijo Heather Conley, vicepresidente senior para Europa, Eurasia y el Ártico del Centro para Estudios Estratégicos Internacionales en declaraciones a *Business Insider*.

Nueve países, incluyendo China y la Unión Europea, firmaron un acuerdo, a finales de 2017, que prohíbe la pesca comercial en el Ártico central por 16 años para permitir la realización de un estudio de la región. "El fin es garantizar que haya suficiente información para llevar a cabo una pesca sostenible cuando esa decisión tenga que ser tomada", comentó Conley.

No obstante, el experto anticipó que "los stocks pesqueros están viajando hacia el norte en busca de aguas más frías", y que "China quiere garantizar que no será excluida de esas áreas de pesca".

En la otra punta del mundo, no cayó bien en el Gobierno argentino la propuesta de China de construir un polo logístico en Tierra del Fuego para su flota que opera en la milla 201, con proyección a la Antártida y aguas adyacentes del Atlántico Suroccidental.

En los pasillos de la Casa de Gobierno de Argentina, se habló de una "fuerte presión" de parte del régimen liderado por Xi Jinping hacia algunos funcionarios fueguinos para que cambien su postura y le permitan a China tener su propio acceso sobre el continente antártico.

Esto generó la pronta reacción del ministro de Economía argentino, Sergio Massa, quien, en declaraciones púbicas efectuadas en el Congreso de la Nación se apuró a descartar el proyecto.

De todos modos, y en términos militares, la República Popular China está mostrando un creciente interés en la Antártida en los últimos años.

Con presencia en el continente blanco desde 1984, en la actualidad mantiene allí cinco bases de investigación, incluida una en el área correspondiente al reclamo histórico de Argentina. En 2013, dos fragatas misilísticas de la Armada del Ejército Popular de Liberación (EPL) viajaron a la región para realizar ejercicios militares conjuntos con Chile, con escalas previas en puertos de Argentina y Brasil.

Por su parte, el rompehielos Xue Long II de la Armada del EPL realizó su primer viaje a la Antártida en noviembre de 2019.

CAPÍTULO X

Derechos y humanos

Por méritos ajenos y errores propios, la violación a los derechos humanos llevada a cabo por el régimen de Xi Jinping está unificando las voces del mundo en su contra.

Méritos ajenos, porque los países se están animando a denunciar los atropellos. Errores propios porque frente a los cuestionamientos, la respuesta de Pekín es que "no tolera la injerencia en asuntos internos, ni las lecciones sobre derechos humanos".

Esta postura no queda solo en palabras. Cuando en diciembre de 2020 la Unión Europea impuso sanciones contra cuatro representantes del Partido Comunista Chino de la provincia de Xianjian por la persecución sistemática de la minoría musulmana de los uigures, Pekín devolvió el golpe con un escarmiento a mansalva. Entre los castigados estuvieron los eurodiputados Reinhard Bütikofer, del Partido Verde, quien dirige la delegación para China del Parlamento Europeo; el demócrata cristiano Michael Gahler, y el liberal Sjoerd Sjoerdsma quien declaró en su cuenta de Twitter que "mientras China continúe el genocidio de los uigures, no me callaré". También cayeron en la volteada el Instituto Mercator de Estudios Chinos en Berlín y el Consejo Político y de Seguridad del Consejo Europeo. La acusación de Pekín: "dañar gravemente la soberanía y los intereses chinos y expandir mentiras perniciosas e informaciones falsas".

Otro cortocircuito se produjo en 2019, cuando el Parlamento Europeo distinguió a Ilham Tohti con el Premio Sajárov a la libertad de conciencia y en reconocimiento a su defensa de los derechos humanos.

Profesor universitario de origen uigur, Tohti propuso un ambiente de diálogo para resolver esta delicada cuestión humanitaria. Pekín respondió vetando sus publicaciones y prohibiéndole el dictado de clases durante cuatro años. El medio que encontró el catedrático para expresarse fue su sitio web uyghurbiz.net, desde donde denunció a escala global los abusos de todo tipo que padecían los uigures. Su actitud no duró mucho, en 2014 fue juzgado por separatismo y condenado a cadena perpetua.

"Ilham Tohti es un criminal que fue penado de acuerdo con la ley por un tribunal chino. No aceptaremos que nadie se inmiscuya en los asuntos internos y la soberanía judicial del país para no inflar la arrogancia de los terroristas", declararon desde el Ministerio de Exteriores a la agencia Reuters.

Un año antes, Amnistía Internacional y Human Rights Watch también habían distinguido a Tohti con el Premio Ennals, calificado como equivalente al Nobel en cuestiones de derechos humanos.

Lo cierto es que el trato dispensado a los uigures es motivo de preocupación mundial. En pleno Siglo XXI, cuesta digerir la existencia de campos de internamiento para mantener bajo control a parte de una población.

Las sanciones de Pekín también recayeron contra cuatro miembros de la Comisión de Libertad Religiosa Internacional de los Estados Unidos: la presidenta Nadine Maenza, su vicepresidenta Nury Turkel y los comisarios Anurima Bhargava y James W. Carr. Conforme lo informado por el vocero del Ministerio de Relaciones Exteriores, Zhao Lijian, la medida se adoptó por las críticas que expresaron respecto al trato de la minoría musulmana uigur en Xinjiang.

Las penalidades incluyen "la prohibición de las personas mencionadas de ingresar a China y el congelamiento de sus bienes en China continental, Hong Kong y Macao". Asimismo, "los ciudadanos e instituciones chinos también tienen prohibido tratar con estas personas", conforme surge del comunicado oficial del ministerio.

Según datos estimados por las Naciones Unidas, más de un millón de uigures y otras minorías de religión islámica de habla turca están detenidos arbitrariamente en Xinjiang, a la que los locales prefieren denominar como "Turquestán Oriental".

En esta provincia, que es la más occidental de China, viven alrededor de 12 millones de uigures que conforman un sólido conglomerado mayoritariamente musulmán, que difiere de los han, que es la etnia dominante en el país.

Por su lejanía geográfica, social, religiosa y sobre todo ideológica con el régimen de Xi Jinping, los uigures han expresado más de una vez sus intenciones separatistas, incluso con ocasionales actitudes radicalizadas expresadas en violentos atentados.

Este tipo de regionalismo, que se observa en otros países del mundo como en España con los vascos o los catalanes, es visto como una señal de alarma por Pekín y su proyecto de "una sola China".

El pueblo uigur ha sufrido la represión china desde hace

mucho tiempo, pero no fue hasta 2014, bajo la orden del jefe del Partido Comunista, Xi Jinping, cuando se reforzaron los intentos por convertir a estos musulmanes en simpatizantes del partido.

Entre los signos de la comunidad uigur que China considera sospechosos se encuentran rezar en lugares públicos –algo no permitido en la región–, rechazar la educación estatal, intentar convencer a alguien de dejar de fumar o beber por motivos religiosos, dejarse la barba muy larga, boicotear las actividades comerciales no acordes con el islam o llevar ropa cubriendo el rostro en el caso de las mujeres, sobre todo el burka. Durante el mes sagrado musulmán de Ramadán, tampoco se ve con buenos ojos el ayuno tradicional de este periodo.

"Somos un país socialista y separamos la religión de las instituciones estatales, que son establecimientos seculares, como los centros educativos y otros lugares", declaró Xu Guixiang, vocero del Gobierno de Xinjiang a la agencia EFE.

Si el Partido Comunista Chino está dispuesto a ir a la guerra para incorporar una isla como la de Taiwán, a la que considera propia, resulta interesante analizar las acciones que ejecuta en un territorio supuestamente insurgente dentro de sus propias fronteras continentales.

El Consorcio Internacional de Periodistas de Investigación, formado por 17 prestigiosos medios de comunicación de todo el mundo, elaboró un completo informe en base a documentos filtrados del año 2017.

Los cinco archivos que vieron la luz reflejan claras instrucciones a los trabajadores de los "centros de reeducación" donde China encierra a los uigures para someterlos a un programa de asimilación cultural.

La lectura minuciosa de estos documentos refleja hasta qué punto es difícil la vida en esta zona carente de libertad. Como en una suerte de "Gran hermano" la República Popular montó un férreo aparato de control que va de las calles hasta los mismísimos hogares. El operativo se monitorea desde la llamada "Plataforma Integrada de Operaciones Conjuntas" (IJOP, según sus siglas en inglés). De tal modo, el gobierno reúne datos sobre la actividad de los ciudadanos a través de cámaras y de sus propios teléfonos móviles privados a partir de una aplicación para compartir archivos.

Tras el monitoreo, el IJOP determina quiénes deben ser encerrados en los "campos de reeducación" donde, bajo la excusa de ser sometidos a un proceso de asimilación cultural, padecen vejaciones constantes.

En 2020, la organización Human Rights Watch difundió el documento "Algoritmos de represión en China". Allí se destaca que, en 2019, dentro de la llamada "Campaña de Mano Dura", las autoridades de Xinjiang recopilaron datos biométricos y muestras de ADN, huellas dactilares, escáneres de iris y grupos sanguíneos de todos los residentes de la región de 12 a 65 años.

Con la aparición de estos documentos, Pekín se vio obligada a cambiar su actitud de la negación a la justificación. Mientras todo se circunscribía a las denuncias de los que lograban escapar del régimen, era "la palabra de ellos contra la nuestra", pero con esta documentación indubitable, y rubricada por Zhu Hailun, a cargo de seguridad del Partido en la región, algo debían decir.

La postura entonces fue la de intentar justificar esta política bajo la inconcebible excusa de la lucha contra el terrorismo. Acusar de fundamentalismo islámico fue la manera más sencilla y obvia que encontró el régimen de Xi Jinping tal cual lo reflejó la declaración pública emanada de su Ministerio de Asuntos Exteriores.

"Algunos medios están intentando desprestigiar los esfuerzos de China en materia de contraterrorismo en Xinjiang, pero no lo lograrán. La estabilidad, la solidaridad étnica y la armonía son la mejor respuesta a esa desinformación", informaron en aquel momento desde la cancillería.

Una investigación llevada a cabo por Pablo Rubio para el medio *Atalayar*, destaca cómo en estos campos, bajo el eufemismo "reeducación", se lleva a cabo un programa de asimilación cultural.

El autor señala que las condiciones dentro de esos sitios de confinamiento, según las descripciones realizadas por exiliados, son pésimas. Además, las acusaciones de tratos degradantes, torturas y asesinatos a manos de la Policía son frecuentes entre aquellos que han pasado por el trance y han conseguido escapar del país. Después de pasar por los campos de internamiento, son enviados a campos de trabajo para completar su formación.

Los más rebeldes a ojos de Pekín suelen acabar, por el contrario, en prisión.

Frente al penoso escenario que les espera si se quedan en su tierra, miles de uigures abandonan territorio chino desde hace tiempo. El masivo exilio, estimado en más de dos millones de personas, recibe asilo en países como Australia, Turquía y Alemania. Pero ni aun allí se liberan del todo de las garras chinas: uno de los telegramas develados por el Consorcio Internacional de Periodistas prueba que Pekín lleva un listado de los uigures que pidieron y accedieron a otras nacionalidades.

En mayo de 2022, unos datos jaqueados de los servidores informáticos de la policía china reflejaron a partir de miles de fotografías del sistema penitenciario de Xinjiang las vejaciones que sufrían los uigures.

Conocidos como "Archivos de la Policía de Xinjiang", las imágenes fueron publicadas en una página de Internet después de una investigación de meses que involucró a medios como la BBC desde principios de 2022. Tras establecer su autenticidad, se sumó una prueba más a esta denuncia.

El medio *State* publicó una entrevista realizada a Chin y a Lin, tras su visita a Xinjiang.

Chin describió que llegar allí era como conducir a una zona de guerra plagada de tecnología de vanguardia para el control de la población como cámaras de vigilancia y micrófonos para monitorear el área.

"Si quieres entrar a un banco, a un hotel, a un mercado, algo así, debes pasar por un control de seguridad. Tienes que escanear tu tarjeta de identificación y tu cara para que coincidan con tu tarjeta de identificación, y así tendrían un registro de adónde ibas. Caminando por la calle, la policía puede saludarte y obligarte a entregar tu teléfono, el que será conectado a un dispositivo de escaneo en busca de información digital", reveló Lin.

Lo que el régimen chino hace con la información es clasificarla para ranquear a las personas dentro de tres categorías: segura, promedio e insegura.

El testigo también describió lo que observó al visitar desde afuera los llamados campos de reeducación donde conducen a los ciudadanos catalogados de inseguros.

"Cuando fuimos a visitarlos, vimos esencialmente una prisión. Tenía paredes de 6 metros de alto con alambre de púas. Había guardias en el frente con rifles de asalto. Lo que luego supimos fue que esos eran campos de internamiento donde las personas estaban siendo objeto de reeducación política", comentó Chin.

Para el mundo, la discusión se cerró en agosto de 2022. Fue cuando la Alta Comisionada de las Naciones Unidas para los Derechos Humanos, Michelle Bachelet, hizo público el informe sobre violaciones a los derechos humanos en contra de la minoría musulmana uigur, en la región china de Xinjiang.

En el reporte se lee que "en Xinjiang se han cometido graves violaciones de los derechos humanos en el contexto de la aplicación, por parte del gobierno, de estrategias de lucha contra el terrorismo y el extremismo".

Dentro de las recomendaciones, se pide al gobierno chino que "adopte rápidamente medidas para liberar a todas las personas privadas arbitrariamente de su libertad en Xinjiang, ya sea en los llamados centros de formación profesional, en las prisiones o en otros centros de detención".

Asimismo, exhortó a China para que comunique a las familias el paradero de todas las personas que han sido detenidas, facilitando su ubicación exacta, que ayude a establecer canales seguros de comunicación, y permita que las familias se reúnan.

También demanda a China que lleve a cabo una revisión jurídica completa de sus políticas de seguridad nacional y antiterrorista en Xinjiang, para garantizar su plena conformidad con el derecho internacional vinculante en materia de derechos humanos y que derogue cualquier ley que no cumpla las normas internacionales.

Finalmente, le recomienda al Gobierno chino que investigue sin demora las denuncias de violaciones de derechos humanos en los campamentos y otros centros de detención, incluidas las denuncias de tortura, violencia sexual, malos tratos, tratamiento médico forzado, así como trabajos forzados e informes de muertes bajo custodia.

En 48 páginas repletas de documentación y testimonios, el reporte concluye en la existencia de "pruebas creíbles" de torturas a miembros de la comunidad uigur y de violaciones, además de "violencia sexual dirigidas principalmente a las mujeres durante el período 2017-2019 y potencialmente después".

El informe destacó asimismo que "estas violaciones de los derechos humanos, tal y como se documenta en esta evaluación, se derivan de un 'sistema de leyes antiterroristas' interno que es profundamente problemático desde la perspectiva de las normas y estándares internacionales de derechos humanos. Contiene conceptos vagos, amplios y abiertos que dejan una gran discrecionalidad a los funcionarios para interpretar y aplicar amplios poderes de investigación, prevención y coerción, en un contexto de garantías limitadas y escasa supervisión independiente".

En marzo de 2018, en una serie de manifestaciones en distintas partes del mundo, cientos de uigures denunciaron el tratamiento que le daba la comunidad china a esta etnia minoritaria. En ciudades de Estados Unidos, Bélgica, Alemania, Noruega, Turquía, Suecia, Reino Unido, Países Bajos, Australia, Canadá, Francia, Finlandia y Japón, salieron a las calles para defender los derechos humanos.

Este evento global fue organizado por One Voice, One Step Initiative, entidad creada por un grupo de mujeres uigures que desde Estados Unidos y Europa pretenden unificar a las miembros de esta diáspora para mejorar la situación existente. "Freedom for Uyghurs" o "Uyghur Rights are Human Rights" eran algunos de los mensajes que reflejaban sus pancartas.

Bajo el lacónico título de "los campos de concentración están de vuelta", el mismo organismo de mujeres organizó además una exposición fotográfica temática en el Club Nacional de Prensa, en Washington DC.

Fábrica de mentiras

No importaron las evidencias ni las investigaciones llevadas cabo desde la ONU. El Gobierno chino contestó con evasivas y aseguró que la llamada "valoración" iba en contra del mandato del alto Organismo e ignoraba "los logros de los derechos humanos alcanzados en conjunto por las poblaciones de todos los grupos étnicos en la región autónoma de Xinjiang". Al mismo tiempo, denunció que se estaban "fabricando mentiras por fuerzas anti chinas".

Tras la difusión del reporte de la ONU, el secretario de Estado norteamericano, Antony Blinken, destacó en un comunicado que se "refuerza y reafirma nuestra grave preocupación por el genocidio y los crímenes de lesa humanidad que las autoridades gubernamentales de la República Popular China están cometiendo contra los uigures".

Desde Estados Unidos se tomaron medidas concretas, como la Ley de Prevención del Trabajo Forzado de los Uigures que entró en vigor en junio de 2022. La norma establece la presunción de que los productos procedentes de Xinjiang se fabrican con trabajo forzado y no pueden importarse.

La norma supone que todos los productos de Xinjiang se fabrican con trabajo forzoso y requiere que éstos muestren la documentación de abastecimiento de los equipos importados hasta la materia prima para demostrar lo contrario antes de que se puedan autorizar las importaciones

En junio de 2022, por trabajo esclavo, Estados Unidos también bloqueó en sus puertos más de mil envíos de componentes para energía solar valuados en cientos de millones de dólares.

Se sumaron también a las sanciones a varias empresas de indumentaria como la sueca H&M, la norteamericana Nike, la alemana Adidas o la japonesa Uniqlo, las que se comprometieron a no adquirir algodón de Xinjiang.

La contraofensiva de Pekín no tardó en manifestarse. Los productos de H&M fueron bajados de un plumazo de las principales páginas de venta de ropa en China, mientras que varios actores y cantantes locales renunciaron a ser embajadores de imagen de Nike, Adidas, Uniqlo, Converse y Calvin Klein.

China pudo de todos modos eludir o postergar sanciones internacionales a partir de sus aliados en los organismos multilaterales. Ganó, por ejemplo, la votación de la ONU en Ginebra y logró evitar el debate de las sistemáticas violaciones a los derechos humanos cometidas contra la minoría musulmana de los uigures.

El Proyecto de Decisión presentado por Estados Unidos fue rechazado por un bloque de 19 votos, que lideró China junto a Cuba, Bolivia, Venezuela y Mauritania, entre otros países. La posición de Washington recibió el apoyo de Alemania, Francia, Japón, Finlandia y Honduras, sumando 17 avales. Mientras que Argentina, Brasil, México y la India se abstuvieron en una postura equidistante que contó con 11 adhesiones.

En ese acto quedó en evidencia la fractura del escenario global: Estados Unidos apoyado por Alemania, Japón, Francia y Qatar, y China respaldado por Cuba, Venezuela y Sudán.

Con la excepción de Honduras y Paraguay, que apoyaron la iniciativa de los Estados Unidos, el resto de América Latina apareció dividida. Hubo abstenciones –como Argentina, Brasil y México– y ostensibles rechazos –Cuba y Venezuela–, que castigaron en el debate público a la política exterior de Joseph Biden.

Quedó claro una vez más el peso de la billetera de Pekín y la consiguiente devolución de favores.

Fuera del closet

Otros que no la pasan bien en China son los miembros de la comunidad LGTBQ+. Despenalizada en 1997, la homosexualidad sigue de todos modos sin ningún tipo de protección legal. No hay sanciones contra la discriminación basada en la orientación sexual o la identidad de género. Las parejas del mismo sexo no tienen el derecho de casarse ni de adoptar hijos.

Es cierto que los activistas LGTBQ+ tuvieron algunos éxitos en la Justicia al argumentar que los derechos a la igualdad y la dignidad en la Constitución se aplican a las personas de su orientación sexual, tal el caso de un tribunal de Pekín que en 2020 protegió a una mujer trans que era discriminada en su trabajo.

Todo es ambiguo. Por un lado, la Asociación Psiquiátrica China eliminó la homosexualidad de su lista de enfermedades mentales en 2001, calificándola de "no necesariamente anormal". Sin embargo, un informe de 2020 de la oficina de Derechos Humanos de las Naciones Unidas encontró que los hospitales públicos en China ofrecen a las personas homosexuales terapias de conversión que están prohibidas en casi todo el mundo. También se registraron numerosas denuncias por discriminación de parte de trabajadores de la salud contra personas que padecen VIH/SIDA o que persiguen una cirugía de reasignación de sexo.

Un informe de Holly Snape, académica especializada en China de la Universidad de Glasgow, destaca que desde el arribo de Xi Jinping al poder se viene achicando el espacio de la comunidad LGTBQ+. Una normativa votada en 2021 limita el accionar de las organizaciones que no cuenten con la aprobación del régimen chino, prohibiéndoles la difusión de sus noticias en los medios, la ocupación de espacio físico en la vía pública, o el acceso a cuentas bancarias. De tal suerte, las organizaciones LGTBQ+, como no cuentan con dicha autorización, ven perjudicado su crecimiento y su accionar

Con una visión retrógrada, el Partido Comunista Chino, que sin dudas debe tener miembros de esta comunidad en la clandestinidad, considera que ser gay, bisexual, trans o no binario es un concepto importado de las sociedades capitalistas, aunque nunca lo ha dicho abiertamente.

Otro duro golpe se produjo cuando la popular red social WeChat, una suerte de Facebook chino, eliminó un gran número de cuentas con contenido LGTBQ+ y feministas más seguidas del país bajo el pretexto de que habían violado las reglas sobre información en Internet.

En el mismo sentido, la Administración de Ciberespacio de China informó que limpiaría las redes sociales de contenido LGTBQ+ para evitar que sea una "mala influencia" social y para proteger a los niños. En el cine, incluido el extranjero, no se permite la exhibición de sexualidades no heterosexuales.

En 2019, Wu Wei, un funcionario público gay de la provincia de Zhejiang, intentó suicidarse después de cuatro dolorosos años de malos tratos en el trabajo por ser homosexual. Millones de personas LGTBQ+ en China se enfrentan a la discriminación y al bullying en sus trabajos.

Un 21% de las personas LGTBQ+ encuestadas por el Programa de las Naciones Unidas para el Desarrollo (PNUD) declararon que habían sido maltratadas en el trabajo, 75% prefirieron no salir del armario y 91% de las personas trans son de bajos ingresos salariales. No existe una legislación que prohíba la discriminación laboral de las personas LGTBQ+ en China, lo que significa que se exponen a altos riesgos de desempleo, subempleo, y varias otras formas de discriminación.

Lamentablemente, muchas empresas internacionales tampoco logran proteger a sus funcionarios LGTBQ+ de China, aunque se presentan como grandes defensores de la comunidad LGTBQ+ en otras partes del mundo. Empresas como Coca-Cola, Starbucks, H&M, L'Oréal y TikTok han adoptado políticas de diversidad e inclusión que amparan a sus funcionarios LGTBQ+, pero no en China.

Desde la Agencia Reuters, en julio de 2022, se informó que dos alumnas de la Universidad Tsinghua, una de las más prestigiosas en China, fueron amonestadas por repartir banderas del arcoiris, que simboliza a la comunidad LGTBQ+.

Una de las estudiantes sancionadas, de nombre Christine Huang, contó que la medida disciplinaria fue producto de haber dejado en el supermercado del campus universitario 10 banderas del arcoiris en la previa de la celebración del Mes del Orgullo, que se conmemora internacionalmente en junio, junto a notas que invitaban a los alumnos a tomarlas.

Las estudiantes fueron identificadas por las cámaras y sancionadas con seis meses sin recibir becas o premios universitarios. De reincidir en su accionar, se les avisó que los incidentes aparecerían en sus archivos personales, situación que les imposibilitaría acceder a trabajos en empresas importantes en China.

Ni bien el incidente comenzó a discutirse en la plataforma WeChat, la censura china eliminó casi de inmediato todas las menciones.

En 2016, los censores chinos dictaminaron que los productores de cine y televisión deberían abstenerse de abordar temas o personajes homosexuales. En 2021, los controladores utilizaron la palabra "niangpao" ("hombres afeminados", en español) para advertir a las empresas de medios que no contraten a actores que no se ajusten a las normas de género.

Elsa Maishman, en su nota "Teresa Xu: una mujer china pierde el juicio por su intento de congelar óvulos", publicada en la BBC, relata la lucha de esta mujer soltera que buscaba el reconocimiento de ese derecho.

Teresa inició acciones legales en 2019 después de que el Hospital de Obstetricia y Ginecología de Pekín se negara a realizar el procedimiento, solo disponible para mujeres casadas con problemas de fertilidad. El tribunal consideró que el hospital no había violado sus derechos, que "entendía" la queja, pero que tenía que cumplir la ley.

Con 30 años, Xu intentó congelar sus óvulos en 2018 para centrarse en su carrera como editora independiente, pero dijo que el personal del hospital la había animado a tener un hijo en ese momento.

El hospital también dijo que los embarazos en mujeres de edad avanzada eran más arriesgados, y señaló los problemas a los que se enfrentan las madres solteras.

"Vine aquí en busca de un servicio profesional, pero en su lugar recibí a alguien que me instaba a dejar de lado mi trabajo y a tener un hijo primero. Recibí mucha de esta presión en esta sociedad, esta cultura", declaró Xu en un vídeo publicado en la red social WeChat.

Covid

Las desproporcionadas restricciones Covid-19 también son vistas por la comunidad internacional como una forma de sometimiento de la población por sus abruptas y prolongadas cuarentenas.

Numerosas personas denunciaron dificultades para obtener alimentos y atención médica, lo que en algunos casos causó muertes. También hubo informes generalizados de poblaciones vulnerables que carecían de acceso a alimentos, medicinas y otros artículos de primera necesidad. Videos en Internet muestran a policías y trabajadores de control epidémico golpeando y arrastrando a personas que se resistían a las restricciones impuestas por la pandemia.

En octubre de 2022, en Pekín, un hombre colocó dos carteles sobre un puente para pedir el fin del Gobierno de Xi. Un mes más tarde, cientos de residentes de Guangzhou salieron a la calle y derribaron barreras en desafío a las abusivas órdenes de confinamiento. El incendio de un edificio de apartamentos cerrado en Xinjiang, en el que murieron al menos 10 personas, derivó en marchas y protestas en Shanghái, Pekín y muchas otras ciudades.

En Hong Kong, la República Popular designó a John Lee, un duro ex policía con antecedentes de abusos. De inmediato, se acusaron de sedición a periodistas y detuvieron a manifestantes pacíficos por supuesta violación de la Ley de Seguridad Nacional. Muchos ciudadanos de Hong Kong siguieron conmemorando la matanza de Tiananmen de 1989 y cantaron públicamente la canción de protesta prohibida "Gloria a Hong Kong".

El gobierno también impuso una dura represión contra los tibetanos, incluso con una amplia campaña de tomas por la fuerza de muestras de ADN. En marzo de 2022, el cantante tibetano Tsewang Norbu se inmoló en señal de protesta.

En un video que fue verificado por The Associated Press,

una multitud en Shanghái coreaba "¡Xi Jinping! ¡Renuncia! ¡PCC! ¡Renuncia!", en alusión al Partido Comunista.

La policía empleó gases lacrimógenos para dispersar la manifestación, aunque la gente regresó al día siguiente y al mismo lugar para otra protesta. Un reportero vio varias personas que eran trasladadas en un autobús policial tras ser detenidas.

En otros sitios y videos en redes sociales se expusieron choques de gente con policías con trajes blancos de protección o personas que desmontaban barricadas que aislaban los vecindarios.

Por lo visto, el Covid fue muchas veces usado como excusa por China para reprimir protestas y reclamos.

Un caso emblemático fue el confinamiento de la llamada "ciudad iPhone" luego de la represión que sufrieran los empleados que protestaban en reclamo de mejoras salariales.

En total, unos seis millones de habitantes de la ciudad china de Zhengzhou, en la provincia de Henan, sede de la mayor fábrica de celulares iPhone del mundo, fueron confinados casualmente luego de algunos enfrentamientos entre la policía y los trabajadores de la planta, que pedían aumento de sueldo.

Si bien la ciudad registraba muy pocos casos de Covid, las autoridades sitiaron los ocho distritos, encerraron a sus pobladores durante cinco días, erigieron vallas y montaron puntos de control para restringir los desplazamientos.

"No nos dejan ir a trabajar y no podemos volver a casa, Zhengzhou está confinada", manifestó a la Agencia France Press uno de los empleados de la planta que fue obligado a hacer cuarentena, en la ciudad de Ruzhou, al suroeste de Zhengzhou.

Apple no se quedó de brazos cruzados ante semejante atropello, y trasladó de China a Vietnam parte de su producción.

El gigante tecnológico prefirió un país más sensato donde ensamblar sus productos. De hecho, ya comunicó oficialmente que Apple Watch y MacBook Pro serían los primeros en hacerse en el Sudeste Asiático

En realidad, las protestas son bastante comunes en China. Lo que sucede es que el control gubernamental de los medios de comunicación e Internet es tan férreo que hacen todo lo posible para que los manifestantes de diferentes regiones no puedan unirse para formar un movimiento más vasto.

Para expresarse contra ese cerrojo a la libertad de expresión, los reclamantes suelen agudizar su ingenio. Por ejemplo, los habitantes de varias ciudades chinas, fastidiados por la política de "Cero Covid" de Pekín, salieron a las calles haciendo flamear hojas de papel en blanco como símbolo de protesta contra la censura del gobierno. Estos folios blancos aspiran a convertirse en un símbolo de unidad entre los manifestantes.

Como bien los definió Jemimah Steinfeld, redactora jefa de *Index on Censorship*: "la protesta tiene que adoptar medios lúdicos e inventivos para eludir a los censores".

La periodista, perteneciente a esta organización para la defensa de la libertad de expresión en todo el mundo basada en Londres, aseguró también que "el papel en blanco simboliza la insatisfacción de que todo el mundo entiende de lo que habla, pero no es capaz de nombrar eso que le enfurece".

Un ejemplo más: para eludir la censura durante el auge del movimiento #MeToo, los internautas chinos utilizaron los caracteres o emoji de "arroz", que se pronuncia "mi", y "conejo", que se pronuncia "tu".

Igualmente, siempre aparece algún que otro osado manifestante que prefiere ser más específico en sus reclamos. Este sería el caso de quien en octubre de 2022 se subió al puente Sitong en el distrito Haidian de Pekín para colocar dos carteles de enormes dimensiones con las leyendas de "Fin Cero Covid" y "Abajo Xi Jinping". Para colmo de males, las pancartas fueron visibles días antes del inicio del congreso del Partido Comunista que convocó a la capital a dirigentes de todo el país.

Antes de ser arrestado por la policía, el manifestante alcanzó a prenderle fuego a un par de neumáticos al tiempo que cantaba consignas anti gobierno con su megáfono.

Por más que el gobierno borró todas las imágenes de la aplicación WeChat, utilizada por la mayoría de los chinos, no pudo evitar que la noticia trascendiera las fronteras.

El objetivo se había logrado. Las acciones de este hombre, que luego se supo que era investigador en temas de física, fueron catalogadas de heroicas. Incluso más de uno lo comparó con aquel héroe que, en actitud desafiante, les hizo frente a los tanques de la represión china durante las legendarias protestas de Tiananmen de 1989.

Ojo controlador

Se estima que 540 millones de cámaras de vigilancia están instaladas en China. Esto equivale a una por cada tres o cuatro ciudadanos.

En el discurso de apertura del Congreso del Partido Comunista en 2022, Xi Jinping se centró en la "seguridad nacional" y dijo que su régimen "está invirtiendo enormemente en tecnologías que alimentan este sistema de vigilancia".

Su ojo controlador se extiende incluso más allá de sus fronteras. China opera cerca de 100 estaciones policiales secretas en todo el mundo para vigilar a sus ciudadanos en el exilio.

La organización internacional Safeguard Defenders, que originalmente había publicado un informe donde reveló la existencia de 54 oficinas de la policía china alrededor del mundo, debió rectificar sus cifras al descubrir en 2022 otras 48 dependencias.

Safeguard Defenders mostró ejemplos puntuales como el de un ciudadano chino que fue obligado a regresar a su país desde Francia y otros casos de ciudadanos que fueron devueltos a la fuerza desde naciones como Serbia y España.

Los activistas encontraron cuatro jurisdicciones policiales distintas del Ministerio de Seguridad Pública de China activas en al menos 53 países, según informó CNN.

En Sudamérica, la organización reveló estaciones policiales en Quito y Guayaquil en Ecuador; Viña del Mar, Chile; Río de Janeiro y Sao Paulo, Brasil; y Buenos Aires en Argentina.

"El Comité de Seguridad Nacional de los EE.UU. está muy preocupado por las posibles comisarías chinas no autorizadas en las ciudades estadounidenses. Es indignante pensar que la policía china intente instalarse por ejemplo en Nueva York sin la debida coordinación. Viola la soberanía y elude los procesos habituales de cooperación judicial y policial", dijo a la Agencia Reuters el director del FBI, Christopher Wray.

Las revelaciones sobre las comisarías han provocado investigaciones en al menos 13 países, detalló CNN.

Como ya es tradicional, el Gobierno chino negó enfáticamente la existencia de estas dependencias, contrariando de paso la declaración de la policía local de Qingtian, que aseguró sentirse "orgullosa del trabajo de la policía extranjera, que va desde ayudar a los compatriotas con el papeleo hasta recopilar inteligencia".

Según Pekín, a los disidentes del régimen en el extranjero no los traen por la fuerza, ellos regresan solos. Así lo afirmó el 14 de abril de 2022 el viceministro de Seguridad Pública, Du Hangwei, cuando dijo que "hemos convencido a 210.000 personas para que vuelvan en el último año".

Cuesta creerle al régimen de Xi Jinping, sobre todo luego del 2 de septiembre de 2022, cuando el Comité Permanente de la Asamblea Popular Nacional, máximo órgano legislativo chino, sancionó la Ley contra el Fraude en Internet y las Telecomunicaciones, que entró en vigencia el 1º de diciembre de dicho año.

La norma dice claramente que es aplicable dentro del país, pero también en el exterior.

Según los especialistas en la materia, esta ley sería un segundo capítulo o un refuerzo de la llamada "Caza de zorros", el nombre de la campaña impulsada por Xi Jinping para devolver a disidentes en todo el mundo al país, con la excusa de que enfrenten un proceso judicial por sus delitos.

En el marco de su iniciativa, China estableció también nueve países a los cuales identifica como relacionados al fraude y donde los ciudadanos chinos no pueden permanecer "sin una razón que lo justifique" y tampoco viajar libremente. Turquía, los Emiratos Árabes Unidos, Myanmar, Tailandia, Malasia, Laos, Camboya, Filipinas e Indonesia son las naciones señaladas y víctimas, también, de estas presiones por parte de Pekín.

Liu Zhongyi, director de la Oficina de Investigaciones Criminales del Ministerio de Seguridad Pública, destacó que 54.000 sospechosos de fraude fueron convencidos de regresar del norte de Myanmar en los primeros nueve meses del año 2021.

Lo que el funcionario omitió señalar, según la ONG Safeguard Defenders, es que para conseguir que estas personas regresaran a China se las amenazó con suprimir los subsidios a sus familiares, prohibir el ingreso de sus hijos en escuelas, y hasta se intentó obligar a su círculo a desalojar sus viviendas, supuestamente adquiridas con dinero ilícito, para ser subastadas o demolidas. Otras advertencias incluyeron también controles, restricciones y congelamiento de las cuentas bancarias de sus allegados, y hasta la identificación con aerosol de sus hogares con la inscripción "Casa de Fraude".

Algunos países le están poniendo un freno a esta práctica, disgustados por un sistema clandestino de seguridad chino que viola su jurisdicción y las leyes internacionales.

Un caso resonante fue la negativa del Tribunal Europeo de Derechos Humanos a la extradición de un taiwanés en Polonia acusado de fraude, a pesar del Acuerdo de Cooperación de Justicia Penal vigente. Varios juristas consideran que este antecedente podría ser clave para dar de baja el sistema de cooperación judicial entre Europa y China.

Financial Times, otro prestigioso medio que abordó este tema, citó la opinión de Moritz Rudolf, de la Facultad de Derecho de Yale.

"Estas estaciones policiales, también eran una pequeña parte de las ambiciones mucho más amplias de Pekín para hacer cumplir sus leyes fuera de su territorio", aseveró el catedrático.

"Desde 2019, China ha estado aprobando más leyes con aplicaciones extraterritoriales, un comportamiento normal para una potencia emergente. China trata de ponerse al día con los EE.UU., pero ni siquiera está cerca cuando se trata de hacer cumplir sus leyes nacionales en el extranjero, particularmente en Europa", denunció Rudolf.

Quien evidenció duras amenazas policiales fue Wang Jingyu, un disidente político chino exiliado en Países Bajos.

"Me dijeron que fuera a la comisaría de policía en el extranjero de Róterdam para entregarme y que pensara en mis padres en China. No creí que fuera real, ¿cómo podría haber una estación de policía china aquí?", dijo Wang a CNN.

Canadá fue el primer país que formalmente anunció el inicio de investigaciones que le permitirán determinar si son reales los indicios que refieren a comisarías chinas clandestinas en su territorio.

Las pesquisas se dirigirán a la posible existencia de tres dependencias en Toronto y para tal fin, solicitaron al público que proporcione información al respecto junto con cualquier tipo de amenaza o intimidación relacionada con las actividades en estos centros clandestinos.

"Es una intrusión escandalosa y descarada en la soberanía canadiense, sobre todo porque Pekín ha admitido que estas comisarías existen y ha confirmado su ubicación. El establecimiento de estas comisarías ilegales es síntoma de un problema mucho más profundo", manifestó el diputado conservador Michael Chong.

A la iniciativa canadiense se sumó Países Bajos, respecto a los establecimientos presumiblemente situados en Ámsterdam y Róterdam.

Irlanda, a su turno, exigió el cierre de otra oficina en Dublín, mientras que el ministro de seguridad del Reino Unido, Tom Tugendhat, aseguró ante el Parlamento británico que los informes de las estaciones policiales chinas eran "extremadamente preocupantes".

En una investigación elaborada por el *Financial Times*, periodistas intentaron comunicarse con varios de los números de las estaciones policiales chinas establecidas en Europa sin obtener respuesta.

Las comisarías en el exterior cuentan muchas veces con una red de espionaje de apoyo que resulta muy difícil de detectar. Está el caso de un supuesto investigador chino de la Universidad belga de Gante que fue sospechado de amenazar el "potencial económico y científico" del país.

Además de investigar para la Universidad de Gante, el ciudadano chino se desempeña como director de una empresa belga de transportes. Las sospechas de que su accionar se dirigiría a lograr que Bélgica sea un poco más dependiente de China generaron una orden de expulsión. Sin embargo, el condenado apeló ante el Consejo de Controversias en materia de Inmigración, que finalmente permitió que continuara residiendo en el país.

"El juez no ve pruebas contundentes de que el hombre suponga efectivamente un riesgo para nuestros intereses económicos y científicos. Así que se le permite quedarse aquí y la Universidad de Gante también le informó que puede seguir investigando. No detectamos ningún riesgo para la seguridad durante esa investigación", dijo Stephanie Lenoir, vocera de la Universidad de Gante a *De Tijd*.

En su apasionante libro *Spies and Lies: How China's Greatest Covert Operations Fooled the World*, el australiano Alex Joske destaca la magnitud del espionaje chino en el mundo.

Según sus estimaciones, el número de agentes de inteligencia que trabaja para el Partido Comunista Chino a nivel local supera los 100.000. De entre ellos, a un importante grupo de oficiales más capaces y de mayor confianza se les encargan misiones en el extranjero.

Nick Eftimiades, autor de la obra *Chinese Intelligence Operations* y veterano de 34 años de carrera en la CIA, la DIA y el Departamento de Estado, asegura que "actualmente el FBI investiga más de 1.000 casos de espionaje chino en Estados Unidos", aunque de inmediato aclara que "esto puede ser solo la punta del iceberg".

CAPÍTULO XI

Muralla de censura y vigilancia

Las contradicciones sobrevuelan sobre China, un país que trabaja por el liderazgo mundial, pero que al mismo tiempo se aleja cada vez más de ese mundo que pretende liderar.

El propio Xi Jinping es una paradoja: sufrió en carne propia la represión y el escarnio del aparato del Partido Comunista, pero una vez en el poder, resultó ser más duro que sus antecesores.

Xi Jinping nació en Pekín el 15 de junio de 1953, fruto del segundo matrimonio de su padre, el ex viceprimer ministro Xi Zhongxun, reconocido por colaborar en la conformación de las guerrillas del norte de China, y considerado uno de los "Ocho Inmortales del Partido Comunista".

Nacer en una familia privilegiada permitió que el joven Xi accediera a una educación de primer orden. Pero este mundo de ensueño culminó abruptamente en 1962, cuando su progenitor fue expulsado y condenado a penas de cárcel, humillado y torturado durante la Revolución Cultural de Mao.

Según su biografía oficial, Xi fue desterrado durante siete años a la aldea de Liangjiahe con el objeto de reeducarse; fue obligado a vivir en una cueva, realizó trabajos forzosos, durmió en camas de ladrillo y arcilla y cocinó en hornos de barro.

"La vida rural era dura. Sin electricidad. Fue picapedrero, reparó baches, acarreó estiércol. Para comer, solo teníamos avena, hierbajos y mendrugos. Pero cuando tienes hambre no haces ascos", relató a la BBC Lu Housheng, uno de sus compañeros de alojamiento.

Durante esos años millones de jóvenes de las áreas urbanas como Xi fueron enviados a campos remotos de reeducación. "La vida era dura. No había comida en nuestra dieta durante meses", recordó Xi Jinping en uno de sus discursos.

Tras recibir una beca para estudiar en la Universidad Tsinghua en Pekín, Xi se recibió de ingeniero químico en 1974. Asimismo, obtuvo un doctorado en teoría marxista y en educación ideológica y política en la Escuela de Humanidades y Ciencias Sociales.

A los 18 años decidió que sería "más rojo que los rojos", según un cable de la diplomacia estadounidense. Ingresó en la Liga de la Juventud Comunista y después de varios intentos logró fichar como afiliado al Partido Comunista Chino. Comenzó así un viaje con exitosas paradas previas, que culminaría en la presidencia.

En 1999 fue nombrado gobernador de la provincia de Fujian, al sudeste del país. Un año después accedió al liderazgo comunista en la vecina provincia de Zhejiang, puesto que ocupó durante cuatro años. Su acelerado ascenso se completó en 2007 cuando asumió como secretario del Partido Comunista en la ciudad de Shanghái, la más grande del país y uno de los centros financieros mundiales, que había sido sacudida por un escándalo de cohecho.

Por entonces, Xi ya se había ganado una sólida reputación en el combate contra la corrupción, un flagelo muy arraigado en las altas estructuras del poder. Ese mismo año entró en el juego fuerte de la política nacional al acceder al Comité Permanente del Buró Político del Comité Central del Partido Comunista y al Secretariado del Comité Central. En 2008 fue elegido vicepresidente y cinco años después, el 14 de marzo de 2013, asumió la presidencia del país, cargo que mantiene hasta hoy.

La cruzada liderada por Xi Jinping contra la corrupción fue también la excusa ideal para purgar a sus enemigos.

En los últimos diez años, bajo su presidencia, se investigaron millones de cargos políticos y funcionarios. Casi nueve millones de miembros del Partido fueron cuestionados y enviados a centros de reeducación. Cuatro millones y medio de militantes comunistas fueron acusados de corrupción. Unos cuatro millones de funcionarios fueron reprendidos, y cerca de un millón y medio terminaron echados del gobierno.

La Comisión Central de Control Disciplinario (CCDI), en el primer mandato de Xi, estuvo especialmente atenta a "la caza de tigres". Durante su segundo mandato, se produjo un cambio de orientación en la campaña y se preocupó especialmente por "cazar moscas", o sea funcionarios de menor rango. Estas medidas aletargaron el funcionamiento de la Administración y desacoplaron al Estado del ritmo de la economía y los negocios. Era lógico que quienes estaban al frente de la toma de decisiones tuviesen temor a sufrir represalias o a ser investigados.

En China, Xi supo armar su propia fortaleza. Una muralla de censura y vigilancia interior de la que participan fuerzas militares, policiales, pero también de la sociedad civil, y que tiene como única mira el concepto de "seguridad nacional".

Esta telaraña de control ideada desde la cima del poder se presenta como un férreo anillo de seguridad, ante todo para la propia protección presidencial, pero también para resguardar a su grupo de élite, formado por los miembros conspicuos del Partido Comunista Chino.

En esta estrategia, la tecnología juega un rol clave: el 54% de las cámaras del mundo están ubicadas en China, lo que equivale a 540 millones de equipos de CCTV. Con una población de 1.460 millones, esto significa que hay 372,8 cámaras por cada 1.000 personas en China.

Muchas de esas cámaras están equipadas con inteligencia artificial. Algunas pueden reconocer rostros, otras descifrar la edad, la etnia y el género de las personas. Incluso hay equipos en capacidad de realizar reconocimiento facial.

Cuando se reconoce un rostro marcado como sospechoso, se envía la doble alerta a una sala de control y a la policía.

John Sudworth, corresponsal de la BBC, mostró en un impactante video cómo fue detectado por una de esas cámaras en la ciudad china de Guiyang y reflejó el escaso lapso de 7 minutos que le tomó a la policía encontrarlo.

"Podemos relacionar tu rostro con tu automóvil, con tus familiares y con las personas con las que estuviste en contacto", dijo a la BBC Yin Jun, vicepresidente de Investigación y Desarrollo de Dahua Technology, una empresa en Hangzhou que vendió un millón de cámaras de reconocimiento facial en China.

Para el Gobierno chino, la justificación de este accionar es sencillo: los ciudadanos que no tienen nada que esconder, no tienen nada de qué preocuparse.

Como asegura Maya Wang, investigadora principal de China en Human Rights Watch, "se trata de una jaula invisible de tecnología impuesta a la sociedad, cuyo peso desproporcionado recae sobre grupos de personas que ya sufren una grave discriminación en la sociedad china".

El país conmemora cada 15 de abril el Día de la Educación en Seguridad Nacional, donde hasta los niños más pequeños reciben lecciones sobre espionaje y terrorismo. En los barrios, los vecinos se organizan en grupos llamados "Línea de Defensa Popular de Seguridad Nacional", destinados a detectar a posibles disidentes y extranjeros "sospechosos". Y desde hace un tiempo, la Secretaría de Seguridad del Estado ofrece jugosas recompensas para quienes aporten información sobre delitos contra la seguridad.

Entre 2014 y 2017, la Asamblea Popular Nacional y el Consejo de Estado publicaron requisitos según los cuales todos los ciudadanos y empresas que operan en China deben colaborar en la recopilación de información de inteligencia cuando se les solicite, o se enfrentarán a severas sanciones por incumplimiento. La estructura de control se afianzó en 2022 cuando China insistió en que todas las empresas de más de 50 personas deben tener un representante del Partido Comunista, y la obligación también incluye a las compañías extranjeras.

No resulta sencillo vivir en este clima de paranoia dentro de una gigantesca población, donde todos desconfían de todos.

Solo una élite queda a salvo de esta persecución constante. Para el comunismo chino, todos son iguales, pero por lo visto, "algunos son más iguales que otros". En un informe, el *Times* rescata documentos de la empresa china de inteligencia artificial Megvii, que refieren a una lista roja de personas a las que el sistema no debe vigilar. Se trata de individuos que necesitan resguardo de la privacidad o protección V.I.P. Otro documento destaca que la lista está pensada para los funcionarios del gobierno. Como si los políticos chinos no estuvieran en capacidad de cometer ilícitos.

La tecnología para el control a gran escala se vio en su máxima expresión durante las protestas que estallaron en distintos puntos del país contra la política de "Cero Covid" impuesta por el gobierno.

"Durante el mes de diciembre de 2022, en Pekín, Shanghái y Guangzhou, la policía parece haber utilizado métodos de muy alta tecnología. En otras ciudades, pareciera que se basaron en las imágenes de vigilancia y en el reconocimiento facial", dijo Wang Shengsheng, un abogado con sede en la ciudad de Zhengzhou a la Agencia France-Presse (AFP).

Si bien la técnica utilizada se mantiene en estricto secreto, todos los indicios apuntan a que la policía de Pekín se valió de las numerosas cámaras de vigilancia instaladas, pero también de los datos de localización de los teléfonos captados por los escáneres in situ. Incluso pudo haberse servido de los códigos sanitarios de Covid escaneados por las personas que tomaban transporte público en las zonas donde tenían lugar las protestas.

"Muchas de las personas que llamaron desde Pekín estaban confusas sobre por qué la policía se puso en contacto con ellas cuando en realidad solo habían pasado por el lugar de la protesta y no habían participado. No tenemos ni idea de cómo lo hicieron exactamente", aseguró Wang, quien recibió más de 20 llamadas en los últimos días de manifestantes o personas cuyos amigos y familiares habían sido detenidos.

El letrado comentó además que, en Shanghái, la policía citó para interrogar y confiscó los teléfonos de todas las personas con las que estaban en contacto los manifestantes.

En Shanghái, un periodista de la AFP fue testigo de múltiples detenciones y confirmó que la policía había revisado por la fuerza el teléfono de un manifestante en busca de aplicaciones de redes sociales extranjeras bloqueadas en China que se han utilizado para difundir información sobre las protestas.

"¿Cuál es el derecho a la privacidad? No tienes ninguna privacidad", le dijo un agente de policía a un manifestante de 17 años de Shanghái durante un altercado, según una grabación de audio que proporcionó.

El Covid es un caso concreto para comprobar el control que se ejerce sobre la población, pero también la manipulación de los datos por parte del gobierno.

En el período que corrió entre el 8 de diciembre de 2022 y el 12 de enero de 2023, la Comisión Nacional Sanitaria de China anunció un total de 59.938 muertes relacionadas con el virus. No opina lo mismo Airfinity, empresa de análisis del sector sanitario, según la cual el número de víctimas mortales fue más de diez veces superior a esa cifra, con 641.000 fallecimientos. Asimismo, calculó para el mismo período unos 104 millones de contagios.

Más de dos años después de la aparición del Covid-19, las cifras muestran que cerca del 90% de la población fue vacunada. El dato alarmante es que apenas el 38% de los mayores de 60 años, o sea los más vulnerables, poseen la protección completa de tres dosis.

A pesar de ello, "Xi Jinping rechazó la posibilidad de recibir vacunas occidentales no obstante los desafíos que China enfrenta con el Covid, y aunque las recientes protestas podrían afectar su posición personal", manifestó la Directora de Inteligencia Nacional de Estados Unidos, Avril Haines.

Al participar en el Foro anual de Defensa Nacional Reagan en California, Haines aseguró que, a pesar del impacto social y económico del virus, Xi "no está dispuesto a tomar una vacuna mejor de Occidente, y en su lugar está confiando en una vacuna de China que no es ni de lejos tan eficaz contra ómicron".

Un funcionario dijo a Reuters que no había "ninguna expectativa en la actualidad" de que China apruebe las vacunas occidentales.

"Parece bastante inverosímil que China dé luz verde a las vacunas occidentales en este momento. Es una cuestión de orgullo nacional, y tendrían que tragarse bastante si siguieran este camino", recalcó Haines.

Un despertar

En 1989 la brutal represión en la plaza Tiananmen dejó a los chinos despolitizados y con temor. A tal punto estaban anestesiados que no les llegó ni siquiera una pequeña ola del tsunami producido por las revueltas de la Primavera Árabe de 2011.

Se olvidaron de la democracia, dejaron el país en manos de la élite del Partido Comunista y confiaron en que recibirían al menos una cuota de libertad económica.

Los excesos cometidos con la política Cero Covid, sin embargo, despertaron a una nueva generación que comenzó a darse cuenta de su fuerza.

Para echar más nafta al fuego, los televisores chinos recibieron en directo las imágenes que llegaban de la Copa del Mundo de fútbol de Qatar 2022 con miles de aficionados de todo el planeta disfrutando del espectáculo sin máscaras. De nada sirvieron los tres años de propaganda estatal en favor del encierro; las pruebas mostraban que el mundo democrático y occidental ya había superado la pandemia y vivía de forma normal.

Lo mismo sucede por ejemplo con el segundo cierre del parque temático de Disneyland en la ciudad oriental china de Shanghái, producido en octubre de 2022. Cuando los parques de este tipo están abiertos en todo el mundo, Pekín informó que esta vez la clausura sería por tiempo indefinido.

Tan convencido está Xi de esta política que designó al responsable del confinamiento de la ciudad Shanghái con el puesto más alto del Partido Comunista de China.

A principios de 2022, el premiado Li Qiang ordenó y condujo la operación Cero Covid que encerró a 25 millones de residentes de este centro financiero. El cerrojo fue tan fuerte que los habitantes incluso tuvieron dificultad para acceder a la atención médica esencial y a los alimentos.

La apuesta que Xi Jinping parece estar perdiendo en todo el país fue la de convertir la política de Cero Covid en una prueba de lealtad, porque ello significó politizar la pandemia. Al imponer su Estado autoritario e inflexible en todos los hogares produjo un descontento general que se vio agravado con la crisis económica derivada de los largos confinamientos.

Desde el inicio de la crisis sanitaria, el número de vuelos nacionales en China se redujo un 45%, el traslado de mercancías por carretera un 33%, y el transporte urbano un 32%. El desempleo juvenil urbano alcanzó picos del 18%, duplicando las cifras de 2018.

En el rubro inmobiliario, el comienzo de nuevos proyectos bajó un 45% en julio de 2022 con relación al mismo mes de 2021. En la comparación del mismo período, la venta de viviendas descendió 33% y la inversión inmobiliaria un 12%.

Los posibles compradores de vivienda se fueron del mercado. Mucho más preocupante, sin embargo, son los millones de personas que esperan, a menudo durante años, casas por las que ya han pagado. Solo se ha entregado el 60% de las viviendas que se vendieron en preventa entre 2013 y 2020.

No es suficiente el plan de rescate del gobierno en este escenario: el programa de préstamos de USD 29.000 millones alcanza solo para el 10% de lo que se necesita para completar todas las casas sin terminar del país.

Es lógico entonces que el pueblo haya salido a las calles a enfrentar el duro aparato represor de Xi Jinping. Le coartaron la libertad, pero también le afectaron el bolsillo.

Los datos saltan a la vista, en 2022 China reportó que su economía creció 3%. Si se exceptúa la cifra de 2020, año en el que rebajó al 2,2% su crecimiento debido al impacto inicial de la pandemia, el dato de 2022 resulta el más pobre desde finales de los años 70.

En marzo de 2022, Pekín puso como objetivo que su PBI creciese alrededor del 5,5% interanual, que ya hubiera sido el ritmo de avance más lento en décadas pero que los analistas calificaron de ambicioso dado el contexto.

No obstante, frente a la propagación de la contagiosa variante ómicron, las autoridades insistieron en redoblar su política de Cero Covid con más restricciones y duros confinamientos que explican la pobre cifra de crecimiento final.

En opinión de Harry Murphy Cruise, economista de Moody's Analytics, "China tendrá ahora que enfrentarse a las nuevas oleadas de contagios de Covid y a otros factores negativos como la cada vez peor crisis del sector inmobiliario o la caída de la demanda internacional de sus bienes debido a las perspectivas globales de recesión".

Paul Krugman, renombrado economista y analista, escribió en una columna de opinión para el *New York Times*: "China se tambalea incluso cuando otras naciones están volviendo más o menos a la vida normal. Los dirigentes chinos parecen haber creído que los cierres podrían acabar con el Coronavirus de forma permanente, y han actuado como si siguieran creyendo esto incluso ante la abrumadora evidencia contraria".

Daron Acemoglu, uno de los diez economistas más citados del mundo y coautor, junto a James Robinson, del libro *Por qué fracasan los países*, asegura que China ya empezó a declinar y se está "pudriendo desde la cabeza".

El catedrático del Instituto Tecnológico de Massachusetts cuestionó, en un artículo publicado en el sitio *Project Syndicate*, "la capacidad de China de mantener su crecimiento e innovación, por haber llegado a un límite de lo que un país puede desarrollarse bajo condiciones tan restrictivas como las del régimen que lidera el presidente Xi Jinping".

Sin equilibrio

Pareciera que a Xi le costara encontrar un punto de equilibrio. Quiere que China sea una superpotencia, pero sus impulsos autoritarios y los del Partido Comunista la están aislando del mundo. La muralla con la que cercó el país imposibilita el ingreso de ideas del extranjero que son vitales para el desarrollo de sus empresas. Por culpa de la política de Cero

Covid los académicos chinos dejaron de participar de conferencias y seminarios en el exterior; sus ejecutivos viajan muy poco, con lo que se dificulta el cierre de acuerdos y la cifra de expatriados europeos en China se ha reducido a la mitad.

El futuro inmediato no es alentador: una sequía llevó el nivel del río Yangtsé a su nivel más bajo en más de un siglo y medio en un país que cuenta con casi 20% de la población, pero solo 6% de los recursos de agua dulce del planeta. Además, para el 90% de su producción de energía precisa uso intensivo de agua.

Quienes observan el panorama con desconfianza son los mega empresarios y los magnates chinos. Ellos comprendieron antes que nadie que una economía cada vez más dirigida por el Estado, y que prioriza la política y la seguridad nacional sobre el crecimiento, no puede llegar muy lejos.

La consecuencia es lógica, como ellos tienen la posibilidad de hacerlo, están dejando el país. Los ejemplos se acumulan casi a diario. En septiembre de 2022 Pan Shiyi y Zhang Xin, dos de los empresarios más conocidos de China (que además son matrimonio), renunciaron como presidente y directora ejecutiva, respectivamente, de su imperio inmobiliario, Soho China. Jack Ma, cofundador de Alibaba renunció a la cúpula de la empresa. Colin Huang, fundador de Pinduoduo, competencia directa de Alibaba, dejó la presidencia, lo mismo que Zhang Yiming, fundador de la compañía matriz de TikTok, ByteDance.

Zhou Hang, renombrado empresario tecnológico, se mudó de Shanghái a Vancouver, Columbia Británica, desde donde realizó duras declaraciones contra el régimen de Xi Jinping.

Al reprochar desde el exterior, se ahorró una condena a 18

años de prisión como la que sufrió Ren Zhiqiang, otro gran empresario, por criticar la gestión de Xi Jinping en suelo chino.

Según un informe de Bloomberg, unos 10.000 ciudadanos acaudalados quieren marcharse tras los brutales cierres por la política Cero Covid y la desaceleración económica. De producirse este éxodo, la consultora de migración de inversiones Henley & Partners estima que este conglomerado de millonarios terminaría sacando del país unos USD 48.000 millones.

Queda claro que Pekín no mantendrá los brazos cruzados frente a esta diáspora. De hecho, varios abogados especializados en inmigración afirman que los traslados se han vuelto más difíciles en los últimos meses, ya que los plazos de tramitación de los pasaportes han aumentado. La excusa es siempre la misma: se desaconsejan los viajes no esenciales desde finales de 2020, como medida de prevención de Covid. A esto se suman las nuevas trabas burocráticas impuestas por las entidades de control financiero para dificultar el giro de divisas al exterior.

Frente a esta realidad, ya se observa en el firmamento los primeros nubarrones de la tormenta que se viene y que enfrentará a los millonarios con el Partido Comunista Chino.

El primer relámpago que sacudió el cielo fue del propio Xi Jinping cuando habló de su nueva política de "prosperidad común". Este principio doctrinario se apuntala en contener los ingresos excesivos de los sectores vinculados al ocio y la tecnología, en favor de las empresas estatales de China.

Su objetivo es reducir la desigualdad de la riqueza en base a una política izquierdista que los millonarios chinos saben que fracasó durante la era Mao.

Para Kevin Rudd, titular de Asia Society, con sede en Nueva York, "Xi Jinping tiene la intención de alejar a la economía del país del capitalismo basado en el mercado y regresar al estatismo rehabilitando las empresas estatales y designando al Estado como el principal impulsor de la innovación tecnológica".

En opinión del experto, que también se desempeñó como primer ministro y canciller de Australia, "sus directivas apuntan a que China encuentre formas de regular los mecanismos de acumulación de riqueza".

También las empresas se están yendo de China. Importantes compañías como Apple, Samsung, HP y Dell planifican sus mudanzas a Malasia, Indonesia, Tailandia y Vietnam cautivadas por una mano de obra varias veces más barata que en China.

Desde los Estados Unidos se acompaña esta movida. En mayo de 2022, el presidente Joe Biden presentó el Marco Económico del Indo-Pacífico de EE.UU. La iniciativa recrea las condiciones para que los países parte de la Asociación de Naciones del Sudeste Asiático (ASEAN) se unan a Australia, India y Japón, socios económicos de Norteamérica, con el objetivo de crear cadenas de suministro que los aleje de la dependencia logística con China.

En 2016, *The Economist* ya anticipaba la dura competencia que presentaría la opción de Vietnam para los chinos.

"Quizás el mayor factor a favor de Vietnam sea la geografía. Su frontera con China, un punto de conflicto militar en el pasado, es ahora una ventaja competitiva. Ningún otro país está más cerca del corazón manufacturero del sur de China, con conexiones por tierra y mar. A medida que los salarios chinos aumentan, Vietnam se convierte en el sustituto obvio para las empresas que se trasladan a centros de producción de menor costo".

Lejos parece quedar el llamado "milagro económico chino" que deslumbró a propios y extraños.

Otro tema de preocupación pasa por el descenso que registra la tasa de natalidad. Las cifras difundidas por la Oficina Nacional de Estadística señalan que en 2021 hubo 10,6 millones de nacimientos, 1,4 millones menos que el año anterior.

La última vez que disminuyó la población china fue en 1960, cuando el país enfrentó la peor hambruna de su historia moderna, causada por la política agrícola de Mao Zedong, llamada el Gran Salto Adelante.

Los números oficiales reflejan asimismo que existe una preferencia cultural por los varones. Es así como en 2020 nacieron 112 niños por cada 100 niñas. Esto significa que hay menos mujeres en edad fértil para dar a luz a los niños. En 2022 se contaron cinco millones menos de mujeres de entre 15 y 49 años que en 2020.

Durante cinco años consecutivos el crecimiento de la población se ha ralentizado, y en 2022, el número de muertes, 10,1 millones, se acercó al de nacimientos, lo que sugiere que la población podría empezar a reducirse pronto.

En 2010, el 9% de la población tenía 65 años o más. En 2020, la proporción había crecido al 13,5%. Durante el mismo lapso, la proporción de personas de entre 15 y 59 años disminuyó el 6,7%.

Un envejecimiento de la ciudadanía conllevará inmediatamente reducción de la mano de obra indispensable para el desarrollo económico del país.

En 2016, Pekín se apartó de la política de hijo único que rigió por décadas, diseñada para limitar su crecimiento demográfico. Desde entonces las parejas tienen permitido tener un segundo hijo, límite que se extendió a tres en 2022.

Hoy cambió el discurso por completo. El Gobierno chino les dice a sus ciudadanos, especialmente a las mujeres, que "tener más hijos es un deber patriótico". Otros incentivos pasan por más guarderías financiadas por el Estado y una mayor protección de las mujeres contra la discriminación en el lugar de trabajo.

En un completo informe, *The Economist* refleja este problema con un ejemplo concreto. "Mientras que la edad media de China es de 36 años, la de Vietnam es de 30,7 años. Su mano de obra urbana tiene mucho margen para crecer. Siete de cada diez vietnamitas viven en el campo, casi lo mismo que en la India, y en comparación con sólo el 44% en China. La reserva de trabajadores rurales debería ayudar a amortiguar las presiones salariales, lo que daría a Vietnam tiempo para construir industrias de gran intensidad de mano de obra, una necesidad para una nación de casi 100 millones de habitantes".

Xi Jinping eterno

Su ratificación como Secretario General durante el XX Congreso del Partido Comunista de noviembre de 2022, más la reforma constitucional que eliminó en 2018 el límite de dos mandatos presidenciales, convirtieron a Xi Jinping en el líder más poderoso desde Mao Zedong.

Según el analista Wu Quiang, "Xi produjo con éxito un

golpe de Estado blando, que convirtió a la cúpula del Partido en una estructura decorativa y a su entero servicio. Tiene al Ejército a sus pies y elegido para un tercer mandato en el último Congreso del Partido Comunista, va camino de ser más poderoso que Mao".

Dentro del Partido Comunista, que es lo mismo que decir el Gobierno chino, destaca el Politburó, un selecto grupo de 25 personas elegidas por el Comité Central. Su importancia es notable por ser un mecanismo clave para la toma de decisiones. Aún más distinguido es el grupo de 7 dirigentes que forman el Comité Permanente del Politburó, donde Xi Jinping logró imponer a cuatro de sus más estrechos colaboradores, además del asiento que allí tiene por derecho propio. Ellos son Li Qiang, secretario del partido en Shanghái; Cai Qi, líder del partido en Pekín; Ding Xuexiang, jefe de la oficina general y Li Xi, el secretario del partido en Guangdong.

A este armado se llegó luego de una purga previa que desplazó por ejemplo a Li Keqiang, anterior primer ministro, y a Hu Chunhua, hombre cercano al expresidente Hu Jintao, que fue retirado de forma intempestiva del importante Congreso.

La imagen del ex presidente expulsado por la fuerza del cónclave fue vista por todo el mundo, salvo en China, donde la censura hizo de las suyas.

El que fuera antecesor en el cargo de Xi Jinping fue purgado públicamente del Partido Comunista Chino ante la inmutable mirada de los 2.300 delegados presentes y en presencia de la prensa, que poco antes del incidente accedía a la sala de plenos del Gran Palacio del Pueblo donde se celebraba el Congreso.

El video testimonia cómo dos guardias sacan a Hu Jintao

del recinto después de que el ex presidente se resistiera y llegara a cruzar incluso algunas palabras con Xi Jinping que ni desvió su mirada para atenderlo. Una expulsión que anticipa el fin de la facción política del expresidente borrado incluso de las redes sociales del país minutos después. Y para que no quedaran dudas de la decisión, dejaron vacía la silla de Hu Jintao, a la izquierda del presidente, el lugar más importante para una cultura china cargada de simbolismos.

Un artículo de investigación publicado en *The Economist* con el título "Xi Jinping no tiene interés en planificar su sucesión en China" resalta que, si la salud de Xi se mantiene, todavía hay tiempo para que identifique a uno o más sucesores potenciales, posiblemente en el próximo congreso en 2027 o en el siguiente. Pero quienquiera que lo reemplace inevitablemente tendrá dificultades para igualar su autoridad, especialmente si es nominado relativamente tarde. El próximo líder de China se enfrentará a una élite dominada por los leales a Xi y altamente invertido en el statu quo, sin normas claras sobre cuánto tiempo permanecer en el poder.

"Habrá fragmentación del poder y lucha después del Gobierno de Xi. Sin reglas básicas, la sucesión significa lucha. Se trata solo de cuándo y quién estará involucrado", predice Yang Zhang de la Universidad Americana en Washington.

El primer objetivo de Xi ya está cumplido. Se ubicó a sí mismo en el panteón del Partido Comunista Chino, en el tercer lugar de una línea de tiempo que arrancó con Mao Zedong, el fundador, y continuó con Deng Xiaoping, el reformista.

CAPÍTULO XII

Ruta de la seda

Como fue visto, desde hace años, China financia diversos proyectos de infraestructura, principalmente en países en desarrollo y con restringido acceso al crédito internacional. En contrapartida, obtiene cláusulas preferentes que benefician a sus empresas, todas del Estado y sujetas al mandato del Partido Comunista Chino. También consigue un acceso privilegiado a los mercados y los recursos locales, como las materias primas y energía, incluidos los oleoductos, gasoductos y otras colaboraciones en las regiones.

La maniobra se inició en África, continuó en Latinoamérica, y se extendió posteriormente a varios países de Europa y Asia a raíz de la crisis económica de 2007.

Un punto de inflexión se dio sin embargo en 2013, cuando Xi Jinping propuso conectar al 65% de la población y a un tercio del PBI mundial con China mediante la creación de una red de rutas marítimas y enlaces terrestres.

Desde Pekín informaron que el objetivo del plan, valuado en USD 900.000 millones, es "alumbrar una nueva era de globalización", y una "época de oro del comercio que beneficiará a todos".

La Ruta de la Seda fue establecida oficialmente durante la dinastía Han de China en 130 a.C., para unir las diferentes regiones de la antigüedad mediante el comercio. Abarcaba casi todo el continente de Asia, conectando a Mongolia con China, el subcontinente indio, África, Europa, Siria, Turquía, Arabia y Persia.

Por estos caminos transitaron durante siglos caravanas que comerciaban con productos provenientes de Oriente y de Occidente. Asimismo, funcionó como un puente cultural y religioso a través del cual se transmitieron ideas, conocimientos y también los fundamentos del budismo y el islamismo. Gracias a esta ruta florecieron ciudades como Valencia, Venecia, Estambul, Isfahán, Yazd, Merv, Bukura, Samarkanda, Kasgar, y Xi'an, entre otras.

Marco Polo (1254-1324) viajó por estas sendas y las describió minuciosamente en su famosa obra, pero no se le adjudica el haberle puesto nombre. El término fue creado por el geógrafo y aventurero alemán Ferdinand von Richthofen en 1877 en su libro *Viejos y Nuevos enfoques de la Ruta de la Seda*. El título reflejaba el material más prestigioso que se transportaba a lo largo de esta ruta, y allí se explicaba que los chinos eran los únicos que conocían el secreto de la elaboración de la seda, tejido apreciado por la aristocracia romana en el siglo II a.C.

Tras 1.500 años de uso, el trayecto fue abandonado debido al progreso de la navegación que evitó los arriesgados y extensos recorridos terrestres. A esto se sumó el cierre de la frontera noroeste de China, decretado en 1424 por el Gobierno de Ming, bajo el reinado del Emperador Yongle.

En su versión actual, la Iniciativa Cinturón y Ruta de la Seda impulsa un camino terrestre para conectar Mongolia y Rusia con el norte; sudeste asiático, India, Pakistán y Bangladesh al sur; y Asia Central, Asia Occidental y Europa Occidental.

A esta estructura logística se suma la ruta de la seda marítima que involucra puertos e infraestructura costera desde el litoral occidental de China a Europa, India, África, el Pacífico y Latinoamérica. Esta estructura se apoya en un hecho incuestionable: siete de los diez puertos más grandes del mundo se sitúan en China.

Denominado como China's Belt and Road Initiative (BRI), o Un Cinturón-Una Ruta, el plan esconde el fin último de China, cual es el de lograr su ascenso como superpotencia mundial. Por algo es considerado por la dirigencia del Partido Comunista Chino y por el propio Xi Jinping como el "proyecto del siglo", que va a cambiar el lugar que ocupa China en el mundo.

Una de las definiciones más exactas de esta iniciativa fue brindada por Pierre Rousset en su escrito "Geopolítica china: continuidades, inflexiones, incertidumbres" cuando destacó que "desde el punto de vista chino, se trata de apuntar a desplazar el eje geoestratégico del planeta poniendo a China, en el centro del mundo. Vista desde China, la época durante la cual las potencias europeas han dominado el mundo no ha sido más que un breve paréntesis antes de que la historia recupere su curso normal, a saber, la centralidad china. Esta visión sinocéntrica que prevalece en China constituye una base cultural sólida para el expansionismo del nuevo imperialismo chino, a imagen y semejanza de la visión eurocéntrica para los imperialismos conquistadores de hace dos siglos. Se trata de proyectar la civilización china como antaño lo hizo la europea. Para Xi Jinping, el siglo XXI será el siglo chino".

Muy lejos parece quedar la inocente definición del proyecto emitida desde el Banco Mundial: "es una iniciativa liderada por China que busca mejorar la conectividad y la cooperación regional a escala transcontinental a través de inversiones en gran escala".

En concreto, la Ruta de la Seda marítima dirigida hacia Oriente arranca en la provincia de Fujian y sigue por Guangdong, Guangxi y Hainan, antes de dirigirse por el sur hasta el estrecho de Malaca. Desde Kuala Lumpur, prosigue a Kolkata y Colombo, luego atraviesa el resto del océano Índico en dirección a Nairobi. A partir de allí recorre el llamado "Cuerno de África" y cruza el Golfo de Adén para ganar el mar Rojo.

El propósito de Pekín es crear las condiciones de infraestructura necesarias para que sus buques alcancen de forma segura el Mediterráneo vía el Canal de Suez. Bajo este esquema, se logra entender la tremenda inversión desembolsada en el puerto del Pireo, Grecia, para ser utilizado como centro logístico para el Viejo Mundo. También cierran las inversiones destinadas a construir los puertos en Hambantota y Colombo, en Sri Lanka; la Zona de Cooperación Económica y Comercial China-Suez, en Egipto; la negociación de Kazajstán del derecho a despejar sus importaciones y exportaciones a través del puerto chino de Lianyungang, y una nueva alianza entre puertos en China y Malasia. Lo mismo sucede con la mejora de infraestructura en los puertos italianos de Génova y Trieste, o la construcción de la línea ferroviaria Budapest-Belgrado a cargo de una compañía estatal china.

El último paso conocido es la inversión de la naviera estatal China Ocean Shipping Company, Limited, (COSCO) en una terminal de contenedores del puerto de Hamburgo, en Alemania.

Antes de llegar a Europa, esta ruta cumple con importantes objetivos geopolíticos esbozados por el Partido Comunista Chino. Al surcar el mar del Sur de China la pretensión es establecer un control estratégico de las islas Spratley, donde la firma estatal Shanghái Dredging CO. LTD (SDC), del grupo Communications Construction Company (CCCC) realiza cuestionadas obras de dragado para convertir al menos seis arrecifes de coral en enormes bases con puertos. A su vez, China construye una pista de aterrizaje de 2.900 metros de largo, desde donde asienta su reclamo sobre el espacio aéreo.

La segunda ruta marítima también atraviesa el Mar del Sur de China, pero vira hacia los puertos costeros del Pacífico Sur. La finalidad es ejercer control sobre los trayectos donde circulan las materias primas provenientes de Latinoamérica.

La ecuación para Pekín es la siguiente: lanza la iniciativa, entrega créditos a los países en vías de desarrollo para las obras de infraestructura que la misma China precisa para consolidar su dominio. Luego, desde la posición de acreedora de millonarios créditos, ejerce aún más su influencia.

Desde el lanzamiento de la iniciativa en 2013, China gatilló préstamos por USD 838.000 millones, situación que la llevó a ser la mayor financiadora de obras públicas del mundo, ensombreciendo al mismísimo Banco Mundial. Estos fondos provienen principalmente del Nuevo Banco de Desarrollo, del Fondo de la Ruta de la Seda y del Banco Asiático de Inversión en Infraestructuras (BAII). Cuando finalicen los desembolsos, el monto destinado por la República Popular equivaldrá, en moneda constante, a tres planes Marshall de posguerra.

Hasta tal punto se da esta situación que China hoy también aparece como un serio competidor del Fondo Monetario Internacional (FMI), sobre todo en el rubro de "préstamos de emergencia a naciones de riesgo".

Pakistán, Sri Lanka y Argentina, tres de los principales destinatarios de estos empréstitos de rescate de China, recibieron en conjunto USD 32.830 millones desde 2017, según datos recopilados por AidData, un laboratorio de investigación de la universidad estadounidense William & Mary citado por *Financial Times*.

Otros países que recibieron préstamos de rescate de instituciones estatales chinas fueron Kenia, Venezuela, Ecuador, Angola, Laos, Surinam, Bielorrusia, Egipto, Mongolia y Ucrania.

"Pekín intenta mantener a estos países a flote concediendo un préstamo de emergencia tras otro, sin pedir a sus prestatarios que restablezcan la disciplina de la política económica o busquen el alivio de la deuda a través de un proceso de reestructuración coordinado con todos los principales acreedores", dijo Bradley Parks, director ejecutivo de AidData.

De todos modos, China corre con una ventaja: nunca considera la capacidad de reembolso del país al que le presta, un requisito imprescindible para organismos multilaterales como el FMI. De hecho, el 60% de los países de la BRI tienen una calificación crediticia internacional de "basura" o no tienen calificación alguna.

Otra ventaja más es que Pekín, bajo la excusa de no interferir en las decisiones soberanas de otros Estados, jamás efectúa seguimiento de las inversiones que realiza en los países de la BRI. Desembolsos millonarios y sin cuestionamientos son el abono ideal para potenciar la corrupción y para que los países pobres sean aún más pobres después de ingresar al sueño que ofrece esa iniciativa.

The Epoch Times, en un artículo titulado "El dinero gratis de China fomenta la corrupción a lo largo de la Franja y la Ruta" que lleva la firma de Antonio Graceffo señala que "los sobornos son habituales a lo largo de la BRI". Y cita una encuesta de McKinsey de 2017 según la cual entre el 60% y el 80% de las empresas chinas en África pagaron sobornos. Según un grupo de abogados y periodistas locales, las empresas chinas solventaron USD 31 millones en sobornos a Joseph Kabila, expresidente de la República Democrática del Congo.

En los últimos 13 años, las empresas de telecomunicaciones chinas Huawei y ZTE han sido acusadas de corrupción en al menos 15 naciones de África. En 2017, Patrick Ho, representante de la empresa estatal CEFC China Energy Company, fue detenido por funcionarios estadounidenses por haber pagado sobornos a políticos en Chad y Uganda. Los sobornos se habían pagado para beneficiar a la empresa estatal China National Petroleum Corporation.

De acuerdo a la Matriz de Riesgo de Soborno de TRACE, muchos países de la BRI se encuentran entre los de mayor riesgo de soborno. Entre los países con los peores historiales de aceptación de cohechos se encuentran destacados miembros del BRI como Camboya, Turkmenistán, Guinea Ecuatorial, Yemen, Sudán del Sur, Somalia, Venezuela y Laos, entre otros.

Graceffo infiere que este "dinero gratis" de la BRI y los sobornos hacen casi imposible que las empresas norteamericanas consigan contratos en los países que forman parte de la iniciativa. De hecho, el 89% de los contratos adjudicados en los proyectos de la BRI van a parar a empresas chinas.

El elemento que quizá no considera el periodista es que, por suerte para Washington, las torpezas del manejo chino y su atolondrada ambición expansionista presentan oportunidades más que justificadas para intervenir.

Numerosas filiales de la mega empresa estatal CCCC tienen a cargo gran parte de las obras de infraestructura propuestas por el BRI. Fue justamente el irregular accionar de este conglomerado estatal el que sirvió en bandeja a los Estados Unidos la justificación para aplicar sanciones. La más resonante de ellas, en agosto de 2020 alcanzó a 24 empresas chinas que fueron sumadas a lista de entidades imposibilitadas de hacer negocios con sus pares estadounidenses.

Conforme lo informado por el Departamento de Comercio norteamericano, la medida se debió a "su papel en la ayuda al Ejército chino en la construcción y militarización de las islas artificiales condenadas internacionalmente en el Mar de China Meridional".

En su momento el periódico *Washington Post* destacó que el impacto directo sería leve porque las firmas sancionadas no tenían mucho interés en comerciar con Estados Unidos. No obstante, el golpe mediático generado por la noticia influyó sobre la opinión pública y los gobiernos de los países comprometidos con la Ruta de la Seda.

Francisco Valderrey Villar y Daniel Lemus Delgado, del Instituto Tecnológico y de Estudios Superiores de Monterrey, consideran que los objetivos de la BRI no solo se vinculan a las relaciones internacionales, sino que a veces consideran a éstas como un medio para un fin estratégico de orden nacional.

En su completo estudio titulado "La Nueva Ruta de la Seda, herramienta privilegiada de política exterior", los autores ponen como ejemplo el conjunto de iniciativas económicas que buscan encontrar rutas alternativas al estrecho de Malaca. Se trata de una franja de mar entre la península de Malaca (compartida entre Tailandia y Malasia) y la isla de Sumatra, en Indonesia, la zona naval más congestionada del planeta, por la que pasa el 80% de las importaciones chinas de carbón e hidrocarburos. Controlada por la Marina norteamericana, en caso de conflicto está muy expuesta a un bloqueo militar, comprometiendo así las importaciones y exportaciones de la República Popular. Como parte de la estrategia china para atenuar el problema, por ejemplo, actualmente Shanghái recibe la mitad del gas natural que necesita vía terrestre desde Turkmenistán, uno de los socios privilegiados de la BRI.

Valderrey Villar y Lemus Delgado destacan que un criterio similar recorre las iniciativas del puerto de Kyaukpyu en Myanmar, para conectar con la capital de la provincia sureña de Yunnan; el proyecto de un canal a través del istmo de Kra, en Tailandia, y con el "Corredor Económico China-Pakistán", que geopolíticamente tiene para China el objetivo no solo de esquivar el estrecho de Malaca sino también la hostil India, para tener acceso al mar Arábigo, y desde allí, claro está, al Canal de Suez y el Mediterráneo. Pero todos esos proyectos encuentran problemas de diverso tipo, desde geográficos, porque los pasos entre China y Pakistán están a gran altitud, lo que obligaría a bombear gas y petróleo a costo prohibitivo; hasta político-militares pues las zonas en cuestión tanto de Myanmar como de Tailandia tienen actividad de insurgencia étnica o religiosa poco controlada por el Estado central.

Medio ambiente

Como la economía del BRI no prioriza a la ecología, el proyecto preocupa mucho a los expertos en medio ambiente.

En un artículo publicado por *Nature Sustainability,* varios investigadores de Australia, China, Canadá, Alemania, Estados Unidos y Portugal lo consideran una amenaza para la biodiversidad: las carreteras aumentan la mortalidad de la fauna, la fragmentación del hábitat y la contaminación química, acústica y lumínica.

Un informe de año 2017 emanado del Fondo Mundial para la Naturaleza (WWF) trazó un preocupante panorama de los impactos de este proyecto. A juicio de esta organización de conservación líder en el mundo, estos corredores comerciales invadirían el territorio de 265 especies amenazadas, 81 de ellas en riesgo de extinción y 39 en peligro crítico, incluidos los antílopes saiga, el tigre y el panda. En total, el 32% de todas las zonas protegidas de los países atravesados por estas rutas podrían verse afectadas.

Además del riesgo para la fauna y los paisajes, los investigadores señalan las enormes cantidades de materiales y energía que consumirá el proyecto. En particular, los combustibles fósiles, la arena y la piedra caliza, necesarios para la producción de cemento y hormigón, son fuentes importantes de emisiones de gases de efecto invernadero.

Una gran cantidad de países que acordaron con China su inclusión en la Ruta de la Seda ya tienen dificultades para cumplir sus compromisos medioambientales, y es poco probable que este proyecto les ayude a hacerlo.

El Centro Tsinghua ha modelizado los efectos del desarrollo de puertos, oleoductos, ferrocarriles y autopistas relacionados con la BRI en algunos de estos países. El resultado: Rusia, Irán, Arabia Saudí e Indonesia tendrían que reducir sus emisiones de CO_2 en un 68% de aquí a 2050 para cumplir los objetivos del Acuerdo de París de 2015. Se trata de una proeza en un contexto en el que el crecimiento económico sigue siendo uno de los principales objetivos de las actividades económicas y políticas.

En cuanto al impacto medioambiental las declaraciones oficiales de Pekín siguen siendo poco claras. En teoría, las normas del país anfitrión deben respetarse al construir infraestructuras. Pero una normativa demasiado ambiciosa podría restar interés a las autoridades chinas, por lo que estas cuestiones suelen quedar relegadas a un segundo plano por los países en cuestión. Pekín hace todo lo posible para que la dependencia del desarrollo económico que conlleva siga primando sobre todo lo demás.

Como asegura Mathieu Duchâtel, director Adjunto del Programa Asia y China en el Consejo Europeo de Relaciones Exteriores (ECFR), "la iniciativa de Xi Jinping no está exenta de puntos ciegos. Todavía no hay lista de infraestructuras prioritarias ni calendario. Incluso la ruta exacta es confusa. No se ha hecho público ningún mapa oficial presumiblemente porque su plan de acción la define como una iniciativa abierta, en la que puede participar cualquier país".

Este enfoque coincide con el sitio web de Xinhua sobre la Nueva Ruta de la Seda, el que solo ofrece un diagrama de conexiones entre las principales regiones geográficas, sin especificar los países o ciudades en los que se basarán los futuros corredores de transporte.

BIBLIOGRAFÍA CONSULTADA

- ABI-HABIB, MARIA. "Cómo China logró que Sri Lanka escupiera un puerto". 25 de junio de 2018. *The New York Times.*
- ADETUNJI, JO. "Vers un impérialisme chinois en Afrique?" September 5, 2018. *The Conversation.*
- ADINS VANBIERVLIET, S. (2016). "La Ferrovía Transcontinental Brasil-Perú: contexto, efectos económicos y geopolítica". En J. Caillaux, F. Novak y M. Ruiz (Eds.), *Las relaciones de China con América Latina y el Ferrocarril Bioceánico Brasil-Perú* (pp. 61-94). Sociedad Peruana de Derecho Ambiental (SPDA) e Instituto de Estudios Internacionales (IDEI).
- AFRICA RESEARCH INSTITUTE. "Between Extremes: China and Africa, Publications, 2012". Annual Report. Banco Nacional de Etiopía. Publications, 2020.
- AIE (Agencia Internacional de la Energía) (2015), World Energy Outlook, 2015, París. (2012), Oil and Gas Emergency Policy - China 2012 Update, París.
- ALCALDE CARDOZA, J. (2019). "La proyección global y regional de China". En Á. Méndez, J.
- ALCALDE CARDOZA, C. Alden y A. Guerra-Barón (Eds.), "La conexión china en la Política Exterior del Perú en el siglo XXI" (pp. 25-52). The London School of Economics - Global South Unit (LSE-GSU LSE IDEAS), Instituto de Estudios Internacionales (IDEI) y Escuela de Gobierno de la Pontificia Universidad Católica del Perú (PUCP).
- ALCALDE CARDOZA, J. (1997). "La liberalización de la inversión extranjera directa en América Latina: un breve enfoque comparativo de Brasil, Chile, Perú y el Grupo Andino". Apuntes: *Revista de Ciencias Sociales*, 0(41), 3-33. https://doi.org/10.21678/ apuntes.41.302.
- ALCALDE CARDOZA, J, ROMERO SOMMER, G. (2014). "Alineamiento y desafío: la política exterior peruana en los gobiernos de Odría y Velasco". Escuela de Gobierno y Políticas Públicas de la Pontificia Universidad Católica del Perú.
- ALICE EKMAN. "China and the battle of coalitions". 6 may 2022. European Uninon Institute for Security Studies.
- ALLISON, GRAHAM, *Hacia la guerra, China y América en la trampa de Tucídides*, París, Odile Jacob, 2019.

- ALONSO, PEDRO (2019). "China en África, ¿un nuevo imperialismo?" *La vangjuardia.*

- ANDRIJASEVIC, R. and SECCHETO, D. (2016, forth.). Foxconn beyond China: Capital-labour relations as co-determinants of internationalization, en: Smith C. and Liu, M. (eds)

(2016) Work and Employment in China. A Labour Process Perspective. Critical Perspectives on Work and Employment Book Series, Palgrave.

- ANTONIELLO, A. (2017). "Canal Martín García. Una obra binacional en beneficio de ambos países". Liga Marítima Uruguaya.

- AQUINO RODRÍGUEZ, C. (2013). "Acerca de los estudios sobre China en el Perú". *Pensamiento Crítico*, 18(2), 007-018.

- ALTOMONTE, H. (2013), "Recursos naturales: situación y tendencias para una agenda de desarrollo regional en América Latina y el Caribe". Contribución de la Comisión Económica para América Latina y el Caribe a la Comunidad de Estados Latinoamericanos y del Caribe (LC/L.3748), Santiago, Comisión Económica para América Latina y el Caribe (CEPAL).

- ALTOMONTE, H. y R. J. SÁNCHEZ (2016), "Hacia una nueva gobernanza de los recursos naturales en América Latina y el Caribe", Libros de la CEPAL, N° 139 (LC/G.2679-P), Santiago, Comisión Económica para América Latina y el Caribe (CEPAL).

- ALVAREZ, S. T., DEVÉS, E., ALDANA, C., SIMONOFF, A. C., SÁNCHEZ MUGICA, A., CERVO, A. L., FIGUEROA JIMÉNEZ, A., SERBÍN, A., DOMÍNGUEZ ÁVILA, C. F. Y ESCUDÉ, C. (2020). *Problemáticas internacionales y mundiales desde el pensamiento latinoamericano.* Ariadnaediciones.

- ALVES, A. C. (2013), "Chinese economic statecraft: a comparative study of China's oil backed loans in Angola and Brazil", *Journal of Current Chinese Affairs*, vol. 42, N° 1.

- ANP (Agencia Nacional de Petróleo, Gas Natural y Biocombustibles) (2014), "Consórcio vence 1ª rodada de licitações do pré-sal", 4 de noviembre.

- ARCILA, ADRIANA. "Los lunares de una de las empresas del consorcio chino que se ganó el metro de Bogotá". Octubre 21, 2019. *La linterna azul.*

- ARGÜELLO, IRMA. "Por qué la base china en Neuquén debería preocuparnos". 10 de febrero de 2019. *Infobae.*

- ARRIGHI, GIOVANNI (2007). *Adam Smith en Pekín*, Akal, Madrid.

- AU LOONG YU (2018), "Debate sobre la naturaleza del estado chino", https://portaldelaizquierda.com/05

- BACH, DAVID. "Four scenarios for a world in disorder". October 25, 2022. *The Conversation.*

- BAKER & MCKENZIE (2015). Reaching New Heights. An update on Chinese Investment into Europe.

- BALLESTER, LAURA. "Los contratistas advierten sobre la "competencia feroz" de China en la obra pública". 31 de enero de 2020. Levante. *El Mercantil Valenciano.*

- BANCO MUNDIAL (2016), Commodity Markets Outlook, Washington, D.C., enero. (2014), Urban China: Toward Efficient, Inclusive, and Sustainable Urbanization, Washington, D.C. Banco Mundial, World Integrated Trade Solution (WITS). Imports, Exports and Trade Balance by country and by region, 2020.

- BAÑEZ, GONZALO. "Atucha III: los 5 puntos que los expertos critican del acuerdo nuclear entre la Argentina y China". 18 de febrero 2022. TN.

- BAÑEZ, GONZALO. "Centrales nucleares: críticas al acuerdo con China y un pedido de nuevos proyectos".6 de febrero 2022. TN.

- BAÑEZ, GONZALO. "Del libre comercio a la expansión de China: la Unión Europea se prepara para una cumbre clave en la Argentina". 12 de octubre 2022. TN.

- BAÑEZ, GONZALO. "Seguridad, comercio e infraestructura: Estados Unidos acelera su plan para frenar el avance de China". 7 de julio 2022. TN.

- BÁRCENA, A., PRADO, A., ROSALES, O. Y PÉREZ, R. (2011). *La República Popular China y América Latina y el Caribe: Hacia una nueva fase en el vínculo económico y comercial.* CEPAL.

- BÁRCENA, A. Y A. PRADO (2016), *El imperativo de la igualdad: por un desarrollo sostenible en América Latina y el Caribe*, Buenos Aires, Siglo XXI.

BARONE, B. and BENDINI, R. (2015a), "China: Economic outlook, 2015", Dirección General de Políticas Exteriores del Parlamento Europeo, Análisis en profundidad.

- BARONE, B. and BENDINI, R. (2015b), "Trade and Economic Relations with China 2015", Dirección General de Políticas Exteriores del Parlamento Europeo, Análisis en profundidad.

- BERMÚDEZ LIÉVANO, ANDRÉS. "Dos (controversiales) empresas chinas construirán el metro de Bogotá". 18 de octubre de 2019. *Diálogo Chino.*

- BERNAL-MEZA, R. (2015). *Alianza del Pacífico versus ALBA y Mercosur: entre el desafío de la convergencia y el riesgo de la fragmentación de Sudamérica.* Pesquisa & Debate, 26(47), 1-34.

- BERNAL-MEZA, R. Y XING, L. (2020). "China–Latin America Relations in the 21st Century: The Dual Complexities of Opportunities and Challenges". Springer Nature.

- BERRÍOS, R. (2013). "Bridging the Pacific: Peru's Search for Closer Economic Ties with China". En A. E. F. Jilberto y B. Hogenboom. *Latin America Facing China: South-South Relations beyond the Washington Consensus.* Berghahn Books.

- BERKELMANS, L. Y H. WANG (2012), "Chinese urban residential construction to 2040", RBA Research Discussion Papers, N° 2012-04, Sídney, Banco de la Reserva de Australia.

- BHATNAGAR, STUTI. "India's window of opportunity to counter China's influence in South Asia". 18 August. 2022. *The Stretegist.*

- BIELSCHOWSKY, R. (2009), "Sesenta años de la CEPAL: estructuralismo y neoestructuralismo", *Revista CEPAL*, N° 97 (LC/G.2400-P), Santiago, Comisión Económica para América Latina y el Caribe (CEPAL). (1998), "Cincuenta años del pensamiento de la - - CEPAL: una reseña", *Cincuenta años del pensamiento en la CEPAL: textos seleccionados*, Santiago, Comisión Económica para América Latina y el Caribe (CEPAL)/Fondo de Cultura Económica.

- BITZINGER, RICHARD. 2016. "The PLA Navy and the US Navy in the Asia-Pacific: Anti-Access/Area Denial vs AirSea Battle". En *Handbook of US-China Relations*, editado por Andrew Tan, 398-411. Cheltenham: Edward Elgar.

- BLASCO, EMILI J. "Uruguay y EE.UU. se aproximan para vigilar a China en el Atlántico Sur." 26 de abril de 2021. ABC Internacional.

- BOLINAGA, L. SLIPAK, A. (2015). "El Consenso de Beijing y la reprimarización productiva de America Latina: el caso argentino. Problemas del Desarrollo". *Revista Latinoamericana de Economía*, 46(183), 33-58.

- BOWDEN, GEORGE; WONG, TESSA. "I was dragged into China consulate; protester Bob Chan says". 20 October 2022. BBC News.

- BRADSHER, KEITH. "Ocaso de empresarios en China a medida que más y más abandonan el país". 9 de septiembre de 2022. *Clarín*. Con información de *The New York Times International Weekly.*

-BRADSHER, KEITH; KRAUSS, CLIFFORD (2015) "China amplía su poder y hace sentir su peso Con nuevas inversiones y exigencias, inicia una política más agresiva". http://editorialrn.com.ar/index.php?

- BRANDS, HAL. 2014. "What Good is Grand Strategy? Power and Purpose in American Statecraft from Harry S. Truman to George W. Bush". Ithaca: Cornell University Press.

- BRANT, ROBIN. "Shanghái moves to impose tightest restrictions yet". 11 May 2022. BBC News.

- BREUNING, M. (2007). "Foreign policy analysis: A comparative introduction". Palgrave Macmillan.

- BREWSTER, DAVID. 2018. "A Contest of Status and Legitimacy in the Indian Ocean". En *India and China at Sea. Competition for Naval Dominance in the Indian Ocean*, editado por David Brewster, 10-38. Nueva Delhi: Oxford University Press.

- BREWSTER, DAVID. 2019. "The Red Flag Follows Trade: China's Future as an Indian Ocean Power". En *Strategic Asia 2019. China's Expanding Strategic Ambitions*, editado por Ashley Tellis, Alison Szalwinski y Michael Wills, 175-209. Seattle: The National Bureau of Asian Research.

- BRUCE ST JOHN, R. (1999). "La política exterior del Perú". Asociación de Funcionarios del Servicio Diplomático del Perú.

- BRUNET, ANTOINE; GUICHARD, JEAN-PAUL. "La Visée hégémonique de la Chine - L'impérialisme économique". 5 Mars 2023. ESC Clermont. Business School.

- BUSINESSEUROPE (2015), "EU-China relations: 2015 and beyond", marzo de 2015.

- BUSINESSEUROPE, documento de síntesis "China's Market Economy Status", diciembre de 2015.

-BUSTOS, NADIA (2020). "En las grandes ligas. El lugar de China en la política mundial". *El Aromo* n 109 26 en https://razonyrevolucion.org

- BÜTHE, T. Y MILNER, H. V. (2008). "The politics of foreign direct investment into developing countries: increasing FDI through international trade agreements?" *American Journal of Political Science*, 52(4), 741-762.

- CAFARELL, S., LIENDO, M., MARTÍNEZ, A. Y RAPOSO, I. (2015). "Una mirada crítica al Puerto Rosario, puesta en contexto del sistema portuario nacional".

- CALZADA, J. Y RAMSEYER, F. (2019). "Inversiones de la República Popular China en Argentina".

- CÁMARA DE ACTIVIDADES PORTUARIAS Y MARÍTIMAS (2020). "Estudio de factibilidad técnico-económica. Próximo período de concesión".

- CÁMARA DE COMERCIO DE LA UNIÓN EUROPEA EN CHINA (2013), "Chinese Outbound Investment in the European Union".

- CÁMARA DE DIPUTADOS DE LA NACION. Tratamiento exptes 119-s-2014 122-s-2014 y 126-s-2014 Acuerdo con China por base en Neuquén. Reunión del día 13/02/2015.

- CANALES, DANNY. "Disputa entre Estados Unidos y China alcanza a empresa que amplía ruta a Limón". 26 de agosto de 2020. *La República*.

- CÁNEPA, JUAN IGNACIO. Entrevista a la jefa del Comando Sur de los Estados Unidos: "Me preocupa la estación espacial de China en la provincia de Neuquén". 27 d abril de 2022. *Infobae.*

- CARVALHO, P. S. L. y otros (2014), "Minério de ferro", BNDES Setorial, N° 39, Río de Janeiro, Banco Nacional de Desarrollo Económico y Social (BNDES).

- CASADO, LETÍCIA, ANDREONI, MANUELA. "CCCC expande sus dominios en América Latina". 12 de junio de 2020. "Dialogo Chino".

- CASTILLO, LEONARDO. "Primero… el Tren Maya, luego los pobladores". 17 de agosto de 2021. *Momento Financiero.*

- CAVALLI, INÈS. La cuestión uigur en la República Popular China. Enjeux géopolitiques locaux et régionaux, ENS & IEP Lyon, Master Études européennes et internationales, parcours Asie orientale et contemporaine, curso 2017-2018, p. 79.

- CENTER FOR SYSTEMS SCIENCE AND ENGINEERING, COVID-19 Dashboard, ((Tablero del COVID-19), Johns Hopkins University & Medicine, 2020, https://coronavirus.jhu.edu/map.html.

- CEPAL (Comisión Económica para América Latina y el Caribe) (2014), "Pactos para la igualdad: hacia un futuro sostenible" (LC/G.2586(SES.35/3)), Santiago.

(1995), *América Latina y el Caribe: políticas para mejorar la inserción en la economía mundial,* Libros de la CEPAL, N° 40 (LC/G.1800/Rev.1-P), Santiago.

(1985), "Crisis y desarrollo: presente y futuro de América Latina y el Caribe" (LC/L.332(Sem.22/3)), vol. 1, Santiago.

(1951), Estudio Económico de América Latina, 1949 (E/CN.12/164/Rev.1), Nueva York, Naciones Unidas.

- CESARÍN, S. (2008). "El factor China en los nuevos equilibrios regionales". Ponencia presentada en el Seminario de FUNAG (Fundação Alexandre de Gusmão) e IPRI (Instituto de Pesquisa de Relações Internacionais), China: perspectivas y desafíos. Brasilia.

- CES - Declaración "Position on granting Market Economy Status to China", 17 de diciembre de 2015.

- CESE de 29/03/2015: "El papel del desarrollo sostenible y la participación de la sociedad civil en los acuerdos individuales de inversión de la UE con terceros países". Dictamen del - CESE de 05/05/2011: Evaluaciones de impacto sobre la sostenibilidad (EIS) y política comercial de la UE.

- CHAN and HUI, 2013, "The Development of Collective Bargaining in China: From Collective Bargaining by Riot" to "Party State-led Wage

Bargaining, The China Quarterly, Volumen 217 / marzo de 2014, pp 221-242.

- CHAN, J. (2019). "Los nueve años del TLC Perú–China. Su negociación y sus resultados". Agenda Internacional, 26(37), 89-117. https://doi.org/10.18800/agenda.201901.003 China hoy. (2016). La histórica visita del presidente Xi Jinping a Perú. http://www.chinatoday.mx/pol/content/2016-12/30/content_733087.htm

- CHAN, MINNIE. 2019a. "China plans fourth aircraft carrier, but further plans are on hold". *South China Morning Post*, 28 de noviembre. https://bit.ly/3ahChDI

- CHAYA, GEORGE. "El ciberespacio: la prioridad de Estados Unidos ante la amenaza China". 6 de agosto de 2022. *Infobae*.

- CHEN, T. Y M. PÉREZ LUDEÑA (2014), "Chinese foreign direct investment in Latin America and the Caribbean", serie Desarrollo Productivo, N° 195 (LC/L.3785), Santiago, Comisión Económica para América Latina y el Caribe (CEPAL).

- CHINA COMMUNICATIONS CONSTRUCTION COMPANY "Normas de comportamiento". http://espanol.ccccltd.cn/ggjj/xwsz -CHINGO, JUAN (2021). "La ubicación de China en la jerarquía del capitalismo global", 24 en https://www.laizquierdadiario.com

- CIARA (Cámara de la Industria Aceitera de la República Argentina) (s/f), "Estadísticas" [en línea] http://www. ciaracec.com.ar/homeCiara.php.

- CLEVER, J. y W. Xinping (2016), "Prospects for China's oilseed market remain strong", Departamento de Agricultura de los Estados Unidos [en línea]

- CLOVER, CHARLES. "El 'fabricante' de islas chino busca inversores". 14 de junio de 2015. *Expansión*. Con información de *Financial Times*.

- CLOWES, WILLIAM. "China's Pullback on Lending Stalls Dreams of Rebuilding Nigeria". 17 de mayo de 2022. *Bloomberg*.

- COATES, B. Y N. LUU (2012), "China's emergence in global commodity markets", *Economic Roundup*, N° 1.

- COLUMBA JEREZ, ALEXIA. "Rusia y China se embarcan en el control estratégico de los mares". 12 de octubre de 2022. Fundación Nuestro Mar.

- COM (2010) 343 final de la Comisión de fecha 7/7/2010 "Hacia una política global europea en materia de inversión internacional".

- COM/2010/0612 final de la Comisión "Comercio, crecimiento y asuntos mundiales La política comercial como elemento fundamental de la Estrategia 2020 de la UE".

- CORERA, GORDON. "China: MI5 and FBI heads warn of 'immense' threat". 7 July 2022. BBC News.

- CORERA, GORDON. "Chinese technology poses major risk - GCHQ Chief". 11 October 2022. BBC News.

- CORRÊA, A. P. (2015), "Industrialização, demanda energética e indústria de petróleo e gás na China", "China em transformação: dimensóes econômicas e geopolíticas do desenvolvimento", M. A. Macedo Cintra, E. B. da Silva Filho y E. Costa Pinto (orgs.), Río de Janeiro, Instituto de Investigación Económica Aplicada (IPEA).

- COTA, ISABELLA. "México ahuyenta la inversión extranjera excepto la de China. Las compañías del gigante asiático conquistan terreno discretamente y ganan contratos gubernamentales". 26 de abril de 2021. *El País*.

- CRAWFORD, ALAN; MURPHY, COLUM; NARDELLI, ALBERTO. "Alarmada por la invasión rusa, Europa se replantea sus vínculos con China". 21 de mayo de 2022. *Infobae*. (c) 2022, Bloomberg.

- CUMIN, DAVID, *Geopolítica de Eurasia, antes y desde 1991*, París, L'Harmattan, 2020.

- CUMIN, DAVID. "L'Eurasie en question (entrevista con Emmanuel Lincot)", Asia Focus. - - - DEMIRJIAN, KAROUN. "Un general estadounidense advirtió que el régimen chino expandió su arsenal nuclear". Con información de *The Washington Post*.

- DEPARTAMENTO DE ESTADO EE.UU. Washington, D. C. Hoja Informativa: "El presidente Biden anuncia la Alianza para la Prosperidad Económica en las Américas".

- DE VEDIA, MARIANO. "Con la Antártida y el Atlántico Sur como objetivos estratégicos, la Argentina crea más unidades militares en la región austral". 19 de febrero de 2023. Diario *La Nación*.

- DEVLIN, ROBERT. ESTEVADEORDAL, ANTONI; RODRÍGUEZ-CLARE, ANDRÉS. "The Emergence of China: Oportunites and Challenges for Latin America and the Caribean". Harvard University Press, Cambridge.

- DÍAZ, GLORIA. "Se renuevan las dudas sobre la base China en Neuquén". 27 de abril de 2021. *Mejor Informado*.

- DIAZ MESA, VALENTINA. "Un dragón rojo sobrevuela África". 4 de diciembre de 2020. *Brecha*.

- DI FILIPPO, A. (1998), "La visión centro-periferia hoy", *Revista de la CEPAL*, número extraordinario (LC/G.2037-P), Santiago, Comisión Económica para América Latina y el Caribe (CEPAL).

- DOS SANTOS, T. (1970), "The structure of dependence", The American Economic Review, vol. 60, N° 2, Nashville, Tennessee, American Economic Association.

- DOUGHERTY, CHRIS; MATUSCHAK, JENNIE; HUNTER, RIPLEY. The Poison Frog Strategy Preventing a Chinese Fait Accompli Against Taiwanese Islands. Center for a New American Security (CNAS).

- DOWNS, E. (2011), Inside China, Inc: China Development Bank's Cross-Border Energy Deals, Washington, D.C., John L. Thornton China Center at Brookings.

- DOYLE, JULIÁN. "La base china en Neuquén: pesada herencia, espionaje y yuanes". 19 de febrero de 2019. *El Economista.*

- DOYON, JÉRÔME. *Négocier la place de l'islam chinois : les associations islamiques de Nankin à l'ère des réformes*, París, L'Harmattan, 2015.

- DU BOIS CIND (KMS). "La inversión china en nuestros puertos obedece a motivos políticos". *Trends*, 14 de febrero de 2023.

- DUNNING, J. H. (1988), "The eclectic paradigm of international production: a restatement and possible extensions", *Journal of International Business Studies*, vol. 19, N° 1, Palgrave Macmillan.

- DUSSEL PETERS, ENRIQUE. América Latina y el Caribe-China. Economía, Comercio e Inversiones. RED ALC-CHINA. UDUAL y UNAM. México.

- DUSSEL PETERS, ENRIQUE (coord.). 2014. *China en América Latina: 10 casos de estudio.* RED ALC-CHINA. UDUAL y UNAM. México.

- EFTIMIADES NICK. "Chinese Intelligence Operations. Centro de Recursos e Información sobre la Inteligencia Económica y Estratégica". Los puertos africanos, codiciados por Pekín, 30 de septiembre de 2021.

- EHULECH, INÉS. "Caza de zorros 2: la nueva ley de China para redoblar el rastreo y la captura de disidentes en el exterior". *Infobae.*

- EIA (Administración de Información Energética) (2015), "China", 14 de mayo [en línea] https://www.eia.gov/beta/international/analysis.php?iso=CHN. (2014), International Energy Outlook, 2014, septiembre.

- ELLIS, EVAN, "America's Strategy for Latin America and the Caribbean, (Estrategia de Estados Unidos para América Latina y el Caribe)", *Air & Space Power Journal–Africa and Francophonie* 8, no. 2 (verano 2017): 10.

- ELLIS, EVAN. "China y su avance militar estratégico en Argentina". 1 de noviembre de 2021. *REDCAEM.*

- ELLIS, R. EVAN. "Desafíos de las empresas chinas operando en América Latina". 2015. RED ALC-CHINA, UDUAL, UNAM, Cechimex, México.

- ELLIS, ROBERT EVAN. "La presencia militar china en Latinoamérica". 13 de diciembre de 2021. *Latinoamérica 21.*

- EL LINCE (2020), "¿Capitalismo sui generis versus socialismo con características chinas?" 9 oct, https://canarias-semanal.org/art/28783/

- EMONS, O. (2013), "Ausverkauf der hidden Champions?", *Hans-Böckler Stiftung*, marzo de 2013.

- EMONS, O. (2015), "Übernahmen: Erfahrungen mit chinesischen Investoren in Deutschland", *WSI-Mitteilungen*, 02/2015.

- ESTADOS UNIDOS, "The National Security Strategy of the United States of America (Estrategia de Seguridad Nacional de Estados Unidos)", Washington, DC: Presidente de Estados Unidos, 2018), 1.

- FALLER, CRAIG S. "Posture Statement of Admiral Craig S. Faller, Commander, United States Southern Command, before the 116th Congress, Senate Armed Services Committee," (Declaración sobre postura del Almirante Craig S. Fuller, Comandante, Comando Sur de Estados Unidos ante el 116 Congreso, Comité de Servicios Armados del Senado), 30 de enero de 2020.

- FARAH, DOUGLAS; BABINEAU, KATHRYN, "Extra-regional Actors in Latin America", (Actores extrarregionales en América Latina) PRISM 8, no. 1 (2019): 97, https://www.jstor.org/stable/26597313.

- FAUSSET, RICHARD. 2013. "Mexico's Lazaro Cardenas port thrives — with commerce and crime", *Los Angeles Times.* 7 de noviembre. Articles. latimes.com/2013/nov/07/world/la-fg-mexico-port-20131107.

- FISKEJÖ, MAGNUS. *Le Xinjiang chinois, nouvelle frontière de l'épuration nationale,* en Anne Cheng (ed.), Penser en Chine, París, 2021.

- FLORES MÁRQUEZ, HÉCTOR; VALDERRAMA SANTIBÁÑEZ, ANA LILIA; NEME CASTILLO, OMAR. "Corrupción y desarrollo en China y América Latina". 22-Dic-2020.

- FREITAS DA ROCHA, FELIPE Y BIELSCHOWSK, RICARDO. "La búsqueda de China de recursos naturales en América Latina". *Revista de la CEPAL* N° 126 • diciembre de 2018.

- FRANKOPAN, PETER, *Las nuevas rutas de la seda. La emergencia de un nuevo mundo*, París, Champs Histoire, 2020.

- FRAYER, LAUREN. "Por qué la llegada de un barco chino a Sri Lanka ha causado alarma en India y Occidente". NPR August 19, 2022.

- FROISSARD, C. (2014), "L'émergence de négociations collectives autonomes en Chine", *Critique Internationale*, n° 65.

- GALE, F., J. HANSEN Y M. JEWISON (2015), "China's growing demand for agricultural imports", *USDA-ERS Economic Information Bulletin*, N° 136, Washington, D.C., Economic Research Service. Gallagher, K. P., A.

IRWIN Y K. KOLESKI (2013), "¿Un mejor trato?: análisis comparativo de los préstamos chinos en América Latina", Cuadernos de Trabajo del CECHIMEX, N° 19, Ciudad de México, Universidad Nacional Autónoma de México (UNAM).

- GALLAGHER, KEVIN P. MYERS, MARGARET. "China-Latin America Finance Database," (Base de datos financiera entre China y América Latina), *Inter-American Dialogue*, 2020, https://www.thedialogue.org/map_list/.

- GALLAGHER, KEVIN Y ROBERTO PORZECANSKI. 2010. "The Dragon in the Room: China and the Future of Latin American Industrialization". Stanford University Press, Stanford.

- GARCÍA-SANZ, DANIEL. China: gran estrategia y poder marítimo en la era de Xi Jinping. Universidad Internacional del Ecuador (UIDE), Ecuador

- GARRISON, CASSANDRA. "Estación espacial dirigida por militares chinos en Argentina es una 'caja negra'". 31 de enero de 2019. Reuters.

- GHOSE, B. (2014), "Food security and food self-sufficiency in China: from past to 2050", Food and Energy Security, vol. 3, N° 2, Wiley.

- GIOFFREDA, CAMILO. "La estación espacial china y su incidencia en la defensa nacional". 24 de febrero de 2019. Scielo.

- GOLDSTEIN, AVERY. 2017. "China's Grand Strategy: Continuity and Change". International and Strategic Studies Report 51: 1-8.

- GONZÁLEZ ACHÁVAL, P. AGUIRRE, F. Y CAMOLETTO, M. (2020). "Estado de Situación de los Proyectos con Financiamiento China en Argentina".

- GONZÁLEZ, CLAUDIO F. "El gran sueño de China. Tecno-Socialismo y capitalismo de estado", Paperback – April 1, 2021.

- GONZÁLEZ-VICENTE, R. (2013), "Development dynamics of Chinese resource-based investment in Peru and Ecuador", *Latin American Politics and Society*, vol. 55, N° 1, Cambridge University Press.

- GOODMAN, MATTHEW P. "Predatory Economics and the China Challenge," (Economía depredadora y el reto de China), Center for Strategic and International Studies, (Centro para estudios estratégicos e internacionales), 29 de septiembre de 2020. https://www.csis.org/analysis/predatory-economics-and-china-challenge.

- GORDÓN GUERREL, ISMAEL. "EE.UU. incluye en 'lista negra' a firma China Communications Construction Company". 26 de agosto de 2020. *La Estrella de Panamá*.

- GOVERNMENT OF THE PEOPLE'S REPUBLIC OF CHINA. "National Bureau of Statistics of China. China Statistical Yearbook. Annual Data, Statistical Database. Annual Report", Banco Central de Sri Lanka, Economic and Financial Reports, Publications. 2020.

- GUERRA MOLINA, R.A., BADILLO SARMIENTO, R. Y RAMÍREZ BULLÓN, J.E. (2021). "La competencia entre China y Estados Unidos durante la pandemia de covid-19: escenarios de adaptación para la política exterior sudamericana". En E. Vieira Posada (Ed.), *La pandemia de COVID-19 y un nuevo orden mundial* (pp. 155-191). Fondo Editorial–Ediciones Universidad Cooperativa de Colombia.

- GUIGUE, BRUNO (2018), "El socialismo chino y el mito del fin de la historia", 29-11- http://www.rebelion.org/noticia.php?id=249582

- HART-LANDSBERGS, MARTIN (2018). "Una estrategia defectuosa: Una mirada crítica a la iniciativa China del cinturón y la ruta de la seda", http://www.sinpermiso.info/textos

- HASTINGS, MAX. "The West Is Ceding Africa's Promise to China's Exploitation". October 2, 2022. Bloomberg.

- HE, BINGSONG. "La visión china del terrorismo", Global Security, 2009/4, n.º 10, pp. 121-130, https://www.cairn.info/revue-securite-globale-2009-4-page-121.htm.

- HEIJMANS, PHILIP J. "China lanzó un 'bombardeo diplomático' para contrarrestar la estrategia Indo-Pacífica de EE.UU. en Asia". 10 de julio de 2022. *Infobae.* (c) 2022, Bloomberg.

- HERMANN, HANS-GÜNTHER. "Theoretical aspects of Chinese historiography in the 1980s, Chinese Studies, 1991", pp. 161-196: https://www.persee.fr/doc/etchi_0755-5857_1991_num_10_1_1147.

- HERNÁNDEZ, PABLO. "La empresa china a cargo del Tren Maya tiene un historial de corrupción". 24 de julio de 2020. *Diálogo Chino.*

- HOADLEY, S. Y JIAN YANG. (2007). "China's cross-regional FTA initiatives: towards comprehensive national power. Pacific Affairs", 80(2), 327-348. *Infodefensa.com.* (2016).

- HOFMAN, I. y P. Ho (2012), "China's 'developmental outsourcing': a critical examination of Chinese global 'land grabs' discourse", *The Journal of Peasant Studies*, vol. 39, N° 1, Routledge.

- HOLSAG, JONATHAN. "The Silk Road Trap: How China's trade ambitions challenge Europe", *Polity Press*, 2019.

- HOLLOWAY, J., I. ROBERTS Y A. RUSH (2010), "China's steel industry", RBA Bulletin, Sídney, Banco de la Reserva de Australia, diciembre.

- HUNG, HO-FUNG (2015). "China and the lingering Pax Americana, BRICS Anti-Capitalist Critique". Haymarket, Chicago.
- HUO, H. Y M. WANG (2012), "Modeling future vehicle sales and stock in China", Energy Policy, vol. 43, Amsterdam, Elsevier.
- HOO, TIANG BOON. 2017. "Xi Jinping's Calibration of Chinese Foreign Policy". En *Chinese Foreign Policy Under Xi*, editado por Hoo Tiang Boon, 3-16. Oxon: Routledge.
- ICM - Informe "The Great Leap Outward: Chinese construction companies in the global market and BWI engagement" (2013).
- INDEC (2021/2022). Intercambio comercial argentino. Cifras estimadas de diciembre de 2022
- IRIS, n° 144, julio-agosto de 2020: https://www.iris-france.org/wp-content/uploads/2020/07/Asia-Focus-144.pdf.
- IZQUIERDO, MARCELO. "China, el nuevo prestamista mundial: la nueva Ruta de la Seda enciende alarmas". 30 de abril 2022. TN.
- IZQUIERDO, MARCELO. "Xi Jinping, eterno: de vivir en una cueva a convertirse en el dirigente chino más poderoso desde Mao tse Tung". 21 de octubre 2022. TN.
- JEANNE, LUDOVIC, "¿Cómo se hizo China con el mercado de las tierras raras?" *The Conversation*, enero-febrero de 2017: <https://theconversation.com/comment-la-chine-a-pris-le-controle-du-marche-des-terres-raras-69967>.
- JIAN, Z. (2011), "China's Energy Security: Prospects, Challenges, and Opportunities", Washington, D.C., The Brookings Institution.
- JIANG, J. Y C. DING (2014), "Update on Overseas Investments by China's National Oil Companies: Achievements and Challenges since 2011", París, Organización de Cooperación y Desarrollos Económicos (OCDE)/ Agencia Internacional de la Energía (AIE).
- JIANG, J. Y J. SINTON (2011), "Overseas Investments by Chinese National Oil Companies: Assessing the Drivers and Impacts, París, Organización de Cooperación y Desarrollo Económicos (OCDE)" / Agencia Internacional de la Energía (AIE).
- JOHN HOPKINS UNIVERSITY School of Advanced International Studies, "The SAIS China Africa Research Initiative (SAIS-CARI)", Washington D.C., 2014.
- JOSKE, ALEX. "Spies and Lies: How China's Greatest Covert Operations Fooled the World".
- KAPLAN, ROBERT. 2009. "Center Stage for the Twenty-first Century. Power Plays in the Indian Ocean". Foreign Affairs 88 (2): 16-32.

- KATZ, CLAUDIO (2021). "Estados Unidos y China: una puja entre potencias disímiles" 19-4-2021, www.lahaine.org/katz

- KELMAN, ILAN, "Acting on Disaster Diplomacy," (Actuando en la diplomacia de desastre), *Journal of International Affairs* 59, no. 2 (Primavera/Verano 2006): 216, ttps://www.jstor.org/stable/24358434.

- KELLNER, THIERRY. "Las Nuevas Rutas de la Seda: ¿proyecto centrado en China o proyecto de hegemonía (entrevista con Dealan Riga)?", Asia Focus-IRIS, n.º 121, septiembre de 2019: https://www.iris-france.org/wp-content/uploads/2019/09/Asia-Focus-121.pdf.

- KEOGH, BRYAN. "The Conversartion, China's influence in Myanmar could tip the scales towards war in the South China Sea". November 17, 2022

- KEPEL, GILLES, *El profeta y la pandemia. Du Moyen-Orient au jihadisme d'atmosphère*, París, Gallimard, 2021.

- KING, SAM (2014). "Lenin's theory of imperialism: a defence of its relevance in the 21st century", *Marxist Left Review* n 8.

- KISSINGER HENRY. *On China*, Editorial Penguin Press, 2011. Versión digital – Kindle – Location 5836.

- KLIPPHAN, ANDRÉS. "El plan de China para construir una base naval en Tierra del Fuego con una obsesión oculta: la Antártida". 25 de septiembre de 2022. *Infobae.*

- KOCH-WESER, I. (2015), "Chinese Energy Engagement with Latin America: A Review of Recent Findings", Washington, D.C., Inter-American Dialogue.

- KOH, COLLIN. 2018. "China-India Rivalry at Sea: Capability, Trends and Challenges". Asian Security 15 (1): 5-24. doi.org/10.1080/14799855.2019.1539820

- KOKAS, AYNNE. "Trafficking Data: How China Is Winning the Battle for Digital Sovereignty".

- KOTSCHWAR, BARBARA. "China's Economic Influence in Latin America, (La influencia económica de China en América Latina)", *Asian Economic Policy Review* 9 (julio de 2014): 202, doi:10.1111/aepr.12062.

- LAGUE, DAVID; BENJAMIN KANG LIM. 2019. "Ruling the Waves". Reuters, 30 de abril. https://reut.rs/2UVpqmb

- LAMBERT-CHAN, MARIE. "L'impérialisme scientifique de la Chine". 19 de noviembre de 2020. *Québec Science.*

- LARUELLE, MARLÈNE; PEYROUSE, SÉBASTIEN. *Globalizing Central Asia. Geopolitics and the challenges of economic development*, Londres, Routledge, 2013.

- LARUELLE, MARLÈNE. *L'Idéologie eurasiste russe ou comment penser l'empire*, París, L'Harmattan, 1999.

- LEJTMAN, ROMÁN. "Argentina ayudó a China a evitar que la ONU debatiera sobre las violaciones a los DDHH en Xinjiang". 6 de octubre4 de 2022. *Infobae.*

- LEMUS-DELGADO, DANIEL. "La diplomacia china y la batalla por la verdad durante la pandemia de COVID-19". Instituto Tecnológico de Monterrey. Connecting research and researchers (ORCID), Vol. 53 Número 199 (2021): mayo-agosto.

- LENIN, VLADIMIR (2006). *El imperialismo, fase superior del capitalismo*, Quadrata, Buenos Aires.

- LERENA, CESAR AUGUSTO. "El caballo de Troya: los chinos en Argentina y Uruguay". 25 de octubre de 2020. *Pal Sur.*

- LEVERETT, FLYNT; WU BINGBING. 2016. "The New Silk Road and China's Evolving Grand Strategy". The China Journal 77: 110-132. doi.org/10.1086/689684

- LI, NAN. 2009. "The Evolution of China's Naval Strategy and Capabilities: From Near Coast and Near Seas to Far Seas". Asian Security 5 (2): 144-169. doi.org/10.1080/14799850902886567

- LIN, CHUN (2019). "China's new globalization" Vol 55: Socialist Register 2019: A World Turned Upside Down? https://socialistregister.com/index.php/srv/article/view/30939

- LINCOT, EMMANUEL; VERON, EMMANUEL. "Polinesia Francesa y Oceanía: ¿qué estrategias chinas?" *The Conversation*, junio-julio de 2020: https://theconversation.com/polynesie-francaise-et-oceanie-quelles-strategies-chinoises-140463.

- LINCOT, EMMANUEL; THIREAU, ISABELLE. "L'État, la ville et ses citoyens en Chine", *Monde chinois*, n.º 22, 2010, pp. 130-135; Emmanuel Lincot y Monique Selim, "Entre société civile globale et domination politique locale, quels nouveaux agencements collectifs en Chine", *Monde chinois-Nouvelle Asie*, n.º 41, abril-mayo de 2015.

- LINO, MARISA R. FORMER. "Associate Fellow, Defence and Military Analysis. Understanding China's Arctic activities". February 2020. International Institute for Strategic Studies (IISS).

- LOAIZA, YALILÉ. "Cómo afecta la pesca ilegal china en Uruguay: depredación del mar y ausencia de controles". 4 de octubre de 2022. *Infobae.*

- LOAIZA, YALILÉ. "La empresa china que construyó una represa en Ecuador ocultó información sobre fisuras en la central hidroeléctrica". 19 de julio de 2022. *Infobae.*

- LOAIZA, YALILÉ. "Pesca indiscriminada, explotación laboral y amenazas al medioambiente: así opera la flota pesquera china en América Latina". 15 de septiembre de 2022. *Infobae.*

- LOAIZA, YALILÉ. "Polémica en Ecuador: el Congreso desestimó un informe que advertía sobre graves fallas en una represa construida por China". 1 de octubre de 2022. *Infobae.*

- LO, DIC (2016) "Developing or Under-developing? Implications of China's 'Going out' for Late Development", SOAS Department of Economics Working Paper, No. 198, London: SOAS, University of London.

- LO, DIC (2018). "Perspectives on China's Systematic Impact on Late Industrialization: A Critical Appraisal SOAS University of London July".

- LOBATO, M. P. (2013). "Las relaciones entre China y América Latina y el Caribe. ¿Un nuevo modelo de cooperación o una forma de neocolonialismo?" *América Latina en la turbulencia global: oportunidades, amenazas y desafíos* (pp. 79-89). Servicio de Publicaciones.

- LÓPEZ, LINETTE. China tenía un plan para dominar la tecnología y convertirse en el país más poderoso del mundo, pero todo ha salido mal. 15 sep. 2022

- LÓPEZ, PAULA. "China avanza en la Argentina y confirma desembolsos por USD 1300 millones en litio y fertilizantes". 26 de agosto 2022. TN.

- LÓPEZ, PAULA. "Con USD 17.000 millones, la Argentina es el 4° país de América Latina con más financiamiento chino. 23 de febrero 2022". TN.

- LOVE, J. L. (2007), "The Latin American contribution to center-periphery perspectives: history and prospect", The Other Canon Foundation and Tallinn University of Technology Working Papers in Technology Governance and Economic Dynamics, N° 10, TUT Ragnar Nurkse Department of Innovation and Governance.

- LOZANO, GLORIA SICILIA. "La resiliencia del modelo económico exterior de China: Sri Lanka y Etiopía, dos países test del modelo". 2016. Instituto Español de Estudios Estratégicos.

- MACIEL, G. DA C. A. (2015), "Recursos naturais e desenvolvimento econômico: bênção, maldição ou oportunidade?", tesis de doctorado, Río de Janeiro, Instituto de Economía, Universidad Federal de Río de Janeiro (UFRJ).

- MAHAN, ALFRED THAYER. 1918. "Elements of Sea Power". En *Mahan on Naval Warfare*. Selections from the Writings of Rear Admiral Alfred T. Mahan, editado por Allan Westcott, 16-48. Boston: Little, Brown, and Company.

- MAISHMAN, ELSA. "Teresa Xu: Chinese woman loses court case over bid to freeze eggs". 23 July 2022. BBC News.

- MAKOYE, KIZITO. "Ex- CEO of Tanzania ports faces fraud charges over bloated Chinese contract". Tuesday, 15 July 2014 20:51 GMT. Foundation of Thomson Reuters.

- MALAMUD, C. (2012). "La Alianza del Pacífico: un revulsivo para la integración regional en América Latina". Documento ARI 46:2012.

- MANDHANA, NIHARIKA. "China's Global Port Investments Give Rise to Security Worries". November 13, 2022. *The Wall Street Journal.*

- MAY, TIFFANY; IVES, MIKE. "Los ejercicios militares de China y otras tensiones con Taiwán". 10 de agosto 2022. TN con información de *The New York Times.*

- MCDONELL, STEPHEN. "El pánico en China que llevó a la fuga masiva de trabajadores en una de las mayores fábricas de Apple del mundo". 4 de noviembre de 2022. *La Nación.*

- MCGREGOR, RICHARD. *The Party: The Secret World of China's Communist Rulers*, Penguin Books, 2014.

- MEDEIROS, C. A. (2011), "Ascenção chinesa e as matérias-primas", Brasil e China no Reordenamento das relações Internacionais: Desafios e Oportunidades, Brasilia, Fundación Alexandre de Gusmão. (2008), "China: desenvolvimento econômico e ascensão internacional" [en línea] http://www.excedente.org/artigos/china-desenvolvimento-economico-e-ascensao-internacional/.

- MENDOZA LUZ. "Empresas chinas que ejecutan obras en Bolivia trabajan con presos traídos del país asiático (video)". 13 de julio de 2017. Eju!

- MERCATANTE, ESTEBAN (2020). "Desarrollo desigual e imperialismo hoy: una discusión con David Harvey", 30-08 https://www.laizquierdadiario.com

- MONGRENIER, JEAN-SYLVESTRE. "Kazajstán", en: *Le Monde vu de Moscou. Géopolitique de la Russie et de l'Eurasie post-soviétiques*, París, PUF, 2020.

- MONGRENIER, JEAN-SYLVESTRE, *Le Monde vu de Moscou. Géopolitique de la Russie et de l'Eurasie post-soviétiques*, París, PUF, 2020.

- MONTONE, SANTINA. "Europa impulsa la minería de tierras raras y metales para no depender de China en su transición verde". 18 de julio de 2022. *Infobae.*

- MURRAY, WILLIAMSON. 2011. "Thoughts on Grand Strategy". En *The Shaping of Grand Strategy. Policy, Diplomacy, and War*, editado por Williamson Murray, Richard Hart Sinnreich y James Lacey, 1-33. Nueva York: Cambridge University Press.

- MYERS, M. y G. JIE (2015), "China's Agricultural Investment" en *Latin America: A Critical Assessment, The Dialogue* [en línea] http://www.thedialogue.org/wp-- Robinson, William (2017). I China and Trumpism: The Political Contradictions of Global 14 feb. https://www.telesurtv.net.

- MYERS, M., K. P. GALLAGER; F. YUAN (2016), "Chinese Finance to LAC In 2015: Doubling Down", *The Dialogue*. https://www.thedialogue.org/wp-content/uploads/2016/02/Dialogue-LoansReport-v4-lowres.pdf.

- NAVY, PHILIPPINE. "Chinese Forces Seize Rocket Debris". November 21, 2022. *The Maritime Executive.*

- NEWSHAM, GRANT. "Party congress will put China on path to war". October 11, 2022. *Asia Times.*

- NOLTE, D. (2013), "The dragon in the backyard: US visions of China's relations toward Latin America", *Papel Político*, vol. 18, N° 2, Bogotá.

- NÚÑEZ SALAS, MÓNICA. "Las inversiones de China y el uso de la tierra en Latinoamérica". Universidad Internacional de Florida.

- OHCHR "Assessment of human rights concern in the Xinjiang Uyghur Autonomous Region, People's Republic of China", 31 August 2022. FOCUS

- OLIVEIRA, G. de L. T. (2015), "Chinese and other foreign investments in the Brazilian soybean complex", Documento de Trabajo, N° 9.

- OLIVEIRA, G. de L. T.; S. HECHT (2016), "Sacred groves, sacrifice zones and soy production: globalization, intensification and neo-nature in South America", *The Journal of Peasant Studies*, vol. 43, N° 2, Routledge.

- OLMO, GUILLERMO D. "Chancay, el megapuerto estratégico para el comercio con Asia que China construye en Perú". 8 de septiembre de 2022. BBC News Mundo en Perú

- ONU, EMELE. "Nigeria Pins Hopes On Deep Sea Port to End Cargo Congestion". September 24, 2022. Bloomberg.

- OPEP (Organización de Países Exportadores de Petróleo) (2015), World Oil Outlook, 2015, Viena.

- OPORTO, HENRY; PACHECO, NAPOLEÓN; EVIA, JOSÉ LUIS; PERES VELASCO, ANTONIO. "El capital corrosivo en Bolivia y los retos de buena gobernanza". Abril de 2021

- ORTIZ VELÁSQUEZ, S. (2016), "Monitor de la OFDI de China en América Latina y el Caribe: aspectos metodológicos" [en línea] http://www.redalc-china.org/monitor/images/pdfs/Publicaciones/Ortiz_2016_Monitor_OFDI_china_metodologicos.pdf.

- OVIEDO, EDUARDO DANIEL. "El ascenso de China y sus efectos en la relación con Argentina". Estud. int. (Santiago, en línea) vol.47 no.180

Santiago ene. 2015.Gunvor – "Petrochina: La simulación llega a su fin". *Periodismo de Investigación* PI. 4 mayo, 2021

- OVIEDO, EDUARDO DANIEL (2019). "Oportunidades, desafíos e intereses de Argentina en OBOR". *En Observatorio de la política china.*

- PAWLICKI, P. (2015), "Chinese multinational companies in Europe. The case of telecommunication equipment industry. Huawei and ZTE", Trabajo de estudio para el ISE, Informe de trabajo, junio de 2015. Pinsent Masons y el Centro de Investigación Económica y Empresarial (CEBR). "China invest West: Can Chinese investment be a game changer for UK infrastructure?", fecha de publicación: 29/10/2014.

- PAZ, G. S. (2012), "China, United States and hegemonic challenge in Latin America: an overview and some lessons from previous instances of hegemonic challenge in the region", The China Quarterly, vol. 209, Cambridge University Press.

- PEINE, E. K. (2013), "Trading on pork and beans: agribusiness and the construction of the Brazil-Chinasoy-pork commodity complex", The Ethics and Economics of Agrifood Competition, H. S. James (ed.), Dordrecht, Springer.

- PÉREZ IZQUIERDO, LAUREANO. "El bloqueo de China a Taiwán y por qué Xi Jinping juega con fuego". 6 de agosto de 2022. *Infobae.*

- PÉREZ IZQUIERDO, LAUREANO. Laura Richardson, jefa del Comando Sur: "La participación en el narco recorre todos los escalafones del régimen de Maduro". 2 de mayo de 2022. *Infobae.*

- PÉREZ IZQUIERDO, LAUREANO. "Wolf Warrior reforzado: Xi Jinping prepara un cambio radical en su política exterior". *Infobae.*

- PETROBRAS (Petróleo Brasileiro) (2016), "Assinatura de termo de compromisso com o CDB", 26 de febrero.

- PHARTIYAL, SANKALP; RAI, SARITHA. "China sigue perdiendo terreno: el nuevo iPhone 14 de Apple se fabricará también en India". 23 de agosto de 2022. *Infobae* (C) Bloomberg.

- PIZARRO, CAROLINA; LEIVA, MIRIAM. "El lado B de la arremetida China en Chile". 2 de diciembre de 2018. *LT Pulso.*

- POLAT, DILNUR; CASTETS, RÉMI; LINCOT, EMMANUEL. Enjeux sociopolitiques de l'islam en pays ouïghour, Monde Chinois-Nouvelle Asie, n.º 35, noviembre-diciembre de 2013, pp. 97-111; Vanessa Frangville y Jean-Yves Heurtebise (eds.), "Crise ouïghoure. Transformation et reconstruction des identités", Monde chinois-Nouvelle Asie, n° 63, 2020.

- PRADO, MARIANA. "Productos primarios versus industrializados: radiografía del comercio entre la Argentina y China". 25 de febrero 2022. TN.

- PRASSO, SHERIDAN. "A Chinese Company Reshaping the World Leaves a Troubled Trail". 18 de septiembre de 2018. Bloomberg.

- PREBISCH, R. (1949), "El desarrollo económico de América Latina y algunos de sus principales problemas" (E/CN.12/89), Santiago, Naciones Unidas.

- PROFETA, DAMIAN. "Los chinos y la autopista fluvial argentina". 28 de agosto de 2020. *Dialogo Chino.*

- PUTRUELE, MARTINA. "Desde Zoom hasta TikTok: cómo China está ganando la batalla por la soberanía de la información". *Infobae.*

- PUTRUELE, MARTINA. "Vigilancia individual y fake news: cómo China usa los datos de las aplicaciones para controlar a los usuarios". 13 de noviembre de 2022.

- RAMÍREZ BULLÓN, JAVIER ERNESTO. "La adaptación del Perú ante el ascenso de China a inicios del siglo XXI: entre el pragmatismo y la aquiescencia". *Agenda Internacional* Año XXVIII N° 39, 2021, pp. 119-149 e-ISSN 2311-5718.

- RAMIREZ, PAZ. "Relaciones China – América Latina, una subordinación económica". 10 de marzo de 2022. Geopol.

- RAMÍREZ, SEBASTIÁN (2020). "Más sobre el carácter de China" 05 de diciembre https://pcr.org.ar/nota/mas-sobre-el-caracter-de-china/

- RAY, REBECCA. "China en América Latina: Lecciones para la Cooperación Sur-Sur y el Desarrollo Sostenible". DW.

- RAY, R., K. GALLAGHER Y R. SARMIENTO (2016), "China-Latin America economic bulletin: 2016 edition". Discussion Paper, N° 2016-3, Boston, Universidad de Boston.

- REN, SHULI. "Is George Soros Right About Xi Jinping's Third Term?" 25 de mayo de 2022. Bloomberg.

- REUTERS. "Canada orders three Chinese firms to exit lithium mining". November 2, 2022

- REUTERS. "China's CCCC to resume Sri Lanka port project after 1-year suspension". 15 de marzo de 2016.

- REUTERS. "Grande projeto agrícola da China na Bahia é, até agora, um campo vazio". 4 de abril de 2014.

- REYES, LUISA; VILLA, SANTIAGO. "El poder de China en la infraestructura colombiana". 17 de mayo de 2022. *Convoca.*

- RICCOMAGNO, CRISTIAN. "La misteriosa base china que aprobó el kirchnerismo y heredó Alberto Fernández". 11 de diciembre de 2019. *Perfil.*

- RIVERA, ROSARIO; ALÍ GÓMEZ VILLASCÁN. "Disputa por el Ártico: China y Rusia frente a Estados Unidos. 6 de septiembre de 2022". Centro Mexicano de Relaciones Internacionales.

- RIVERS, MATT. "Pandemic Power Play: It's China vs. the US in Latin America," (Juego de poder pandémico: China versus Estados Unidos en América Latina), CNN.com, 15 August 2020. https://www.cnn.com/2020/08/15/americas/latam-china-us-covid-diplomacy-intl/index.html.

- ROCA, MARIANO. Craig Deare, ex asesor presidencial de EE.UU.: "La influencia china condiciona la libertad de acción en la región". 23 de julio de 2022. *Infobae*.

- ROCHA, F. F. (2016), "Acesso chinês a recursos naturais na América Latina", Río de Janeiro, Instituto de Economia, Universidad Federal de Río de Janeiro (UFRJ).

- RODRÍGUEZ, O. (2006), *El estructuralismo latinoamericano*, Ciudad de México, Siglo XXI/Comisión Económica para América Latina y el Caribe (CEPAL). (1981), *La teoría del subdesarrollo de la CEPAL*, Ciudad de México, Siglo XXI.

- RODRIGUEZ-VENTOSA, JAVIER. "Pekín amenaza la hegemonía española en Latinoamérica". Enero de 2021. Infraerstructura y Movilidad.

- ROGERS D., "What would the UK do with $169bn from China?", Global Construction Review, 05/11/2014.

- ROLDÁN, A. y otros (2016), *La presencia de China en América Latina: comercio, inversión y cooperación económica*, Bogotá, Universidad EAFIT.

- ROLLAND, NADÈGE. 2017. "China's Eurasian Century? Political and Strategic Implications of the Belt and Road Initiative". Seattle: The National Bureau of Asian Research.

- ROSALES, OSVALDO y Mikio Kuwayama. 2012. China y América Latina y el Caribe: Hacia una relación económica y comercial estratégica, CEPAL, Santiago.

- ROSEN, D. H. Y T. HOUSER (2007), "China Energy: A Guide for the Perplexed" [en línea] https://piie.com/publications/papers/rosen0507.pdf.

- ROUSSEL, LOUISE. "La Chinafrique : néo-colonialisme ou partenariat?" 8 février 2021. Major-Prépa.

- ROUSSET, PIERRE. "Geopolítica china: continuidades, inflexiones, incertidumbres". Rebelión 02/08/2018

- RUCKAUF, CARLOS. "¿No importan los DDHH de los venezolanos y los chinos?" *Infobae*.

- RWR Advisory Group. A Transactional Risk Profile of Huawei. February 13, 2018

- SACHS, J. D. Y A. M. WARNER (1995), "Natural resource abundance and economic growth", NBER Working Paper, N° 5398, Cambridge, Massachusetts, Oficina Nacional de Investigaciones Económicas.

- SALAZAR, MILAGROS. 2010. "Social responsibility missing in growing trade ties" Inter Press Service. 3 de febrero. http://ipsnews.net/news.asp?idnews-50206.

- SANDERSON, H. Y M. FORSYTHE (2012), "China's Superbank: Debt, Oil and Influence - How China Development Bank is Rewriting the Rules of Finance", Singapur, John Wiley & Sons.

- SARACHU, SERGIO. "Estados Unidos "preocupado" por la base china en Neuquén". 27 de abril de 2022. *Mejor Informado*.

- SHARMA, S. (2014), "The Need for Feed: China's Demand for Industrialized Meat and its Impacts", Instituto de Política Agrícola y Comercial.

- SANZ, JUAN ANTONIO. "Guerra fría en el ártico, la nueva geopolítica global derivada del cambio climático". 20 de septiembre de 2019. *Equal Times.*

- SENTERS PIAZZA, KELLY "¿Quién está aprovechándose del momento del COVID-19? Una batalla por el poder en América Latina. Academia de la Fuerza Aérea de EE.UU."

- SERRICHIO, SERGIO. "Sequía, apagones, cuarentenas, crisis inmobiliaria, devaluación, desaceleración económica: cómo los problemas en China afectan a la Argentina y a la economía mundial". 13 de septiembre de 2022. *Infobae*.

- SHI YINHONG. 2015. "Chinas Complicated Foreign Policy", https://bit.ly/3aYPGlg

- SLOAN, ELINOR. 2017. "Modern Military Strategy. An Introduction. Oxon: Routledge".

- SOTO, ALONSO; DUARTE, ESTEBAN. "Xi Jinping aumenta sus ambiciones en América Latina: China analiza comprar toda la deuda externa de El Salvador". 8 de noviembre de 2022. *Infobae* con información de Bloomberg.

- SPALTRO, SANTIAGO. "Créditos de China en energías renovables: se destraba una inversión millonaria". 15 de septiembre de 2022. *El Cronista*.

- SULLIVAN, MARK P.; LUM, THOMAS. "China's Engagement with Latin America and the Caribbean" (Compromiso de China con América Latina y el Caribe), Research Report no. IF10982 (Washington, DC: Congressional Research Service, 2020), 1.

- SULLIVAN, MARK P. "Latin America and the Caribbean: U.S. Policy Overview", (América Latina y el Caribe: Visión general de la política de Estados Unidos), Research Report no. IF10460 (Washington, DC: Congressional Research Service, 2020), 1.

- SUN, TOM; ALEX PAYETTE. "China's two ocean strategy: Controlling waterways and the new silk road". *Asia Focus* #31–Asia Programme / may 2017. Institut de Relationes Internationales et Strategiques.

- SUNKEL, O. (1970), *Desarrollo, subdesarrollo, dependencia, marginación y desigualdades espaciales: hacia un enfoque totalizante.* EURE, vol. 1, Nº 1, Santiago.

- SUTTER, ROBERT. 2019. "Foreign Relations of the PRC. The Legacies and Constraints of China's International Politics since 1949". Lanham: Rowman & Littlefield.

- SVAMPA MARISTELLA, (2013), "El consenso de commodities y lenguajes de valoración en América Latina", www.iade.org.ar, 02/05.

- TALIAFERRO; JEFFREY, NORRIN RIPSMAN; STEVEN LOBELL. 2012. "The Challenge of Grand Strategy. The Great Powers and the Broken Balance between the World Wars". Cambridge: Cambridge University Press.

- TAN, YVETTE. "China protest: Mystery Beijing demonstrator sparks online hunt and tributes". 14 October 2022. BBC News.

- TAN, YVETTE. "Chinese ship accused of seizing suspected rocket debris from Philippines". 21 de November de 2022.

- TAN, YVETTE; WONG, TESSA; MCDONELL, STEPHEN. "China congress: Xi Jinping doubles down on zero-Covid as meeting opens". 16 October 2022. BBC News.

- THAROOR ISHAAN. "El momento de dominio de Xi Jinping no puede ocultar su debilidad". *Infobae.* Con información de *The Washington Post.*

- THE WORLD BANK. World Integrated Trade Solution (Solución de Comercio Mundial Integrado), "Latin America and Caribbean Trade," (El comercio en América Latina y el Caribe), (Washington, DC: 2020), https://wits.worldbank.org/countrysnapshot/en/LCN.

- TIEZZI, SHANNON. "With Latest Sanctions, US Casts a Shadow Over China's Belt and Road". August 27, 2020. *The Diplomat.*

- TILL, GEOFFREY. 2013. Seapower. "A Guide for the Twenty-First Century". Oxon: Routledge.

- TIRONE, JONATHAN. "China Nuclear Deal Held Up Over Argentina's Reactor Fuel Demand". 19 de septiembre de 2022. Bloomberg.

- TURNER, N. B (2014). "Is China an Imperialist Country? Considerations and Evidence" March 20, https://redstarpublishers.org/

- UMBACH, FRANK. 2019. "China's Belt and Road Initiative and its Energy-Security Dimensions", https://bit.ly/2wyiQc0

- UNIVERSIDAD DE NAVARRA, "China aumenta su presencia en la Antártida". 2022.

- UNIVERSIDAD DE NAVARRA. "La controvertida estación espacial de China en la Patagonia".

- URIEN, PAULA. "Por qué una empresa de origen chino asegura que califica para quedarse con la Hidrovía". 28 de octubre de 2021. Diario *La Nación*.

- VALE (2013), "Vale e China: 40 anos de parceria 1973-2013". http://www.vale. com/PT/aboutvale/news/Documents/china-quiz-8/pdf/40anosValeChina. pdf.

- VALDEZ, BETO. "Presión de Washington para evitar que los chinos desembarquen en el Puerto de Buenos Aires". 4 de febrero de 2022. *MDZ*.

- VAUGHN, BRUCE. 2017. "In Focus. China-India Rivalry in the Indian Ocean", https://bit.ly/3citWkH

- WANG, CINDY. "China Sends Warplanes Near Taiwan After US Rejects Strait Claims". 21 de junio de 2022. Bloomberg.

- WANG, JISI. 2015. "China in the Middle". The American Interest, March/April: 55-59.

- WANG, JISI. 2012. "Marching Westwards. The Rebalancing of China's Geostrategy". International and Strategic Studies Report 73: 1-11.

- WEERASEKARA POORNIMA. "La última purga de Xi Jinping antes del congreso del Partido Comunista de China en el que será reelegido. 14 de octubre de 2022". *Infobae*.

- WESTCOTT, P. Y J. HANSEN (2016), "USDA agricultural projections to 2025", Departamento de Agricultura de los Estados Unidos. https://www. ers.usda.gov/publications/pub-details/?pubid=37818.

- WESZ JUNIOR, V. J. (2014), "O mercado da soja no Brasil e na Argentina: semelhanças, diferenças e interconexões", *Revista de Ciencias Sociales*, vol. 4, N° 1. (2011), Dinâmicas e estratégias das agroindústrias de soja no Brasil, Río de Janeiro, E-papers.

- WHITE PAPERS. "China's Foreign Aid". Information Office of the State Council, The People's Republic of China, 2014.

- WILLIAMS, IAN. "The Chinese spy ship and the dangers of debt-trap diplomacy". 18 August 2022. *The Spectator*.

- WILKINSON, J., V. J. WESZ JUNIOR Y A. R. M. LOPANE (2015), "Brazil, the Southern Cone, and China: the agribusiness connection", BRICS Initiative for Critical Agrarian Studies (BICAS) Working Paper, N° 16.

- WINTER, J. y otros (2013), "Pacific Basin heavy oil refining capacity", SPP Research Paper, vol. 6, N° 8, Calgary, The School of Public Policy.

- WIÑAZKI, NICOLÁS. "Los documentos secretos que revelan para qué se usará la base china en Neuquén que inquieta a EE.UU. 11 de febrero de 2019. *Clarín*.

- WONG, J. e Y. HUANG (2012), "China's food security and its global implications", China: *An International Journal*, vol. 10, N° 1.

- WONG, KAYLA. 2018. "Deng Xiaoping used only 'carrots', Xi Jinping is now also using 'sticks': Chinese foreign policy expert. Mothership", 9 de enero.

- WOODY, CHRISTOPHER, "4 Ways China Is Gaining Ground in Latin America, According to the US's Top Military Commander in the Region," (Cuatro maneras como China está ganando territorio en América Latina, según comandante principal de Estados Unidos en la region), Business Insider, 18 December 2018.

- XING. L. Y P. GOLDSMITH (2013), "Improving Chinese soybean meal demand estimation by addressing the noncommercial: commercial feed gap", *China Agricultural Economic Review*, vol. 5, N° 4, Emerald Publishing.

- XINHUANET. 2017. "China has sufficient reasons to enhance capability to safeguard overseas interests: FM". 27 de abril. https://bit.ly/2XJcf9Q

- YACONO, BRUNO; LÓPEZ, PAULA. "El Gobierno le entrega a China otros 16 proyectos estratégicos por USD 10.000 millones". 30 de marzo 2022. TN.

- YAN, XUETONG. 2014. "From Keeping a Low Profile to Striving for Achievement". The Chinese Journal of International Politics 7 (2): 153-184. doi.org/10.1093/cjip/pou027

- YANG, SHENG. 2017. "China eagerly awaits new carrier launch". *Global Times*, 25 de abril. https://bit.ly/3ajFp1M

- YOSHIHARA, TOSHI; JAMES HOLMES. 2018. "Red Star over the Pacific. China's Rise and the Challenge to U.S. Maritime Strategy". Annapolis: Naval Institute Press.

- YOU, JI. 2016. "China's Military Transformation. Politics and War Preparation". Cambridge: Polity Press.

- YOU, JI. 2018. "The Indian Ocean. A Grand Sino-Indian Game of 'Go'". En *India and China at Sea. Competition for Naval Dominance in the Indian*

Ocean, editado por David Brewster, 90-110. Nueva Delhi: Oxford University Press.

- YU, Y. (2011), "Identifying the linkages between major mining commodity prices and China's economic growth – Implications for Latin America", IMF Working Papers, N° WP/11/86, Washington, D.C., Fondo Monetario Internacional (FMI).

- YUAN, JINGDONG. 2016. "Against a Superior Foe: China's Evolving A2/AD Strategy". En *Handbook of US-China Relations*, editado por Andrew Tan, 379-397. Cheltenham: Edward Elgar.

- YUAN, JINGDONG. 2018. "Managing Maritime Competition between India and China". En *India and China at Sea. Competition for Naval Dominance in the Indian Ocean*, editado por David Brewster, 39-55. Nueva Delhi: Oxford University Press.

- ZHANG, L. y otros (2015), "The future of copper in China: a perspective based on analysis of copper flows and stocks", Science of the Total Environment, vol. 536, Amsterdam, Elsevier.

- ZHU, MELISSA. "Myanmar executions: US urges China to condemn Myanmar". 26 July 2022. BBC News.

NOTAS DE REDACCIÓN SIN FIRMA

AGENCIA FRANCE PRESS

- "Las inversiones chinas, a la conquista de nuevos sectores en Brasil". 23 de julio de 2018.

ARGENTPORTS

- "El barco que lleva 12.800 vacunos a China reflota la polémica por las exportaciones vivas". 5 de septiembre de 2022.

BBC NEWS

- "China anger over death of girl, 14, sent to Covid quarantine". 20 October 2022.

- Luis Lacalle Pou, presidente de Uruguay en entrevista con la BBC: "No creo en que los Estados cultiven y vendan marihuana. Cometimos un error". 27 mayo 2022. BBC News Mundo.

CARRETERAS PANAMERICANAS

- "Bolivia: Deuda de CCCC China afectará obras en carretera de Beni". 12 de septiembre de 2019.

CHINA STOCK MARKET NEWS

- "China Communications Construction Company Limited (601800): China Communications Construction Company Limited (601800) Risk Sustainable Assessment Report on CCCC Finance Limited". March 31, 2022.

CRÍTICA

- "¡Incierto futuro del 4to. puente!" 12 de diciembre de 2021.

EL PAÍS

- "Reabierto el espacio aéreo español que fue cerrado por la alerta de caída de un cohete chino". 4 de noviembre de 2022.

- "Estados Unidos acusa a dos ciudadanos chinos de espiar en favor de Huawei". 24 de octubre de 2022.

DEUTSCHE WELLE (DW)

- "China sanciona a 9 personalidades y 4 entidades británicas". 26 de marzo de 2021.

- "Londres insta a Pekín a que ONU verifique DDHH en Xinjiang". 26 de marzo de 2021.

- "China responde con foto las acusaciones occidentales de 'trabajo forzado' en la región de Xinjiang". 26 de marzo de 2021.

- "China sanciona a personas y entidades de EE.UU. y Canadá en respuesta a críticas sobre uigures". 26 de marzo de 2021.

- "China: condenan a muerte a exfuncionarios por separatismo de Xinjiang". 27 de abril de 2021.

- "EE.UU. advierte sobre posibles sanciones a empresas vinculadas con Xinjiang". 13 de julio de 2021.

- "China sanciona a cuatro representantes de EE.UU. por críticas sobre Xinjiang". 21 de diciembre de 2021.

- "Presidente chino rechaza lecciones de DD.HH. en diálogo con Bachelet". 25 de mayo de 2022.

- "Michelle Bachelet denuncia presiones de China por informe sobre los uigures". 25 de agosto de 2022.

- "Francia, firme ante China por situación de los uigures". 25 de marzo de 2021.

- "Alemania bloquea venta a China de fábrica de semiconductores". 9 de noviembre de 2022.

ECONOMÍA ED

- "Deuda genera tensión en trabajo carretero de Beni". 10 de septiembre de 2020.

EL CRONISTA

- "La historia del gigante chino cuyos dueños son sus empleados, se enfrentó
  a EE.UU. y ahora apuesta por la Argentina". 14 de agosto de 2022. Info-
  Technology. .

EL PARLAMENTARIO

- "Piden informes al Gobierno sobre la estación espacial China en Neuquén".
  28 abril de 2022.

INFOBAE

- "China confinó la 'ciudad iPhone' tras la represión a las protestas de los
  empleados que piden mejoras salariales". 25 de noviembre de 2022. Con
  información de AFP.

- "China recrudece su política del COVID cero: ahora también construye
  muros para aislar barrios en Beijing". 25 de noviembre de 2022. Con información de EFE.

- "Empresas chinas se esconden tras cooperativas mineras para saquear el oro
  boliviano". 20 de noviembre de 2022.

- "Las 'estaciones policiales' del régimen chino generan alarma en Europa y
  hay al menos seis operando en América Latina". 15 de noviembre de 2022.

- "Uruguay es el país de América Latina con la mayor influencia del régimen
  chino sobre su política exterior". 15 de noviembre de 2022.

- "Joe Biden le expresó a Xi Jinping sus preocupaciones por las violaciones a
  derechos humanos en Xinjiang, el Tíbet y Hong Kong". 14 de noviembre
  de 2022. Con información de AFP, Europa Press.

- "Las debilidades que esconde el ejército chino detrás de la imagen todopo-
  derosa de Xi Jinping". 10 de noviembre de 2022.

- "La economía china se está "pudriendo desde la cabeza", dice un prestigioso
  economista internacional". 6 de noviembre de 2022.

- Video: "Aumenta la tensión entre Estados Unidos y China por la "guerra"
  de los chips y los semiconductores". 5 de noviembre de 2022. Con información de DEF.

- "Estado de vigilancia: el represivo sistema con el que Xi Jinping controla
  todo lo que hacen los ciudadanos chinos". 4 de noviembre de 2022.

- "Los restos del cohete chino fuera de control que obligó a cerrar varios aeropuertos españoles cayeron en el océano Pacífico". 4 de noviembre de 2022.
  Con información de EFE.

- "Un funcionario clave de Estados Unidos sugirió que el gobierno debería
  cerrar TikTok". 2 de noviembre de 2022.

- "El régimen chino ordenó el cierre indefinido de Disneyland Shanghái ante el rebrote de COVID-19". 31 de octubre de 2022. Con información de EFE.
- "Taiwán, los misiles y el espionaje, las alarmantes prioridades del régimen de Xi Jinping en China". 30 de octubre de 2022. Con información de The Washington Post.
- "El régimen chino ordenó confinamiento y pruebas masivas de coronavirus para más de un millón de personas en Shanghái". 28 de octubre de 2022. Con información de EFE.
- "El fin del romance de Apple con China. 25 de octubre de 2022". *The Economist*.
- "Ai Weiwei habló sobre la expulsión de Hu Jintao en el Congreso Comunista chino: "Muestra cuán despiadados son los altos dirigentes". 24 de octubre de 2022. Con información de AFP y EFE.
- "China oculta las cifras de crecimiento en medio del congreso del Partido Comunista que entronizará a Xi Jinping". 17 de octubre de 2022.
- "La obsesión por el control hace que China sea más débil pero más peligrosa". 13 de octubre de 2022. Con información de *The Economist*.
- "Pesca ilegal: alerta en Uruguay por la presencia de un buque chino en el Puerto de Montevideo". 9 de octubre de 2022.
- "Uruguay quiere controlar la pesca ilegal china comprándole patrulleros oceánicos a Beijing". 6 de octubre de 2022.
- "Un informe reveló que China podría tener acceso a información confidencial a través de sus instalaciones espaciales en América Latina". 5 de octubre de 2022.
- "El régimen chino busca imponer su red 5G en América Latina y Uruguay se encamina a ser una de las puertas de entrada". 12 de octubre de 2022.
- "Una empresa china fue favorecida en una licitación de una carretera en Bolivia tras pagar un soborno millonario". 21 de septiembre de 2022.
- "El Reino Unido le prohibió la entrada a la delegación oficial china a la capilla ardiente de Isabel II". 16 de septiembre de 2022.
- "Taiwán advirtió que los lazos entre China y Rusia constituyen una seria amenaza para la paz mundial". 16 de septiembre de 2022. Con información de AFP.
- "El inestable plan de rescate del mercado inmobiliario en China erosiona la fe del pueblo en el Estado". 13 de septiembre de 2022. The Economist.
- "El inestable plan de rescate del mercado inmobiliario en China erosiona la fe del pueblo en el Estado". 13 de septiembre de 2022. The Economist.

- "Miles de millonarios chinos quieren marcharse del país con una colosal fortuna, pero, ¿Xi Jinping se lo permitirá?" 19 de julio de 2022. Con información de Bloomberg.

- "Aliados de EE.UU. se adhirieron a la práctica de prohibir bienes elaborados mediante trabajo forzado de los uigures en China". 19 de julio de 2022. Con información de Reuters.

- "Blinken acusó a China de tener como rehenes las preocupaciones globales: No castiga a Estados Unidos, castiga al mundo". 6 de agosto de 2022. Con información de AP.

- "El Senado de EE.UU. aprobó invertir USD 280 mil millones para fabricar semiconductores y evitar la dependencia de China". 28 Jul, 2022. Con información de AFP y EFE).

- Video: "China aumenta fuertemente el presupuesto en materia militar y enciende las alarmas del Pentágono". 23 de julio de 2022. Redacción DEF.

- "En China, la sanción por repartir banderas del arcoíris refleja la creciente persecución a las personas LGBT+". 23 de julio de 2022. Con información de Reuters.

- "El FBI descubrió que los equipos de fabricación china de Huawei podrían interrumpir las comunicaciones del arsenal nuclear de EE.UU". 24 de julio de 2022.

- "EE.UU. fortalecerá su relación con las islas del Pacífico para contrarrestar la influencia de China en la región. 13 de julio de 2022". Con información de Europa Press.

- "Estados Unidos advirtió su preocupación por el alineamiento de China con Rusia. 9 de julio de 2022". Con información de EFE.

- "Senadores de Estados Unidos pidieron investigar a TikTok por el presunto espionaje chino. 13 de julio de 2022". Con información de EFE y AFP.

- "La oposición le pidió informes al Gobierno sobre la estación espacial China en Neuquén". 28 de abril de 2022.

- "El embajador Sabino Vaca Narvaja volvió a elogiar al Partido Comunista Chino". 17 de agosto de 2022.

- "Los exaltados del régimen chino que podrían iniciar una guerra fría. 11 de junio de 2022". Con información de *The Economist*.

- "Australia dijo que debe responder a los movimientos de China en el Pacífico. 26 de mayo de 2022". Con información de EFE.

- "Una empresa china sancionada por Estados Unidos compite por el dragado de la ex Hidrovía". 18 de diciembre de 2021.

- "Tras el informe de la ONU, EE.UU. exigió que el régimen de China rinda cuentas "por el genocidio" contra la minoría uigur en Xinjiang". 1 de septiembre de 2022. Con información de AFP y Reuters.

- "Tras el informe de la ONU, EE.UU. exigió que el régimen de China rinda cuentas 'por el genocidio' contra la minoría uigur en Xinjiang". 1 de septiembre de 2022. Con información de AFP y Reuters.

- "El FBI descubrió que los equipos de fabricación china de Huawei podrían interrumpir las comunicaciones del arsenal nuclear de EE.UU." 24 de julio de 2022.

- "El expansionismo chino amenaza con revertir años de progreso LGBT+ en Taiwán". 21 de mayo de 2022. Con información de AFP.

IPROFESIONAL

- "Este es el daño que están causando las empresas constructoras chinas a nivel mundial". 11 de septiembre de 2020.

IZQ WEB

- "Proyección geopolítica, económica y militar". 3 de mayo de 2020.

LA CAPITAL

- "Jan De Nul resuelve el problema de dragado del puerto colombiano de Barranquilla". 17 de julio de 2021.

LA NACION

- "Cómo China usa barcos pesqueros para reforzar sus ambiciones territoriales. 8 de noviembre de 2022". Con información de BBC Mundo.

- "La caída de un cohete chino fuera de control hizo suspender los vuelos en España durante varias horas". 4 de noviembre de 2022

- "Competencia tecnológica: la carrera entre China y Occidente por liderar la innovación". 28 de octubre de 2022. Con información de The Economist.

- "Por qué todo el mundo habla de Hu Jintao y cuáles son los bandos del Partido Comunista Chino". 22 de octubre de 2022.

- "¿Alguna vez la economía de China superará a la de Estados Unidos? 13 de septiembre de 2022". Con información de The Economist.

- "La nueva superpotencia. Cuáles son los gigantes chinos que dominarán el mundo corporativo". 20 de agosto de 2022. Con información de The Economist.

- "Tiempos turbulentos: Xi Jinping levanta una muralla de defensas para China y para sí mismo". 9 de agosto de 2022. Con information de *The New York Times.*

- "Taiwán: el pequeño archipiélago que se defendió de China con música". 6 de agosto de 2022. Con información de BBC NEWS.
- "Covid: China confina a 80.000 turistas en una isla paradisíaca y les impone una exigente prueba para salir". 7 de agosto de 2022.
- "¿Quién le teme a TikTok? El avance de la app china desvela a Silicon Valley". 21 de julio de 2022. Con información de The Economist.
- "Los años en los que China declaró la guerra a los gorriones (y cómo ello contribuyó a la hambruna que mató a millones de personas)". 23 de julio de 2022. Con información de BBC NEWS.
- "El precio que Europa tendrá que pagar por estar endeudada con China". 9 de mayo de 2022. Con información de BBC NEWS.

LA PALABRA

- "Transportistas bloquean carretera San Borja-San Ignacio exigiendo pago a empresa china". 3 de abril de 2022.

LA TARDE

- "Prefiere México inversión de China". 27 de abril de 2021.

LA VANGUARDIA

- "Sri Lanka y China reducen tensiones con reinicio obras del puerto de Colombo". 27 de marzo de 2015.

MAS CONTAINER

- "Los pros y contra de proyectos ferroviarios chinos en América Latina". 15 de enero de 2023.
- "EE.UU. en alerta por creciente presencia china en terminales portuarias mundiales". 17 de noviembre de 2022
- "Gobierno Alemán pone en duda aceptar inversión de COSCO en terminal de contenedores de Hamburgo". 21 de septiembre de 2022.

MLEX

- "China Communications Construction debarment row brews as concerns grow over Malaysia's award of $12.3bn rail project". 5 January, 2017.

MUNDO MARÍTIMO

- "Puerto de Barranquilla: Canal de acceso presenta alta sedimentación y obliga a tres buques a aligerar carga". 2 de junio de 2022.

NUEVA SOCIEDAD

- "China en África: discurso seductor, intenciones dudosas". Edición Nª 246, julio /agosto de 2013.

TN

- "Un cohete chino caerá a la tierra este fin de semana y los restos podrían afectar zonas urbanas". 2 de noviembre 2022.
- "Atucha III: dudas sobre la central nuclear china que se construirá en la Argentina". 5 de agosto 2022.
- "En medio de restricciones sanitarias, China postergó la publicación de sus cifras económicas". 17 de octubre 2022.
- "Ruta de la seda: expansión china en Argentina y concesiones peligrosas". 12 de agosto 2022.
- "El embajador argentino en China respaldó a Beijing y condenó la "provocación" de Estados Unidos en Taiwán". 7 de agosto 2022.
- "China presiona a la Argentina para construir una base naval en Ushuaia, una zona estratégica por la Antártida". 4 de noviembre 2022.
- "Un senador de EE.UU. criticó la construcción de la central nuclear china en la Argentina". 3 de febrero 2022.
- "Emilio Apud cuestionó la construcción de Atucha III: 'La energía que produce es 3 veces más cara'". 10 de febrero 2022.
- "Debate por Atucha III: 'La energía que se genere costará el triple que el gas'". 17 de febrero 2022.
- "Xi Jinping fue reelecto como líder del PC y lanzó una advertencia: 'El mundo necesita a China'". 23 de octubre 2022.
- "Xi Jinping, el poderoso y conservador líder chino que acumula poder y ambición en una "nueva era" ideológica". 14 de noviembre 2022.

PANAMÁ AMÉRICA

- "Sancionan empresa china que edifica Cuarto Puente sobre el Canal". 27 de agosto de 2020. Con información de Forbes Centroamérica y EFE.

PORTAL PORTUARIO

- "Legisladores de coalición gobernante critican planes de inversión de Cosco en Puerto de Hamburgo". 20 de octubre de 2022. Con información de Associated Press.

RÍO NEGRO

- "Estados Unidos transparentó su preocupación por la estación espacial china en Neuquén". 27 de abril de 2022.

SOUTH CHINA MORNING POST

- "Chinese construction giant CCCC aims to counter growing uncertainty with belt and road project push". September 8, 2020.

THE ECONOMIST

- "The new state capitalism. Xi Jinping is trying to remake the Chinese economy". 15 de agosto de 2020.

- "China is making substantial investment in ports and pipelines worldwide". 8 de febrero de 2020.

THE CONVERSATION

- "Un ambassadeur peut-il tout dire? Tact et diplomatie". August 16, 2022.

ÍNDICE

www.ingramcontent.com/pod-product-compliance
Lightning Source LLC
Chambersburg PA
CBHW050721260726

48661CB00001B/12